教育新观察

丛书

办学新方略

主编／胡　卫

副主编／张继玺　朱俊红　郭　强

生活·讀書·新知　三联书店

图书在版编目（CIP）数据

办学新方略/胡卫主编. —北京：生活·读书·新知三联书店，2012.8
（教育新观察丛书）
ISBN 978-7-108-04155-5

Ⅰ.①办… Ⅱ.①胡… Ⅲ.①中小学-学校管理-研究 Ⅳ.①G637

中国版本图书馆 CIP 数据核字（2012）第 206711 号

责任编辑 屈伯文
封面设计 鲁继德
出版发行 生活·讀書·新知 三联书店
（北京市东城区美术馆东街 22 号）
邮　　编 100010
印　　刷 常熟市华通印刷有限公司
版　　次 2012 年 9 月第 1 版
2012 年 9 月第 1 次印刷
开　　本 720 毫米×965 毫米 1/16 印张 14.5
字　　数 225 千字
定　　价 40.00 元

总　　序

上海市教育科学研究院副院长　胡　卫

当前，伴随着经济体制改革的推进和社会的转型，教育改革因涉及到千家万户的权益而成为备受关注的民生问题，甚至成为争议焦点。

在互联网普及和社会趋于多元化的今天，对于教育改革中的热点、焦点事件的争论与思考呈现出鲜明的时代特点：媒体与网络的开放使得所有人都可对教育热点进行评说；除了官方的声音，还有来自民间的看法，中国教育的现实境况由此而更能得到反映；多学科、多专业背景的人参与讨论，使教育事件不再局限于教育圈内，由此而更能体现来自社会各方的思考；各色人群基于自身背景、利益对教育事件的评说鲜明地反映出教育与社会的互动。

基于上述特点，我们策划了"教育新观察丛书"，以图定期围绕教育改革进程中的热点、难点问题，以宽宏的态度、开阔的视野，汇集各方的思考和看法。

本丛书拟在以下几个方面着力打造特色和品牌。

内容上：注重理论与实践相结合。对热点事件的分析既有理论深度的思考，也努力结合实践的探索。

选题上：注重宏观与微观协调。选题既有关涉国家、国际层面的教育宏观命题，也有具体到教育微观层面的教师、学生、课堂、教学等主题，这些主题直接或间接地指向体制创新、制度改革、观念革命、方法提升等。

视角上：官方与民间互动。对于教育热点的探讨既有教育行政部门的思考，也有民间对教育的看法，并且两种视角之间可以互动。

层面上：上层与基层呼应。从书力图反映出教育行政部门对于教育问题的政策思考，我们也希望它反映出政策在基层的实施效果以及基层对它的回应。

具体而言，在每一个教育热点事件展开时，我们会邀约教育圈内外不同领域的专家、学者、一线教师、行政工作者乃至教育事件的当事人等为我们提供多种视角的观点和材料。对每个教育热点的分析建议包括事件简介或相关的教育话题背景，人们对该话题的不同看法与声音，理论探讨与实践操作的结合，国内视野与国际经验的互补，相关的延伸阅读等。

总之，本丛书希望通过各种不同观点的良性互动，为公众搭建了解、理解和支持教育改革的平台，为教育行政部门推进教育改革提供决策参考，为教育工作者探求解决问题的办法提供帮助。在此，我们敬请广大读者批评指正。

目　　录

一、新理念

二、新探索

三、新经验

一、新理念

校长文化自觉与教育创新

上海市教育委员会巡视员　尹后庆

校长如何从现实的体制机制和传统文化的束缚中解脱出来？如何从现行的招生考试制度的束缚中解脱出来？如何从功利性目的与教育本质和人的长远发展目标之间的矛盾中解脱出来？校长作为学校教育的领头人，在办学理念和行为选择上不能局限于行政力量的推动，不能屈服于世俗压力，而要集聚智慧和勇气，以文化自觉去推动教育文化转型和学校的自主发展。

一、校长文化自觉的主要领域是学校文化

什么是文化自觉？费孝通先生认为，生活在一定文化中的人对其文化有"自知之明"，明白它的来历、形成的过程、所具有的特色和它发展的趋向，自知之明是为了加强文化转型的自主能力，取得决定新时代文化选择的自主地位。根据费先生的观点，文化自觉是对观念和行为的觉悟，是对观念和行为的扬弃与创造，是对观念和行为自主性的生成与确立。因此我认为，文化自觉的核心是对自身行为的选择在本能上的自觉性。

(1) 文化自觉应成为坚持"以人为本"的一种行为方式。校长文化自觉的核心是确立以人为本的理念，从人的需求出发，思考并选择恰当的教育行为，促进学生发展。

(2) 文化自觉应成为反思办学观念和教育行为的一种习惯。在文化的视角下洞察学校教育的一切，高度重视文化对教育行为的无可替代的基础性作用，使得在先进教育文化支配下的教育行为成为办学的"本能"，成为规划管理、课程设计、教学实施的必然追求。

(3) 文化自觉应成为学校承前启后的一条通道。"自明"来自于"自知"。校长文

化自觉首先应来自于对学校办学传统的诞生、形成、延续的全面认识，进而由对学校传统的自知自明求得继承和扬弃的文化自觉，求得办学的自主能力与自主地位。

(4) 文化自觉应成为吸收世界先进教育理念的一座桥梁。在全球文化大交流的背景下，文化自觉不能囿于一国一地，应吸收别国包括西方发达国家的先进教育理念。

校长文化自觉的主要领域是学校文化，学校文化是师生长期积淀下来的稳定的思想观念和行为方式。因此，校长文化自觉主要体现在办学过程中的思想观念和行为方式的主动选择上。

二、倡导学校创新文化应成为校长的文化自觉

校长应在学校倡导创新的文化，使创新的氛围弥漫校园。创新不是针对少数尖子生的专门服务，应该把它作为校园里普遍倡导的一种价值取向，一种行事方式，一种人格特征，从而在学校形成创新的浓厚氛围。在这种氛围的熏陶下，师生日渐形成一种不断地审时度势、变革创新、完善自我的进取精神，并将这种进取精神体现在日常的、细微的生活过程中。这样，师生会始终对事物保持敏感，会对那些理所当然或天经地义的事物用心去思考，对习以为常或司空见惯的现象给予批判性审视。久而久之，它将成为一种人格特征，表现为好学深思、善于质疑、不断进取、不断超越自我的品质，而决不会墨守成规、故步自封、得过且过。

要在学校培育创新文化，需要校长在思想、体系建构和行为方式选择上作出艰苦努力。这也正是时代的要求、教育的使命。学校文化创新就是在对学校教育中普遍存在的、束缚创新的深层思想观念和行为表现的分析和审视中更新学校文化，从而让师生在自由、安全、愉悦的文化氛围中不断地探索进取，不断地创造出生命的新价值。

三、引领学校创新要遵循教育客观规律

教育的客观规律包含两方面，一是教育教学自身的规律，二是学生身心发展的

规律。在尊重学生身心发展规律的前提下，当前要特别关注两点：

1. 认清教育内涵发展的特性

内涵发展阶段的教育呈现出四个特性。

一是更加关注教育教学的有效性。党和国家的教育方针、政策，各级政府及其教育行政部门的规章条文大多是要求学校做什么和不做什么。而在学校、班级等各个层面上，教育是不是有效，最终一定是体现在学生个体身上的，一定是体现在具体的教学过程中，体现在师生交往中的。有效的教育教学是学生发展和成长的强大动力。

二是更加关注教育教学的多样性。教育教学的多样性是由教育者与教育对象的特殊性决定的。学生不仅在思维上具有多样性和复杂性，认知的风格上具有鲜明的个体特征，而且拥有的基础可能不同，需求也会存在差异。教师的禀赋不同，对教育的理解、对学生的认识不同，对教育方法的选择和对环境的取舍也有个人偏好。

三是更加关注教育教学的双重主体性。既然多样性是客观存在的，既然有效的教育首先要透过多样性选择适合学生的教育教学活动，那么，谁来选择，谁是选择的主体？以人为本的教育，学生必然是第一个选择主体。除了学生之外，教师是另外一个重要的选择主体。

四是更加关注教育决策的多主体性。教育教学的多主体性要求教育决策同样体现多主体性。政策的制定应该是一个自下而上的过程，每一级组织和每个个体在政策诞生前都有表达观点和诉求利益的权利，都应当成为决策的主体。政策的执行是一个从上到下的过程，但不是照搬照抄，而是通过政策的校本化实施来落实。所谓“校本实施”，就是要从本校的实际情况和需要出发，既体现政策的核心精神，同时又能够解决本校在校级层面面临的实际问题，推动实践向前发展。这个过程，就体现了学校工作决策的主体性。在这个过程中，我们还应当尊重教师的主体地位，发挥教师在教学中的能动性和创造性。

2. 认清教育的公共服务属性

近年来政府对教育的投入逐年大幅增加，惠民措施不断出台，但公共服务的社会满意度并没有随着投入的增长而同步提高，因为社会最看重的需求已经从校舍、设备、经费等转向公共教育服务的质量上。事实上，政府在教育领域的各种公共政策主要作用于"学校",并通过"学校"作用于学生。换言之,政府公共教育服务的有效供给,必须通过校长和学校的办学过程,将人、财、物资源转换成专业化的教育行为才能实现。可以说,学校是公共教育服务的直接提供单位,校长是这个单位的第一责任人,因此必须按照公共服务的理念来选择管理行为和办学行为,改善学校的教育教学,从而提高公众对教育的满意度。

四、立足现实,着眼长远,选择学校的改革举措

一所学校如果没有高瞻远瞩、切中实际的改革举措,要在高位上实现新的突破几乎不太可能。当前,学校需要进一步改善学生的培养目标、培养模式和培育机制问题。我们要重点关注以下几个方面:

1. 优化课程结构,丰富学习经历

通过改革课程体系提高课程的多样性和选择性,是国际上优质高中的一个基本特点。在英国,大多数高中学校的课程表都是以学生为单位制定的,几乎每个学生都有一份课程表,每天的学习活动都是根据自己这份课程表进行的,即便同一门学科,也可以分若干层次。在韩国,一些学校的每门课都细分为若干层次,每个学生都能找到适合自己的课程,这方面是值得我们借鉴的。

2. 创新培养机制,建构校内外联合培养的平台

近期,上海市部分高中提出或实施的关于科技素养培育的试验方案,都试图突破一般意义上的"尖子生"选拔再加工模式,着力构建以中学为主,与高校和科研院所等机构协作的机制。比如,复旦附中学生创新素养培育的试验,在高二阶段的辅修课程以校外辅修为主,以复旦大学的课程为主,适当选修同济大学、上海外国语大学等院校的有关课程。在利用校外教育资源上,根据课程和教学的需求,把校外教育资源纳入教育教学之内,建立起利用校外教育资源的机制。卢湾区同上海社科院联合,为学生校外社会科学领域的学习和实践搭设平台,获取了更多的社会资源。杨浦区正在创建的教育创新试验区,突出的一点就是加强基础教育与高等教育和校内外教育的合作,它将通过搭建沪东青少年科学院等平台,在课程开发与实施、教师培养等方面形成联合培养的机制,达到拓宽学生培养渠道、丰富学习经历的目的。

3. 完善培养模式，加强自主学习与个性化教育

教育的个性化程度越高，取得预期目标的可能性就越大。当前高中学生的情况较以往同龄人已经有了很大的变化。学生的入学基础、行为习惯在变化，对世界的认识更加多元，个人需求更加多样。面对这样一个群体，普通高中要提高教育质量，培养人格健全、善于创造、实践能力强的学生，就要根据学生的需要，结合学校的办学定位、培养目标和资源特点，开展多种形式的教学和辅导，探究高中个性化教育的路子。

教育创新的过程，是在对教育本质规律的深刻把握、对学生发展需要的全面洞察和对国家教育政策的准确领会的条件下，创造性地实施教育改革和教育教学实践的过程。教育创新难以完全靠行政力量的推动来实现，而是要靠教育每一级层面的主体发挥自主性、能动性和创造性，尤其要靠校长和他带领的教师，通过文化自觉把教育教学纳入到创造的轨道上，从而推动学校教育转型和自主发展。

关于特色办学的思考

黑龙江省教育学会会长　孟凡杰

随着《国家中长期教育改革和发展规划纲要(2010—2020年)》的实施，神州大地办特色学校、特色办学渐成趋向。就显现出来的总体态势来说，反映了教育工作者思想解放、观念更新、理论修养、理念超越、勇于探索、开拓创新的精神风貌和实践特色，就其另一方面来说，也极易在随潮跟风的躁动中被裹夹着的风烟遮掩了正确的办学视线。正是基于这样的视角，本文将就特色办学中的几个基本问题，参照有关专家学者的意见，与大家交流，以期有更深一层的体认和把握，使我们的学校尽快走出一条有时代特点、中国特色的办学之路。

一、为什么要特色办学

这里不做词源语义及出处的考察与分析，仅就现实和常识性的理由说四点：

第一，国家民族生存发展的大计方略的必然。建设有中国特色的社会主义是中国共产党幸福本国人民、贡献世界人民的大智慧。在教育上举起这面旗帜，实现这样的崇高理想，只有确定特色办学之路，来培养建设有中国特色的社会主义建设者和接班人，我们的目的才能达到！国家的特色决定了办学的特色，决定了办学的宗旨，决定了办学要走的道路。从根本上讲，事业是要靠人去干的，道路是由人去走的，人的能力素质决定了谁能笑在最后。古今中外，概莫能外。

第二，国情教情人情使然。无论是建设创新型国家还是国家的科学发展，软硬实力的增强，综合国力与竞争力的提高，都对人才的规格、素养、性情提出了更高而十分紧迫的要求。回应和实现这样的目标，单纯模仿照搬别人不行，固守传统维持现状更不行。只有整合所有思想资源，凝炼人类聪明才智，走一条有自己特色的办学之路，才能回应这种历史的抉择。应该说，改革开放以来，中国教育用了几十年的时间走完了别人现代化建设上百年几百年走完的路，跟进和服务了国家的发展建设。但迅速发展中也带来了诸多的问题和不平衡，目前这些矛盾和问题不化解，不解决，还会带来更大的矛盾，贻误战略机遇期，影响国家深化改革开放的大局。但是，无论质量的提高，还是均衡发展，都不可能是一套路数一个模子一刀切，要基于不同实际，寻求相应策略，达到殊途同归的目的。从此意义上说，走特色办学之路，应对教育已现端倪的危机，不失为一种明智的选择。当前在基础教育全面普及、高等教育大众化的今天，加强素质教育，提高教育质量，追求教育公平越来越体现在每一个人自由而全面发展的程度上，体现在每一个人个性化差异性的成长上。无视这样的趋势和需求，固守千人一面、万人一书、同一模式、统一尺度，共走独木桥的陈腐之路，人将不人，国将不国！增强这样的洞见，多些这样的忧患，才能开拓视野，提高看问题的起点，转变思维方式，创出一片新的天地来。

第三，人的自由而全面发展的规律使然。人的发展历史是一部不断走向自由，获得解放的历史。当前，对个体人权和自由的尊重已成为一个社会、政府合法性的重要标准。没有人的发展权、人权，人的自由而全面的发展就是奢谈。实现和保障人的发展权和人权，在教育领域就必须依据人的主体性，在全面打好共同基础的同时，努力发现每个人的潜质，培养独立个性，真正从保障每一个人的发展需要出发，因材施教，因地制宜，因人而异。马克思早就指出："人是一个特殊的个体，并且正是他的特殊性使他成为一个个体，成为一个现实的、单个的社会存在物。"

一个人只有具有特殊性，具有与众不同的地方，才有其存在的价值。个性的追求，也是社会发展的基本动力。允许个性的存在和发展，就意味着允许创新和发展。

第四，以科技为先导的全球化进程之应然。从全球化进程起步的时候起，科技革命就成为每一发展新阶段的助推器和加速器，起到了重要的基础和动力作用。当代科学活动已从基础研究领域扩展到应用研究与开发研究领域，形成了"科学——技术——工程——生产——经济"的新模式，真正成为"第一生产力"。科技革命基本上消除了各国各地区各民族之间的时空阻隔，把整个地球连为一个"地球村"，既"朝着个人与社会，个体与群体，个性与共性之间分散而有张力的互动形态发展"，又使全球范围的人、国家、民族、文化、市场、资源、技术、信息连为一个整体，形成了真正意义的全球化。我国要应对这样的挑战和机遇，必须尽快超越过去的思维定势，制定和实施自主创新战略，在解决诸如方针、体制、体系、政策等问题的同时，长远和根本的措施还在于培养造就富有创新精神的人才队伍。青少年是这支队伍的重要组成部分且具有基础性、全局性、先导性的地位、作用。教育担负起这样的职责和使命，实行特色办学，办特色学校乃题中应有之意，而且十分紧迫和必要。

以上几点只是诸多为什么要实行特色办学理由中的几个维度，顺此视角还可以说出很多，但愿我们能广开思路，拓宽言路，集思广益，不断推动特色办学理念的拓展和延伸，以期为中华民族复兴多出人才，快出人才，出好人才。

二、特色办学特在何处

特色办学是与办学的普遍性、一般性、守规性、传统性、工具性、功利性弊端比较而言的办学理念与思路，它面对人的诸多方面的需求及现实状况，力求超越过去那种封闭与开放，维持与创新，全球主义与民族主义的二元对立思维方式，走出要么封闭、维持现状、固步自封，要么完全照搬别人、丧失办学自主性、自信心的两难困境，以更高起点、更大视野，走出一条符合自己实情的自主创新之路。就特色办学的宗旨、内涵和特征以及实践的状况来说，我想重点强调两点：

第一，关注办学立场的特色。

所谓立场，是“认识和处理问题时所处的地位和所抱的态度”。本文即指办学立足点。办学立足点在何处？在我们对比进行探索的过程中，必然有一个朝向和视野的存在，让我们一定要对“特色办学是什么”、“衡量特色办学的尺度和标准是什么”等等问题作出说明和回答。我认为，这个本原就是生命。理解教育，理解办学，理解特色办学和办学特色都离不开这个本原问题，它是特色办学之根。

生命是什么？生命即活生生的现实之人，具体的有血有肉的活生生的个体。人类学家兰格维尔特指出“人是教育的、受教育的和需要教育的生物”，马克思也认为：“人则使自己的生命活动本身变成自己意志和意识的对象，他的生命活动是有意识的，这不是人与之直接融为一体的那种规定性。”这些都证明人的生物存在性、可教育性及超越本能生命的价值的存在。价值生命不是通过基因遗传，而是通过社会遗传、文化遗传和教育来完成的。这样，教育就是人类的超生命的生命——价值生命特有的存在形式。教育及教育活动的展开就应当以生命为基点，离开了这一立足点即不是真正的教育或是对教育的新的异化。

就人类历史进程来说，人类已进入了关注个体的时代，而且历史越往后发展，人在历史中的地位和作用就越突出。因此，世界范围内的教育改革与发展都把焦点集聚在人和人的生命上来。叶澜老师曾指出："直面人的生命，通过人的生命，为了人的生命质量的提高而进行的社会活动，是以人为本的社会中最体现生命关怀的一种事业。"近些年来，这方面的努力见到了一些成效，但总体上来说距离这一本意、天职、理想还相距甚远，"应试教育"的桎梏还牢牢地束缚着我们的手脚，致使活生生的生命在办学中异化、缺席和空场。特色办学的实践探索，首先必须致力于教育中人的回归和生命的重现。

衡量这场深刻变革的实践活动是否有价值，判断我们的办学是否真的有特色，就其立场来说，"基本的尺度是看它有没有体现对生命的尊重和关爱，有没有使每个身处教育世界中的生命都焕发了生命的活力，有没有使生命的能量通过这样的教育得到了增值、提升和扩展"。有了这样的立场和视野，特色办学的方向才能沿着人的成长规律前进，无论具体的办学模式、策略及方式怎样不同和多样化，在追求和促进人的自由全面发展上，人们都将各显神通，各展其长，并达到殊途同归。反之，出发点、立足点错了，无论在方式方法、技术技巧上多么煞费苦心，也只是在形式上翻新花样，无助于实质性问题的突破和解决。

第二，关注办学文化的特色。

办学作为人类文化继承、创造和传播的特殊实践活动，其自身的文化是实践之魂，对学校的发展与特色的形成具有引领思想、教育教化、凝聚人心、提升境界、创新智慧和控制行为的功能和作用。特色办学的功效和办学特色的形成，就是寓于这种文化化人的过程中。学校文化定义繁杂，可谓仁者见仁，智者见智。为把握其实质和内涵，我们借助专家们研究的成果，就其基本结构和机理做些介绍和分析，以引起大家的思考和探讨。

就文化的纵向结构来说，英国社会人类学家、功能学派的创始人马林洛夫斯基将其划分为精神文化、制度文化和物质文化三个层次。将其迁移到学校文化当中，在学校文化的纵向结构里，学校精神文化应包括办学目标、宗旨、价值观念等理念性内容；学校制度文化应包括教学制度、科研制度、教研进修制度、行政管理制度、资源配置、服务救助等管理制度；学校物质文化应包括校园规划、建筑形态、人文景观、绿化美化、文体设施、教学与实验设备、实验基地、博物馆、校史馆等物质形态的资源。就学校精神文化、制度文化和物质文化三者间的关系而言，学校精神文化是灵魂，引领方向，统帅制度和物质文化的发展，决定着学校整体文化建设的质量和水平；学校制度文化是保障，不仅确保规范、正常有序的教育教学秩序，更重要的还有激励上进、凝聚人心、熏陶滋润的功能作用，构建现代办学制度是教育现代化的重要任务之一；学校物质文化是基础，是资源性的支撑与保障，是培养目标达成的重要条件之一，在现代化办学进程中学校办学必须要有特色，缺其不可。

就学校文化的横向结构而言，国内学者将其分成学科课程文化、成员主体文化、物质文化、社会环境文化等要素。学科课程文化除了包括国家规定的三级（国家、地方、校本）课程、学校特色课程、实践探索性课程、隐性课程外，还体现在课程本身发展规律的价值观念，思想思维方法，科学与人文精神，相关政策及课程开发建设的策略、机制、方法等上面；成员主体文化主要指学校领导成员、教师、职工和学生呈现的文化风貌，如校长的理念、视野、修养、风格，师生的价值理想、教风学风、结构状况、文化特点等；社会环境文化包括相应的制度政策，社会风俗传统，地域及家庭文化特点。在学校横向文化中，成员主体文化是根本，有什么样的校长就有什么样的学校，有什么样的教师就有什么样的学生，有什么样的学生表明学校有什么样的特色。学科课程文化是核心。从某种意义上说，学校特色关键体现在课程特色上，即便是同一门课程同一种教材，不同的课程理念及价值取向作用在学生身上的效果也是不一样的。可以这样讲，课程设置、实施、评价的方式方法成为学校特色形成的关键因素，放眼域内外有特色的学校概莫能外。

以上通过对学校文化结构的介绍和讨论，我们深知办学特色说到底要特在文化上，只有这样，学校办学才有特色可言。

当前在特色办学实践中，如何在关键和根本的问题上，创新文化、整体突破、形成特色，就学校文化纵向横向结构中的几个方面，我再述和重申三点。

(1) 特色学校的精神文化建设。应该看到，学校精神文化不可能一蹴而就，它是在科学办学实践过程中形成和发展起来的，经过历史积淀，不断继承创新，形成稳定而丰富的内涵，体现了办学成员主体对办学价值和生存意义的关怀，同时又以价值观念和有形无形的行为规范来约束办学行为，显示着不同于其他组织机构的气质特征。学校精神文化并非一个专有名词，也不具有十分准确的内涵。它是一个指向清晰、内容稳定、外延模糊、蕴含极为深广的领域，正基于此，才使其具有无限发展的可能性，鼓励人们去积极探索。当前在学校精神文化建设上要特别突出下面几个方面：

一是以人为本、关爱生命的办学宗旨。一切为了学生的发展，为了一切学生的发展，为了发展学生的一切。真正从国情教情校情特别是学情出发，让教育走进每一个生命，陶冶心智，激励学生乐于发现，勇于和善于思考，敢于大胆质疑，勤于思考、反省、批判的思维品质；尊重学生的思想和思想的自由表达，培养学生承担行动行为后果的勇气，让学生在全面参与中发现自己的能力和兴趣，创造各种各样的机会，搭建诸方面的展示平台，最大限度地发展学生的智力和潜质，让其在实践中探索、创造，主动迎接各种挑战，在抗挫摔打中健全人格，完整心理结构，养成自我依靠的能力和终生学习的习惯，为今后生存生活奠定坚实的基础，快乐生命，发展知识，增进理解，服务社会。

二是在办学质量规格和标准上要有独特的追求。基础教育的质量一定要重新强调科学的有效的基础性、发展性、协调可持续性，不可乱提口号，故作标新立异之事。首先，基本的政治信念、伦理道德，必须入脑入心，守不住这样的底线，就是最大的失职。当今面对西化、物化的侵蚀，我们要清醒冷静地意识到它严重的腐蚀性、危害性，尽快提高应对能力，将社会主义核心价值观因人适时地转化为入耳入脑贴心贴身易懂能做的实践行为，真正让我们的学生知荣辱，在生命成长中，坚持认知、理解、思考伦理和道德问题，遇事能正确做出道德的判断和选择，坚定不移地从自己做起，诚实地评价自己，正确地对待自己，乐于向他人学习，与人为善，与人合作，独立公正地看待宇宙、社会和自身的优缺点，在是非面前具有相应的判断鉴别能力，独立思考有主见，有理想有信念，在知行统一、教学做合一中不断积淀固化优良思想道德品质。

在教学质量上，一定要让学生掌握听、说、读、写、算、学的方法和规律，要在主体间的对话交流过程中，让知识走进生命，弄清事物间的相互联系，理解结论背后的机理，适时地将知识转化为能力，不断促进智力发展，累积生命的智慧，使学生具有运用活化知识、发现创新知识的真本领。

艺术审美教育一直是我们办学中的软肋，美丑不分，荣辱不辨，创新能力培养水平低，对真善美鉴赏鉴别水平差，气质不佳，文化品位低等等都与美育的弱化、异化缺失相关。要真正使教育回归人之本位，培养创新人才，提高全民族的文化软实力，推进全社会整体文明进程，舍此是万万不能的。当前的问题是：不是不知道，不是想不到，不是没说到，而是如何真抓实做，在办学全过程和每一个学生身上见到成效。

体育方面要拓展视野、抓住根本、整体推进，不仅是抓知识、技能、项目活动，还要关注身心协调，培养学生终身的兴趣习惯，发展体质，增强体能，健康心理，珍爱生命，陶冶情操，锤炼意志品质，提高生命质量和休闲品味，增强体育工作的文化含量、绿色理念、柔静功夫和人文精神，发挥以育健体和以体育人的功效和能量！

劳动教育是马克思主义理论当中的重要内容，不论对人自身生产、生存、发展，还是经济社会政治文化发展的作用都十分重要。这些年来，基于对它的误读、扭曲与挤压，在德智体美劳等几方面中劳动教育是最边缘化的领域。人的进化、人自身科学的进步、人的现实存在与发展，都对人的劳动品质能力及素养提出越来越高的要求。有中国特色的社会主义教育不允许也不可能让劳动教育的研究和实践及发展止步不前。

三是实现和落实学校精神文化中关于办学宗旨和培养规格目标的要求，还需要将其转化设计成学校的制度文化如教学制度、评价制度、运行机制、管理体制等等，将特色寓于日常的时空环境和链条中，这样才能涓流成河，水滴石穿！

(2) 特色学校的成员文化建设。校长、教师和学生是学校办学的主体，他们的素养状况如何是办学成效和特色形成与否的关键。当前，校长文化最紧要和明确的特征就是要有理想有信念，有自己的思考和思想。有了这样的灵魂，才能有能力并善于摆脱功利世俗的羁绊，定力十足，守住寂寞，历练自己的境界、品行和人格，以科学的态度，求实的作风，去扎实探索；有了这样的灵魂，才能有热爱事业、教师和学生的挚热情怀，把教师的事、学生的事当成自己的大事，实行人性化管理和表现人文关怀，引领思想，周到服务，坦诚沟通，平等对话，换位思考，善解人意，善集群智，厚积人脉，增强学校的凝聚力和向心力，人心齐则泰山移；有了这样的灵魂，才能有赶超跨越的视野和胸怀，带领教师以问题为中心，有系统有针对性地学习研究反思，加快学校学习型组织建设，真正立足于民族文化精华的厚重根基，科学借鉴吸纳人类文明成果，有效整合创新，切实提出自己的办学方略，走出自己的实践之路，彰显中国校长的新气魄！

特色办学中的教师文化是永远不可动摇的战略重点，所不同的是，不同时期依据变化了的情况会有不同的主题。现阶段要特别强调教师的理想和追求，这方面既要看到困难和障碍，更要有自己的策略，立足大气候创造小气候，要用革命和建设时期的典型，净化心灵，多些使命、担当和责任；要用历史上优秀的“士”文化涵养修为、守住寂寞、历练性情、超越浮躁和功利，多些洞见、风骨和气节；要用身边闪光的思想和行为，引领教、学、做，持长滋润、有效推动，多些共识和积累。要在管理体制机制上深化改革，特别是要着眼学生成长进步与学校特色形成，尽可能地给教师创造机会，搭建平台，让其崭露头角，分享成就，使教师以发展的成果搭起通向国家相关政策的台阶，把学生发展与教师专业发展联结起来，用体制和机制的力量消解扭曲了的世俗价值观带来的负面影响，实现超越而更好地体现人生价值。同时还应看到，全球化进程中文化碰撞及后现代带来的诸多冲击，加之科技发展进步，要求教师还要加快知识更新，调整知识结构，才能主动应对挑战。当务之急是系统学习和掌握人的知识，即有关人自身的生理、心理、伦理知识，有关人学、人类学、文化学、社会学、政治学、经济学的知识，解决因这方面知识残缺导致的教学中“人”的缺位问题。要用各学科各领域的前沿文化知识武装教师。渊博的学识，加上实践中的不断反思，才能确保知识走进生命，教学技艺更加优异。在教师专业发展上，要引领教师在实践交往中切实能够全面理解尊重和热爱自己的学生，精心倾听、平等对话、真诚沟通，坚持不懈地捕捉和利用学生的各种闪光点、过错、困惑、情绪、情感和情境等教育契机和资源，生成教育智慧，成就生命成长。

(3) 特色办学中的制度安排预设。首要的是基于人，基于文化，基于生命发展，基于终极关怀，并将其作为出发点和落脚点。在一般学校制度、规定和办法中所体现的秩序、程序、组织性、规定性、惩处和规训外，特色办学还更应多些深层次的引领、示范、劝勉、浸润，尽量隐涵柔润，使制度尽可能多地转化为文化、氛围、习惯、潜意识，成为人生命成长的阳光雨露和空气。

制度的实施策略，关键在于如何让其成为所有成员的共识，入耳入脑，知之行之，主动自觉，自然而然，育人化人，力戒教条主义、形式主义。

三、如何起步和实现特色办学

特色办学策略各异，基本对策要注意四个问题：

第一，全面搞好校情研究。系统准确地摸清学校历史传统、学情、师情、地域环境文化、家长基本状况、风俗习惯，并深入研究分析现行体制、机制、制度、政策状况，有了这样的前提，特色办学就有了根。总结近几年的经验教训，有些特色办学为特色而特色，有特色形式无特色内容，办学甚至违背规律，仅凭主观意愿和功利目标而为，使特色本末倒置，走向异端。其原因在于根基不牢，捕风捉影，照搬照抄，脱离实际。

第二，切实遵循办学规律、人才成长规律。当今世界虽出现诸多新变局、新情况，但人类文明进步的基本规律、走向没有变，“人间正道是沧桑”。特色办学更应体现这个走向，不断校正办学方向，关注人的发展，关注人的生命成长。在中国融入世界、自立于世界之林、复兴崛起的今天，我们更应清醒地意识到，特色办学该坚持什么、如何坚持，以使我们的理论视野、思想水平、办学理念、科学发展的实践走在世界教育发展进步的前沿。

第三，努力形成特色办学的共识和理念。在基于实际实践的基础上，要充分利用古今中外、校内外的思想理论资源，自下而上、自上而下进行全面梳理提炼，形成包括办学宗旨、校训、校风、教风、学风等基本理念，真正使学校文化精神与时代变化需求结合起来，让教师、学生从学校承担的历史责任中更多地思考和履行自己的责任，不断增强文化自觉，使特色办学理念更加厚重，更有时代感和历史的归属感。应该说，这个过程既是顶层设计凝炼提升的过程，也是全校师生员工学习、超越、探索的过程，是特色办学的必经阶段和组成部分，我们必须予以高度重视。

第四，坚持实践标准，不断总结反思，反馈调整。使特色办学的特色真正作用在学生的发展和学校特色文化形成上，以期为中华民族的教育复兴做出历史的贡献。

创新是学校发展的不竭动力

——人大附中的创新办学理念与追求

中国人民大学附属中学校长　刘彭芝

当今时代，学校应该怎样进行教育？办教育到底是为了什么？对于这个问题，不同的人可能有不同的解答。但删繁就简、归根结底，教育应该让每个孩子都能健康快乐地成长，使他们适应未来的生存环境，过和谐、幸福、有价值、有意义的生活。这是时代赋予所有教育工作者的使命和责任，而履行并完成这一使命的唯一途径，就是教育创新。

一、爱是教育的最高境界

我在中学工作已经40多年，做过多年老师，当副校长和校长20多年。在几十年的教育生涯中，我最深切的感悟是：爱是教育的最高境界，爱是自然流溢的奉献；尊重是教育的真谛，尊重是创造的源泉。爱与尊重，是教育的内核，是学生健康快乐成长的基础，没有这个内核和基础，教育就只能是无本之木，聚沙之塔。学生的个性千差万别，学习能力有高有低，但每个人都是一个鲜活而独特的生命，自由幸福地发展是他们的需要。我们对待学生，不能厚此薄彼，更不能把他们分为三六九等；不仅要关注学生学业的进步，更要关注情感品质的提升，走进他们的心灵，满足学生个性化、多样化的需求，为所有学生搭建起放飞人生梦想的舞台。有了这样的爱与尊重，我们才能正确处理好学生成长、学校发展中出现的各种问题，才能顶住压力，持久创新，执著追求。

人大附中2008届有一个毕业生，他身体比较弱，还病休过一年，学习基础一直比较差。他父母只有高中学历，非常希望他能考上好大学，所以，他在心理、学习上压力很大。他非常喜欢音乐，高二时想参加社会上流行的“超男”比赛，但父母担心他考不上大学，不让参加，他就和家里发生了矛盾。他父母没办法，就找到了我。我对他父母说：这个孩子在音乐方面有天赋，让他参加比赛试试吧。到了高三，他父母坚持让他学中文，而他自己想做音乐编导，又与父母发生了争执，学习成绩始终上不去。他的父母很着急，又向我求助，我对他们说：要尊重孩子的意见，不要一厢情愿地给孩子设计，他喜欢学什么就应该支持他。我还找了一个搞音乐的家长帮他辅导专业课。这样，这学生就有了动力，非常刻苦地学习文化课，最终以很高的专业分考上了自己理想的中国传媒大学。毕业一年后，这个学生为人大附中创作了两首校歌和20多首歌曲，充分展示了自己的音乐才华。每次听到他创作的校歌，我心里都很激动。如果我们不尊重他的兴趣和选择，非逼着他学自己不喜欢的东西，可能他连大学都考不上，但现在他成了一个有感恩之心、有专业追求的人，这就是尊重与爱的结果。

几年前，我校高三年级还有一个学生突然患了严重的精神疾病，无法参加高考。分析原因后发现，他的理想是学文科，但父母坚持让他选择理科，这成了他的心病。了解情况后，我想只有再重读一年文科，才能让他解开这个心结。一年后，这个学生以优异的成绩考入北大，现在美国留学，身体和精神都很健康。患病之前，他已经通过会考，可以算是从人大附中毕业了，学校完全可以听之任之，但出于对学生负责、对学生个性的尊重，我们作了最大的努力，最终挽救了这个陷入危机的生命和家庭。

人大附中有一部分这样的学生，他们在艺术、体育或其他方面有天分，有特长，但学业不一定出众，有的甚至分数很低；也有些学生有这样、那样的心理问题或性格缺陷。对于这样的学生，怎么尊重、培养他们是我们必须认真思考和对待的。有人说人大附中是个创造奇迹的地方，为什么能出奇迹？我想，是因为爱与尊重，因为我们办学理念的核心是“尊重个性，挖掘潜力，一切为了学生的发展”。

二、创造适合每个学生发展的教育

人的天赋才能各有不同。基础教育既要在教育的起点上为每个学生“求平等”，又要在教育的过程中为他们个性潜能的充分发展“谋自由”，让优秀学生脱颖而出，成长为未来各个领域的拔尖创新人才。60年来，我们国家在各个领域很少培养出顶级人才，怎样才能解决这个问题？从教育角度讲，我认为首先要从小抓起，创新人才要早期培养；其次要改革创新，要学习先进经验，研究教育规律，要允许实践者创新。

《国家中长期教育改革与发展规划纲要（2010—2020 年）》中有八处提到了“拔尖创新人才”，明确提出：要建立拔尖创新人才培养改革试点，探索贯穿各级各类教育的创新人才培养途径；支持有条件的高中与大学、科研院所合作开展创新人才培养研究和试验，建立创新人才培养基地。在这样的契机与挑战面前，教育工作者应该有紧迫感、责任感，以忧国忧民忧教育的情怀携起手来，认认真真地为教育做实事。

创造适合每个学生发展的教育，培养拔尖创新型人才，必然会在教育理念、课程内容、教学方式、评价体系等方面遭遇与之不适的阻力，只有通过综合创新才能解决这些矛盾。回顾人大附中创新发展的历程，我最深切的感受是：要创新就要有突破。追求能创新，反思能创新，变通能创新，融合能创新，压力能创新，激励能创新，求真能创新，务实能创新，时时能创新，处处能创新，事事能创新，人人能创新。

说到突破，我认为学校教育的突破，首先应该体现在课程改革上。传统课程不利于培养学生独立思考、自主学习的能力，而这种能力恰恰是拔尖创新人才最基本的素质。多年来，我们坚持以学生发展为本，持续整合课程资源，创设校本课，改革必修课，开发选修课，形成了面向全体学生的多元开放的课程体系。为了充分发掘学生潜能，培养创新意识和实践能力，我们依托“创造发明”课、“研究性学习”、“青少年科技俱乐部”、“少年科学院”，形成了面向全体学生、以“普及＋提高”为宗旨的创新能力培养体系。学校建立了虚拟科学实验室、平面技术设计室等科技制作教室，150 多门选修课中有几十门课程都与科技创新教育相关。

2010 年 12 月，美国教育部常务副部长安·瓦·米勒一行访问人大附中时，在远程教室，看到美籍外教的英语数学校本选修课与贵州、河南、新疆、四川、宁夏等地学校的教学同步进行。在“中美学生科技教育项目”研究课上，看到人大附中学生与美国托马斯·杰弗逊中学及伊利诺伊理科高中的学生进行提高风能发电效率的合作研究。参观结束后，米勒先生说：“人大附中让我们有幸在今天就看到了未来的教育是什么样的。”

创造适合每个学生发展的教育，体现在教育过程中就是发现与培养。2011 年，人大附中有七八个孩子获得了世界冠军。其实，好学生很多，只要我们能发现孩子的特长，挖掘他们的潜能，个个都会出类拔萃。

美国一年一度的英特尔国际科学与工程大奖赛，被称为“中学生的小诺贝尔奖”。人大附中学生施轶萌于2011年获得了大赛一等奖和四个专项一等奖。听到这个消息我感到很震撼，因为她入学时并没有显得特别出色。当时她父母带着她找到学校，说孩子从小特别喜欢观察昆虫，喜欢自己动手做实验，希望能在人大附中发展这方面的特长。我看这孩子很有灵气和潜质，就同意了。高三时，她入选参加英特尔大赛，但她不想去参赛，因为她没有获得保送资格，5月份参赛肯定会影响高考。主管老师找我说明情况后，我想，我们国家缺的就是这样的好苗子，一定要想办法免除她的后顾之忧。最终，我向一位重点大学校长推荐了她，她才全身心地投入实验，最终获得了大奖。可以说，施轶萌是人大附中众多在国内外各类比赛中获得优异成绩的学生的代表。

要为每个学生的个性发展搭建平台，必须创设丰富的、个性化的、可供选择的课程。目前，人大附中已开设了几十门校本课程，涉及自然科学、社会科学、综合实践、体育与艺术4个领域的选修课150多门，法、德、西班牙、阿拉伯、日、韩、俄等10门第二外语选修课，以及英语物理、英语戏剧等18门外教学科英语课。这些课程有很多与高考没有直接关系，但只要学生愿意学，学校就开设。

比如，为了满足学生对经济学的兴趣，我们将JA课程纳入了校本选修课的范围，后来又与“JA-CHINA国家青年成就”合作，陆续引进了“学生公司”、“JA经济学”、“国际市场”等系列商业性课程。最有意思的是，这个项目到今天也没有真正的老师，而是由老师组织在学习中有心得的学生来讲，毕业的校友利用课余时间回来讲，师生都讲不了的就一起在网上学。2011年，冯路、郭弘烨两名学生在“JA全球商业挑战赛”中从全世界38个国家的531支参赛队伍中脱颖而出，这也是中国参加该项赛事以来获得的第一个世界总冠军。这两个很普通的中学生为什么能取得这么好的成绩？就是因为他们喜欢，愿意学，愿意研究。

三、创造适合每个教职员工发展的教育

学校教职员工是实现教育创新的主体，如果没有他们主动自觉的参与和他们富

有创造性的工作，校长的创新理念再先进，学校发展目标再宏伟，也不过是空中楼阁。学校工作的着眼点是学生，着力点在老师，我们不仅要创造适合每一个学生发展的教育，还要创造适合每一位教职员工发展的教育。

如何激发每一位教职员工创新的激情和潜能？这需要解决创新的动力机制问题。我认为关键是尊重，尊重是创造的源泉。只有尊重校园里的每一个人，尊重他的个性和发展诉求，才能发现他的亮点，才能千方百计地为他搭建平台，激励他们在平凡的岗位上建功立业。

我校物理老师胡继超十分喜爱桥牌，知道人大附中开设了桥牌选修课，就想成立一个桥牌队，但没有几个学生报名，他就找到我寻求帮助。我就安排胡继超在升旗仪式上发言，对全校师生讲学桥牌到底有什么好处，并在此后的课程、比赛等一系列问题上给他开绿灯。这种尊重与支持极大地激发出胡老师的创造能量，桥牌活动在人大附中开展得风生水起，桥牌课成为学生最喜欢的选修课之一。目前我校开设了四个层次九个班级的课程，每学期有近 400 人次选修，甚至沉迷于网络游戏的学生也因桥牌有了改变。学校桥牌队成立以来，多次在全国中学生桥牌锦标赛中摘得冠军，六名学生入选国家队，出国参赛。2011 年 12 月，世界桥牌联合会主席一行访问人大附中，对学校桥牌活动及成果给予了很高评价。

胡继超是人大附中众多老师的一个代表，他们使我们弄清楚了为什么尊重是创造的源泉。其实，尊重与创新之间有一个传导环节，那就是“需求驱动”。学校尊重了学生和老师的内在需求，并创造条件帮助他们实现这种需求，他们就会充分发掘自身潜能。这种具有生发力的个体行为一旦汇聚成了学校整体的创新源泉，学校发展就有了不竭的动力。可以说，人大附中的每一个创新成果，都是尊重和满足学生及教职员工发展诉求的结果。

创造适合每位教职员工发展的教育有一个关键词——“每位”。任何一所学校都会有一些出类拔萃的好老师，但这并不能决定这所学校的办学品质，有时候，一个不合格老师“毁人”的作用往往更大，所以必须提升团队的整体素养。把平凡的人激励起来，形成一流的团队，创造一流的教育，这是人大附中创造适合每个教职员工发展的教育的核心内涵。而要实现这一目标，就必须建设以创新为特征的学校文化，形成一种机制、一种氛围，也就是人大附中人常说的一个词——“气场”。它会不知不觉地影响、改变、提升每一个人。多年来，我们下大力气优化校园环境，营造创新氛围，在这方面做足了文章，收到了效果。

在人大附中，像胡继超这样实现自己人生价值的教职员工还有很多。化学实验员开设了“西方经济学”选修课；音乐老师把自家的录音设备搬到学校，建成了人大附中“录音棚”；食堂员工组建农民工舞蹈队，走上了中央电视台的舞台……

我常说：一个学校绝对不能藏龙卧虎，是龙就得让他腾，是虎就得让他跃。人大附中是个大舞台，校长就是搭台子、拉大幕的人。如果说人大附中真有什么魔力，就是她能点燃每个员工心中的梦想，让他们活得有追求，有尊严，有价值。

四、让更多的孩子享受优质教育

国家教育规划纲要提出了“优先发展，育人为本，改革创新，促进公平，提高质量”的 20 字工作方针。“促进公平”和“提高质量”为我国基础教育指明了发展方向：要大力促进教育公平，改变教育资源分布不均衡的局面，同时要强调这种公平建立在提高教育质量的基础之上。因此，优质学校肩负着帮扶薄弱校，促进教育均衡发展的社会责任。优质学校校长应该变“独善其身”为“兼济天下”。

虽然人大附中的力量有限，但我们还是尽一切努力，尝试多种模式，让更多的孩子享受优质教育。从 2002 年开始，我们先后与中西部 7 个省市 12 个地区的中学“手拉手”联合办学。为了使北京山里的学生在家门口就能上好学，我们与延庆永宁中学结为手拉手学校。2007 年选派了 11 名骨干老师到延庆支教。他们的课堂向延庆所有老师开放，仅一个学期听课的老师就达 1 800 多人次。2010 年，这届的 70 名学生中有 56 名学生的高考成绩超过了本科线。

近年来，我们陆续接纳了来自中西部地区和北京周边薄弱校的数百名学生到人大附中短期“留学”。来自新疆帕米尔高原的塔吉克族少年凯萨尔，是新疆“五彩喀什噶尔儿童艺术团”的小演员。2008 年 9 月，我们破例招收他和另外两位少数民族孩子到初一年级就读。现在，凯萨尔已经是高一的学生了，不仅适应了人大附中的生活，还参加了学校男子舞蹈团，他的艺术天赋得到了舞蹈教练及同学们的夸奖。

如何利用网络整合优质资源，实现更大范围的共建与共享，也是我们长期探索的重要课题。2005年，我发起成立“国家基础教育资源共建共享联盟”，联合全国的优质中学，探索建立优质教育资源数字化开发、集成与共享机制，支援教育欠发达地区。迄今，“联盟”已辐射全国32个省市自治区，直接惠及60多万师生，发挥了巨大的社会效益。一位老师感慨道：“联盟使课堂跨越了时空，让山里娃和城里孩子站在了同一起跑线上。”

长期的“帮扶”实践证明，优质学校实现社会责任最大化的最好方式是培养大批优秀校长和优秀老师。近年来，我们向北京周边学校输送了几十名优秀干部，把学校先进的教育理念、经验传播开来。在市、区教委的支持下，我们先后合并了海淀区西颐实验学校，深度共建北航附中，托管蓝靛厂中学，与农大附中、翠微中学“手拉手”，创建人大附中西山学校、朝阳学校，开创了了区域内优势互补、特色发展的联合办学机制。

2009年4月，“上海市普教系统名校长名师培养工程刘彭芝卓越校长培养基地”和“北京市普教系统先锋校长培养基地”在人大附中成立。随后，“中国基础教育卓越校长、卓越教师培养基地”应运而生“双卓基地”成立以来，举办了“国际名校长论坛”，学员们与50多位国外名校校长、500多位国内校长共同研讨教育创新专题；在哈佛大学举办“中美基础教育高峰论坛”，为培养卓越校长和卓越教师搭建了高层次平台。人大附中还是全国唯一一所两次承办“国培计划——中小学骨干教师研修项目高中数学班”的中学。

回首过去，我最深切的感受是我们仍然站在创新之路的起点。这些年来，人大附中的步子迈得很大，走得非常快，作为校长，我承受的压力是很大的，但我们从未放弃过对教育理想的追求。今后，我们还将沿着这条创新之路坚定不移地走下去。

立足本土：成功教育的领导路径

上海市闸北区第八中学校长　刘京海

人格的核心是自我概念，健康人格的核心就是积极的自我概念。追求知识、能力、人格的和谐发展，是知识经济背景下成功教育新的育人目标。

我们认为成功教育应该是一种现实性的教育改革。教育改革成败的经验教训告诉我们，任何先进理念不仅仅是一种思想，它们还应转化为行为，没有操作点的改革，只能是一种纯粹的思想行为，而不是教育改革。我们的成功教育起源于我们的认知，即教育家的眼里没有"差生"，更没有不可救药的学生；我们的成功教育开始于我们的实践，即现实中"差生"问题的解决；我们的成功教育延续于教师的成功，即为每一位教师的成功而进行经验积淀与传承；我们的成功教育发展于教育的成功，即将所有的成功理念和经验有针对性地运用于更广的范围中。

成功教育的改革实践走过了20年。在这20年的探索和实践中，成功教育留下了以下痕迹。一是我们从研究"学习困难学生"入手，领悟出"成功是成功之母"的真谛，形成了成功教育的理念，即"三个相信"：相信每个孩子都有成功的愿望，相信每个孩子都有成功的潜能，相信每个孩子都可以取得多方面的成功。二是我们以"讲"为基础，以基于"讲练"结合的"帮助成功"为起点、以基于"讲想练"结合的"尝试成功"为中介、以基于"学讲想练"结合的"自主成功"为目标，形成了与学生成功进程相适应的三大教学模式框架体系。三是我们以优秀教师课堂教学经验传承为基石，以推动普通教师家常课提高为目的，建立了以教学课件为基础而又高于且优于教学课件、包含教学内容、教学流程、主要环节以及相关细节的学科教与学电子平台。四是我们依托成功教育的教育理念、管理理念及管理流程、学科教与学电子平台，借助政府委托管理薄弱学校的契机，开拓了成功教育新的发展领域，形成了成功教育扩大了的整体改革经验。

回顾20年的成功教育历程，我感触颇多，但有一点认识是20年中没有改变的，那就是：成功教育不仅仅是一种教育理念，它更是一种教育实践的综合改革，它涉及所有教育要面临的问题和对象。在这一探索实践中，我们始终立足于基础教育改革的背景，始终关注教育和教育改革问题，始终坚定民族进步与国民素质总体提高的信心。

一些人以理论为切入点研究课堂教学改革，一些人以国外先进经验为突破口研究课堂教学改革，也有一些人将一堂课的实践称之为课堂教学改革。对于教育改革，这些都是有益的探索。我们对课堂教学的改革并不是另起炉灶，也不是将西方的教学理论生搬硬套，中国的任何改革都不能离开本土，教育改革也一样，不能离开中国传统教学这块肥沃的土地。教育改革很可能就是传统经验与现代经验的整合。成功教育的改革实践，开始于课堂，围绕着课堂，也最终实现于课堂。在课堂教学改革的实践探索中，我们发现中国传统的教学模式中总脱离不了几个元素，即讲、练、想、学。我们要研究的就是从社会变革对育人目标的要求出发，依据学生课堂学习的实际情况，将这些中国传统的、有效的课堂教学元素有机地整合，形成一系列中国特色的课堂教学模式。以下我对成功教育课堂教学改革的探索进行回顾。

一、对"讲"与"练"进行权衡，探索"帮助成功"的课堂教学模式

纵观教育过程，大家不难发现幼儿园教了一个月的知识、技能，小学一周就教会了，初中一节课就教会了，高中不教学生就会了。试想：幼儿园教育就是为了教会这些知识技能吗？显然不是。教育应有更丰富的内涵，那就是通过知识技能的学习告诉孩子你真聪明，你真了不起，你真伟大。

成功教育开始于1987年，主要是研究学生，研究"学习困难学生"。在研究中我们发现，过去学业的长期失败造就了"学习困难学生"，正因为他们的反复失败，使得他们的学习自信心和自我概念消极、学习积极性下降，从而引起学业基础薄弱的问题。所以，要让学习困难的学生走出失败的阴影，首要的就需要研究如何帮助他们，以让他们在学业和心理上变失败为成功。"帮助成功"，就是当时我们研究的重点。

1. 分析"讲练"结合

我们的思考源于课堂，研究当然就不会脱离课堂。"帮助成功"是以教师引领学生学习为主要方式，以教师的"讲"引导学生的"练"，帮助学生习得既定的知识和能力。这种教学模式落实到教学过程中，就是对传统教学元素"讲"和"练"的处理。

"帮助成功"的课堂教学模式,是从"以讲为主"到"讲练结合"的过渡。

当年闸北八中的课堂就是以"讲"为主的。以"讲"为主,指向的是知识,学生学习往往是被动的。由于八中学生基础差,再加由于教师讲课往往针对较好的同学,这样就导致听不懂的学生越来越多,课后大量的练习又不愿意完成或不能完成。于是,我们开始了"讲练结合"的课堂教学改革模式的探索。

2. 研究操作要领

在坚持三个相信的基础上,"讲练结合"从操作层面上考察,其实施要领具体表现为:宏观上调整教学要求,使教师的讲和学生的练有针对性;微观上体现"低、小、多、快"的教学策略。"低"即"低起点",就是要摸清学生相关知识、基础、能力和心理准备的实际,把起点放在努力一下就可以达到的水平上,使新旧知识产生联结,形成"网络"。"小"即"小步子",就是从学生实际出发确定教学的可能跨度,小步前进,步步为营。按由易到难、由简到繁、再由繁到简的原则将教学内容分解为合理的层次,然后分层渐进,把受挫的可能性减小到最低程度。"多"即"多活动",就是针对学习困难学生注意时间短、记忆容量小、概括能力差的局限,改变教学中教师大段讲解的倾向,采用师生活动交替进行的方式。这样做的作用,不仅调节了学生的注意力,更重要的是,学生通过大量参与学习活动,自我表现的机会多了,能力也逐渐提高了。"快"即"快反馈",就是在每一层次的教学过程中,既有教师的讲,又有学生的练,还有教师的查。这种快速反馈,可以及时把学生取得的成绩变成有形的事实,使之受到鼓励,乐于接受下一个任务;还可以及时发现学生在学习中存在的问题并加以矫正,乃至调整教学进度,从而有效地提高课堂教学效益。"低、小、多、快"实际强调的是教师少讲,学生多练。

实践证明,在"帮助成功"的过程中,学生成功的比例增加了,学生的成功感增强了。自我概念的复苏、自信心的点燃,使学生在成功感中有意去尝试各方面的发展。"帮助成功"是学生迈向成功的基础性台阶。

二、将"想"介入"讲练"中,探索"尝试成功"的课堂教学模式

1994 年,我回到闸北八中当校长,经过两年时间的努力,完成了校内成功教育由

试点班向全校实施的过渡。学生的学业成绩有了很大提升，学生们自信心得到了显著的提高，学生的学习兴趣也得到了极大激发。但同时我们也发现，“学习困难学生”在帮助成功中，基础知识恢复了，基本习惯和成功心理养成了，可依赖倾向也日渐明显。虽然我知道所有的改革都会有负面效应，但面对当时的情况，我还是困惑了，因为我梦想中的成功教育不应该是这样的。成功教育必须还要再探索、再发展。

我开始思考：当学生具有了一般学生的学习基础，具备了一般学生的学习习惯之后，他们还将发展什么以达到成功？于是，我们开始了新的探索。

1. *思考“尝试成功”*

在“帮助成功”的研究过程中我们发现，学生一般较难从“帮助成功”直接进入“自主成功”的境界，在这两者之间，似乎应该有一个中介性的环节，促使学生抛开依赖，从“帮助成功”过渡到“自主成功”。因此，研究这一中介模式，就成为成功教育课堂教学改革取得新突破的关键。

我对这一中介模式的领悟，得益于母亲教孩子走路。孩子从蹒跚学步到独立行走，绝不是一瞬间的事，必然有一个阶段。或许就是因为母亲的时而牵扶，时而放手，或许就是因为孩子总想挣脱母亲的手去尝试自己走路，所以才让孩子能在半扶半放的锻炼中学会走路，获得成功。尝试，符合了人本能的期望，也让人从依赖走向了独立。母亲教孩子学步，其实就是一个教育过程，这一教育过程平凡而朴实，符合了人在传授与体验中进行学习的最一般规律，它将知识、能力与自我期望结合，向人们昭示着知识、能力与人格可以共同决定一个人的成功。或许，尝试就是我们要研究的一个过程；或许，“尝试成功”就是成功教育中从“帮助成功”走向“自主成功”的中介环节。这一领悟让我再度思考：“尝试成功”能否成为成功教育的又一模式？

2. *发现“尝试成功”*

1998 年，我听了一堂初三年级的数学课，感触很深。这节课让我意识到，改革或许就是将一种已经在实践着的理念显性化；也让我体会到，让学生思维、让学生尝试的着眼点就是启发式教学、体验式学习，就是让学生在教师的点拨、引导下使其思维走向纵深。

那节课的内容是“圆周角的定义”。

教师给出了五个不同形状的图形(如下图),告诉学生图形(3)中的∠ABC是圆周角。

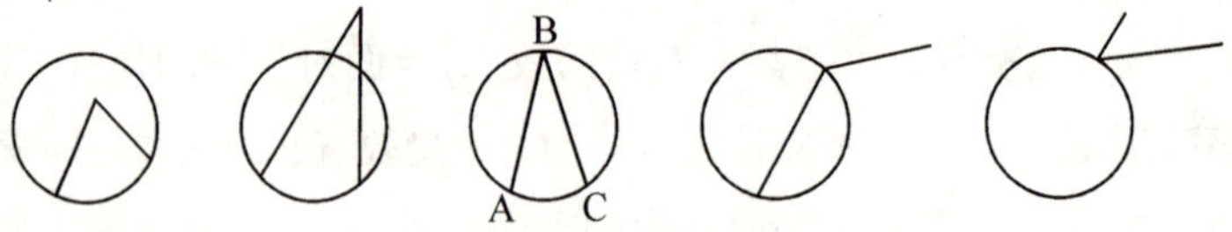

(1)　(2)　(3)　(4)　(5)

教师先让学生将图形(1)、(2)与圆周角图形(3)比较,看看圆周角与非圆周角有什么不同。学生很快发现,圆周角顶点在圆上。接着,教师让学生将图形(4)、(5)与圆周角图形(3)比较,说说圆周角与非圆周角又有什么不同。学生很快就说出圆周角两边在圆内。然后,教师让学生归纳圆周角的特征,学生顺利地概括出:顶点在圆上,并且两边都与圆相交的角叫圆周角。

习惯上,概念教学是通过教师传授完成的,而这节课则是教师引导学生通过对具体的不同图形的观察、比较,学生自己认识了概念的本质特征。这种方法,既有利于培养学生观察事物外部特征的能力,也有利于培养学生概括事物本质属性的能力,这比简单地告知学生结论意义更为深远。的确,优秀教师在教学中总是自己讲得较少,或者总是研究问题、研究问题的情景设计,把更多的知识和时间留给学生自己去尝试探索,这样,学生就获得了主动思考、主动求知的机会。长期浸润其中,学生的学习能力和健全人格就会逐步提升。

这节课,再一次肯定了我对"尝试成功"的思考。其实,我所意识到的东西,一些教师已经开始做了。于是,我们肯定了"尝试成功"是衔接"帮助成功"和"自主成功"的中介环节。所以,我们说"尝试成功"的教学模式来源于优秀教师的实践,它是优秀教师教育经验的自觉化、操作化、理念化和系统化。

3. 研究"尝试成功"

为了在实践层面为"尝试成功"找到立足点,我再度走进课堂。在大量听课、访谈的基础上,我们发现学校中有些教师的课传授、模仿比较少,通过问题情境组织学生尝试探索比较多,课堂气氛活跃,学生积极性高,能力发展快。于是,我决定集中人力、物力、财力,以优秀教师作为研究对象,对他们的课堂教学进行跟踪录像、定格分析，并与一般教师的课进行比较。最后得出的结论是优秀教师有他们自己的特点。他们将本来是“讲”的知识，通过问题和情景设计，让学生自己尝试去经历知识发生、发展和应用的过程。

要增加学生“想”的空间，首先是压缩“讲”和“练”的时间，这就要求精讲精练；其次是教师要设计问题或问题情境去启发学生思维；再次，就是教师要不断地点拨、引导。这样，学生的思维才能得到发展。

在课堂教学中引进“想”，引进思维，实际上就是引进学生主体，因为思维一定是主体的行为。而正因为有了思维，才会出现生生互动、师生互动，过程、方法，态度、情感或价值观发展就在其中。所有这些，都与现代教育理念和要求一脉相承。简言之，“讲想练”的“尝试成功”教学模式是在继承讲练结合的传统经验基础上增加启发式教学、体验式学习。

如果说，“帮助成功”的教学模式指向的是知识，注重的是学生对知识的把握，那么，“尝试成功”的教学模式指向的则是知识、能力与人格，它将“想”介入到“讲练”中，使不同类型、不同层次的学生都能参与到课堂中，从而获得不同程度的发展。

三、为“讲”“想”“练”定格，探索“尝试成功”由点到面

也许就是在“想”这个元素进入我们“尝试成功”课堂教学模式的同时，我在思考另一个问题，那就是不是每一位教师都能够进行启发式教学，以让学生进行体验式学习的。我们看到，虽然大多数教师都认同了“尝试成功”，但没有一支高质量的能体现、落实成功教育思想的教师队伍，就不会有成功教育的发展，更不要说推进素质教育了。优秀教师先进教学经验的传承是推动成功教育进一步发展的主要手段。如何将个别优秀教师“讲想练”的教学经验从点推向面，成为了成功教育向纵深发展的关键。

1. 研究经验显性化

长期以来，人们认为经验只可意会不可言传，所以经验就难以积淀、传承。经过研究，我们发现经验既是观念、思想、原则，又是过程、方法、细节。经验的双重性决定了经验可以显性化。经验要显性化，必须做好两方面的工作：一是对经验概括提炼，二是把经验过程细节化。

工业流水线和肯德基、麦当劳的诞生，为经验的显性化、为我们的研究提供了启示。教育经验的浩瀚无边使我们认识到，以计算机为代表的信息技术有其自身的优势，比如容量极大、资料便于提取选择、表现手法多样、易于保存且便于修改；同时，它还可以在基本模型的基础上进行无限变形，从而使规范化与个性化达到统一。所以，借助信息技术可以使优秀教师的经验在更大程度上显性化，可以实现通过对"讲""想""练"的定格，产生课堂教学的诸多基本模型，从而实现最大限度地将先进教学经验积淀和传承，使对"尝试成功"教学模式的掌握从个别教师走向广大教师，使其在更大范围内得到推广。

2. 建立学科教学电子平台

经过不断实践和探索，我们创建了以新课改理念为指导、以优秀教师的经验尤其是成功教育改革经验为依托、以信息技术为支撑的三方面有机整合的"教与学的电子平台"。

教学电子平台是一种建立在教学课件基础上，高于且优于教学课件的实用软件操作系统。我们的平台实施整堂课的设计，包含教学内容、教学流程、主要环节，以及有关细节的处理等。考虑到教师之间存在着一定的差异，平台在设计时，每一环节都具有一定的选择性。学科教学电子平台的应用大体上要经过三个阶段：一是简单模仿，做中学；二是理解性使用，做中思；三是革新创造，做中创。电子平台是优秀教师经验的定格和显性化，只有经验显性化，青年教师和普通教师才能模仿。所有的学习都是从模仿开始的，学生学习是这样，工业流水线是这样，教师的学习也不例外。

通过建立学科教学电子平台，优秀教师经验的传播实现了效益最大化。它使青年教师得以站在优秀教师的肩上，通过模仿理解，大大缩短了成长周期，使原来低层次个性化的教学，演变为高层次规范化教学，为他们实施高层次个性化教学提供了可能。学科教学电子平台，使优秀教师的优秀的好课转变为普通教师的家常课，从点走向了面。

四、让"学"引领"讲想练"，探索"自主成功"的课堂教学模式

学科教学平台缩短了教师"成功"的过程，教师的教学水平提高了，学生的学习

负担也就减轻了。所以说，“尝试成功”的教学模式是学生走向成功的发展性台阶。

我们研究教学电子平台，将“想”带进了课堂，从而使更多的孩子在“尝试成功”中学会了思考，发展了思维。学会思考很重要，正是在学会思考的基础上，学会学习孕育而生。

1. 思考元素的深层次结合

1996年，我们在研究“尝试成功”教学模式的同时也注意到，思维虽然能增强学生学习的自主性，但学生的主动性能否进一步发挥，与他们的自学能力息息相关。于是，“学”作为成功教育课堂教学的第四个元素进入了我们思考的视野。但是，要增加这第四个元素，势必要压缩原有教学过程中的“讲、想、练”三元素的比重，也就势必要带来新的课堂教学模式的变革。

其实，“自主成功”的教学模式我们已经酝酿了好几年，可为什么始终没有实施？原因是缘于三方面的疑虑：一是由于教师的原因。从“讲练”结合的“帮助成功”到“讲想练”结合的“尝试成功”，教师们已经经历了改变习惯和努力探索的痛苦。好在痛苦之后，教学质量的提高带给他们喜悦和兴奋。当教师们还沉浸在这种美好的情绪中时，又要他们再度放弃习惯，否定自己，这会不会引来教师的怀疑和反对？二是由于学生的原因。学生在从“帮助成功”走向“尝试成功”的过程中，也是经过了从适应“讲练”结合到适应“讲想练”结合的过程的。刚刚适应一种教学过程的孩子，又让他们去适应另一种以自学为主的学习模式，学生会不会产生抵触情绪？有没有足够的能力承担起这一任务？三是教育质量的原因。经过成功教育的“帮助成功”到“尝试成功”的课堂教学改革，大批学习困难学生摆脱了学习困难的境地，大多数的孩子逐渐学会了在学习的过程中进行思考，教学气氛活跃了，教学质量提高了。在这样的情况下，“学讲想练”结合的探索会不会给教学质量的提高带来负面影响？

教育改革必须稳步进行。正因为这些疑虑，使我们在探索“尝试成功”时没有立刻进行“自主成功”的探索。但是成功教育就是为了学生的发展和成长而进行的教学改革，当学生在学习的过程中学会了思考时，我们必须为其进一步的发展进行新的尝试和改革，要改革必须要实践。

2. 探索“放为主”的学习方式

成功教育的精髓，是强调学生主体化和个性化，而主体化和个性化的关键，则在于在加强教育的同时，有计划、有目的地把时间、空间逐步还给学生，让学生真正获得学习的“知情权”，真正“做自己学习的主人”。为此，成功教育关于“自主成功”的策略思考，就是以“放为主”，使每一个学生在教师“放”的过程中，自己学会学习、学会做人、学会成功，从而全方位实现自己的生命价值。

为了探索这种教学模式，我们确立了必须以“学”带动“讲想练”的方针。我们以初中起始年级两个自然班为实验班，利用教师的教与学的电子平台，让学生开展自学，进行“自主成功”教学模式的探索。我们将教与学的平台中教师教学的方式从陈述转换成疑问，让学生带着问题去学。通过学生的学习，学生在该过程中需要辅导的问题也逐渐暴露出来，为教师辅导的方向逐渐积累了经验。我们还根据学生的具体学习情况，对自学过程中遇上障碍的学生设置提示内容。所以说，在这个过程中，我们并不排斥教师的讲授和点拨，只是要求教师缩短“讲想练”的时间，增加学生自己主动学的时间，是有辅导的自学，有自学的辅导，是时间分配的调整，是内容和方式的改变，可以先学后教，也可以先教后学或边教边学。

通过探索，我们发现课堂效果与以往的教学效果相比较，只是不及格的比例略高了些，其他的数据相差无几。这样的反馈信息不但消除了教师的思想顾虑，而且给他们找到了新的兴奋点。他们相信，如果试验继续深化，不断改进操作程序，这种差距还有望继续缩小。于是，他们也在自己的教学中主动地开始积累经验。同时，我们还发现，学生一致喜欢“自主成功”学习的方式，他们的理由是：他们可以根据自己的速度去学习，可以自己去了解自己的解题能力。这样，学生的学习积极性也有了很大的提高。

3. 研究信息技术支持下的“学材”

在得到教师的认可和学生的肯定之后，我们开始了学与教的电子平台——“学材”的设计。为了真正地将“学”整合到“讲想练”中，我们在电子平台中，从学理角度设计问题，以启发学生的思考。

所以，基于信息技术支持的学材，主要是针对三个问题的解决：确定学件的基本框架、讨论自主学习课堂中教师的作用、按制定的框架分配其他“学件”剧本撰写的任务。我们借助“同分母分式的加减法”一课的学件，介绍设计框架和设计意图，接着让教师讨论，统一成八个板块：(1)学习目标；(2)自学准备；(3)新课探索；(4)自我测试；(5)自我矫正；(6)本课小结；(7)布置作业；(8)拓展练习。

我们还在制定学习路径时兼顾帮助按钮、提示按钮引导学生主动消除学习障碍。考虑到不同层次学生的学习能力和速度不同，我们的自我测试题同样分层次。学生完成自我测试后，自己对答案，如果出错，跟随学件的路径提示，进入相应的矫正环节。在矫正环节里，我们设计了这类题目的解题思路、出错的几种可能原因、题目的层次和变式等，让学生阅读以后再做矫正题，而且我们针对同一错误设计几道类似的题目，便于学生再次矫正。学生来不及课内矫正，可以延续到课外进行学习，真正把“老师”带回家。目前，我们的“学材”开发已从学生的纸质训练走向了计算机支持训练，而且可以在计算机上进行快速统计，教师也可以在计算机上实现对部分学生的在线辅导。

可以说，我们的“自主成功”模式还处在起步阶段，它得力于“帮助成功”和“尝试成功”的经验和取得的收获，它符合人的社会发展的必然要求，是健康的，也是有价值的。但也正是因为研究它的必要性和必然性，我们必须面对今后将要走的路，必须要考虑这种探索可能带来的人力和物力的巨大耗费，必须要有思想准备，或许这种探索将带来课堂教学的重大变革。我们期待，“自主成功”会在未来的日子里，将成功教育推上教育成功的殿堂。

五、结语

成功教育的20年，是探索课堂教学模式改革的20年。被人们誉为成功教育“三模式”的“帮助成功”、“尝试成功”、“自主成功”，其存在和发展都有着其特有的社会和历史背景，也符合教育和社会发展的规律，其发展是一条探索“讲”“练”“想”“学”等中国课堂教学元素的整合之路。

著名教育管理专家陈孝彬教授曾说：“作为一个校长，他的办学思想及他所进行的教育教学改革，都应深刻地反映当前最先进的教育思想或教育理念。”我不敢说我做到了，但我敢说：我在努力这样做。

20年的教育改革中，我都坚信教育的终极目标是让人活得更美好，更有意义，更有价值，更加幸福。所以，我倡导教育必须面对现实，面向未来；必须以学生的发展为本，让学生生动、活泼、主动地得到发展；必须开发学生智慧的潜能，让人变得更聪明；必须指向学生的成功、教师的成功、学校的成功、教育的成功。或许就是因为我的信仰和坚持，或许就是因为成功教育的实践和探索，我们做到了这样一些改变：学生，从以往的大多数是“差生”走到了今天的大多数学生能自觉地在自我体验中获得自我概念、在自我管理中实现自我评价，并日益走向自我成功；教师，在促进学生成长、陪伴学生成功的同时，绝大多数能够日渐成熟、日渐杰出；成功教育经验，在日益得到更多教育工作者认可的同时，敲开了众多学校的大门；成功教育理念，在众多志同道合者的帮助和支持下，逐步深入人心。

通过对成功教育课堂教学模式的思考与探索，我再一次领悟到：首先，实践课堂教学改革一定要从整合优秀教师的教学经验和教学资源入手，要实现从“好课”向“家常课”的延伸，在改革的同时促进教师的成长；其次，课堂教学改革可能是对教学各元素的整合，而并非对一些元素的否定；再次，作为实践的课堂教学改革，是一个连续的、不断革新的过程，已有的课堂教学现状一定是改革的基础，如何继承是关键，不断创新是改革的必然要求。

所以我们说，我们应该允许理论工作者走极端，但实践工作者必须走综合之路；中国的教育改革，必须要有中国的元素，用中国的方法，这才是立足本土的科学的改革。

团队建设与学习型学校

黑龙江省哈尔滨市南马路小学校长　赵翠娟

近年来，学习型组织开始被广泛关注，相关的文献资料也大量出现。应该说这方面的书，南马路小学没少读，学习型组织的三要义也常挂在老师们的嘴边，但是能说一些学习型组织的理论并不能取代我们对自身建设的研究。只有将这些理论用到自己的学校，并萌发出生长点，那才是建设学习型组织的开始。萌发生长点需要创造，创造就没有人告诉你怎么做，因为通向未来的路不是回家的路。所以我们一直摸索着前行，十几年后，问过头去，我们看清楚了自己的行为历程，也获得了一些心得与感悟，这些心得只不过是一些原本非常平常，往往被忽视的常理，还有就是浸润着思考的一些简单的、甚至是笨拙的做法。但是，就是这样的常识和简单的做法，真实地改变了我们的教师，也改变了我们的学校。

一、推动教师读书

1994 年，我担任了南马路小学的校长，当时学校的办学条件和硬件设施都比较差，但更令我忧虑的还不是这些，而是我从老师们身上感受到的他们对教育的不够理解，眼看着一些老师手捧一本教科书、一本教学参考书，就自以为可以永远站在讲台上教育学生。整天一片好心在那里辛辛苦苦地做错事。大出版家赵家璧写过一本书，书名是“书比人长寿”。教育是薪火传承的事业，一代又一代的教育先哲们付出艰辛的劳动，摸索出来的规律，得到的教育智慧在书籍中，在典籍里，比如“有教无类”、“因材施教”、“一万小时定律”、“艾宾浩斯遗忘曲线”等等，这些被一代又一代教育工作者所证明、古今中外都适用的好东西却没有人去学习，去借鉴，非要在那里凭着自己那点儿水平白手起家重打鼓另开张，把人家的孩子当实验品。

面对这样的现状，我想到了西南联大，因为我曾经读过一些关于西南联大的书。1937 年抗战全面爆发，清华、北大、南开三所大学被迫迁往西南边陲的昆明，在那里临时组成了一所大学，就是西南联大。1937年到1945年期间，西南联大的物质条件极其破败，他们的教室甚至都没有瓦，而且不时地有轰炸，要逃难要搬家，可是只要静下来，就会有一群人在那里读书，一群人在那里讨论。教授们很穷困，可是都在那里谈学问。后来，西南联大出了164名院士和一大批优秀的人才，还培养出了两位诺贝尔奖获得者。究其原因，是因为西南联大集三所大学优秀教师之鼎盛，而且这所学校有一个和谐、自由、独立的学术氛围。有一位学者写过这样的一段回忆，说他当时就是西南联大的一名普通学生，也没有什么太明确的需要，就是听老师讲课的时候，产生了一个想了解英国海军历史的想法。于是他到学校的图书馆去借书，因为当时英文书很珍贵，需要装在箱子里随时准备逃难时带着走。所以当他去借的时候，图书管理员就面有难色地看了一下馆长，可是馆长马上说："开箱、开箱。"结果很费事地把这本书给他找了出来，这就是当时的西南联大。这个故事一直在启迪着我，让我深刻地感受到这所学校尊重人，尊重知识，尊重爱读书的人。我任校长以后。就下了一个决心。那就是要通过抓教师的读书带出一支爱学习的优秀教师队伍，因为只有这样，学校的发展才可能有后劲儿。

1994年抓教师读书应该说比较困难，学校里年轻教师多，他们刚从学生时代熬出来，不愿意再捧起书来读。校外也有非议，看着这所学校换了一个校长，也没什么新气象，整天在那儿领着老师读书，感到不理解。其实，别人怎么看怎么说，不那么重要，重要的是自己想法是否坚定。记得我当时曾说过一句很强硬的话："只要我当一天校长，读书学习就是这所学校里最大的事儿。"校长咬定青山不放松，老师就得跟着做。不仅读书，还要记笔记，我会定期检查。最初老师们写笔记，其实就是把书和杂志上所看过的抄下来。可是日复一日，抄着抄着感觉就不一样了，因为读书本身就是一件非常美好的事。老师们读着抄着，就会有欣喜有发现，学校适时地召开研讨会，让他们说出惊喜发表见解，还在校内出版了交流学习体会的刊物"八面来风"，同时进行了展览读书笔记、写感悟千字文等活动，让老师们找到成就感，这种成就感，换来的是对读书的倾心。两年后，学校读书走上了良性的轨道，在老师们的眼中教育不一样了，在感悟千字文中，老师们就曾经写下这样的话：心平气和地对待教育，让孩子慢慢长大。爱孩子吧！你生命的精彩是因为他们的存在。

二、学校要有让教师扩展能力的组织

我带着老师读书、写笔记、交流研讨，大约经过六七年的时间，教师的精神风貌有了很大变化，学校的工作也渐渐上了层次。但是，再发展下去进程就缓慢了，我们仍经常有深度汇谈，但是我能敏锐地感觉到老师们在汇谈过程中自己被激发出来的积极性，要小于想获得校长肯定的热情。我离开学校一段时间，学习研究的劲头就有所降低，我回来忙活一阵，学习状态就像加过油的车一样跑了起来。同时我还发现，几年的读书交流，老师们已有了对话的习惯，同学年或同学科的老师面对同样的问题，已经形成了自然的对话圈子。但是这样的交流往往是松散的，由于没被组织起来，也就没有明确的议题，更不一定有明确的答案。即使有了答案，也没有明确的追踪，更多的是灵光一闪，说着说着就散了。对这样的问题，我当时真有点儿茫然了。思考了很久，终于想明白了，学校应该是一个一个节点连缀而成的网络结构，而我是学校的原点，仅有原点的发力，缺少节点的发力，是我们建设学习型学校所遭遇的瓶颈。为了突破这个瓶颈，我查阅了大量资料，获益良多，特别是被称为数字经济之父的泰普斯科特说的一段话启发了我，他说："未来的领导就是领导学习，未来最可靠的竞争优势就是克服障碍学习，最好的领导不是下达命令，而是建立让成员扩展能力的组织。"在我们学校，读了这么多年书的老师们，正是缺少扩展自己能力的组织。这样的组织即可成为学校的节点。如何从以往的原点发力转变为诸多的节点共同发力，在我的脑海里清晰起来。打造教师社团形成组织合力，就被提上了议事日程。于是，在我的倡导和推动下。原来自然发生的松散的对话圈子，一下子演变成了老师们自发组成的教师社团，并很快在校内"耀武扬威"起来。

这些社团完全由老师自发组成，而学校只提供必要的经费和办公设施，从来不对社团下达任何命令。因为只有教师被自己面临的问题牵引，根据自己的研究方向和性情喜好自愿结合在一起，并且自我负责，社团才会有活力，有生命力。校长不要总是享受下命令的快感，你下了命令，就要为之负责，即使你负了责，也容易侵占老师扩展自己能力的空间。其实，我们生活中有一个常理，那就是权利与责任必然对等，社团既然是老师自己的，那就把权利和责任交给他们。

各个社团的老师们带着自己的问题去读书，用教育理论来审视工作中的问题，理论变得鲜活了。他们设计出解决问题的方案，再运用到实践中才发现书真是不白读。因为有了思想的映照，班级里、课堂上，许许多多的琐事，也都变得明亮起来。

随着教师社团的活跃，不自觉间，学校的不少工作，都分解到社团去做了。于是各社团之间，就需要进行工作的分配和协调。此时，我仍然观点鲜明地坚持，绝不能由学校领导班子来处理这种分配和协调，为了保障教师社团的独立性和自主性，我顺势而为，让各社团教师自己推举出学习能力、工作表现足以服众的人，组成教代会常务组，来协调各社团的工作，常务组的工作完全独立运行。

独立自主的教师社团在学校的工作中，越来越活跃。他们不但使自己的本职工作更多了一层思考，更加精彩，而且还在常务组的协调下，以招标竞标的方式，以社团为单位承办全校性的活动。老师们在自主负责的过程中迅速成长。

著名哲学家罗素说："真正的幸福来自建设性的工作。"南马路小学的老师们在建设性的工作中忙碌着，他们不要加班费，他们多干了很多活儿，可是他们的脸上却洋溢着幸福的笑容。

三、尊重规律，直面实践

我们现在所处的是一个新术语新概念盛行的时代，这些新术语新概念乍一听很深奥也很现代，很容易裹挟着我们闻之起舞，随之奔跑。而在这个过程中我们却很容易忽略许多听上去不那么响亮的常理，看上去不那么华丽的常识，也特别容易忽略我们在一线每天都会接触到的平凡而简单的教育琐事。关注和研究这些鲜活的琐事恰恰是我们校长和教师的立身之本，也是我们建设学习型学校永不枯竭的动力之源。

想让理论在实践中获得生命，必须拒斥似是而非，尽量去触摸教育最本质的东西，平心静气地尊重常识。我们必须明白，常识简单，但是它却往往与规律相连，规律是金，规律不可欺。人类破坏生态，违背了规律，已经开始在受惩罚。春播、夏耕、秋收、冬藏，这是规律，违背了它，就不会有收成。著名科学家钱学森生前一直问国家领导人一个问题，我们的学校为什么总是培养不出杰出的人才？如今钱老已故去了，可是他留下的问题却引起了广泛的关注，也应该引发我们基础教育工作者的思考。我们的教育到底缺少了什么？我们是否做了有违规律的事情？我曾经想过一个问题，那就是如果在我面前有两个陌生的20岁的农民工，一个是文盲，一个是小学毕业，让我与他们交谈五分钟，我不能准确地判断谁是文盲，谁读过小学。可是我们假想，他们一个是文盲，一个读过五年私塾，不用五分钟，几句话就可以判断出来。我在全国各地讲课，向很多地方的教育同行们说了我的这个想法，他们都认同。在天津梁启超的故居"饮冰室"，我曾看过梁启超8岁时写的作文，真是太好了。这些年我们也出过识很多字、会写文章的神童，但却无一人能与8岁的梁启超相比。这说明老中国人用大量读、大量背的方法学语文是有效的，有些东西值得我们研究和继承。现在，课程改革已进行了八九年，很多地区、很多学校都出了不少光鲜亮丽的经验，而南马路小学不声不响，只是把课标中提出来的"精选终身学习必备的基础知识和基本技能"作为核心思想，并明确地将其细化为写字、计算、阅读、背诵、写作五项童子功。为什么我们要称其为童子功？什么是童子功？那就是童年时期练成的可以受益终生的功夫，也是童年没练好，长大了想补也没法补的功夫。北大著名教授陈平原就说过这样的话："童子功是补不了的。"

就写字而言，计算机的广泛使用，似乎让中国人看淡了写字，其实汉字是我国渊远厚重的传统文化，电脑永远都不能代替写字。而我们的2 500个常用汉字是在小学阶段老师领着孩子一个一个地认，一笔一划地写而习得的，这个过程孩子长大了无法重复。我校非常重视写字，1998年开始设立校园写字节，如今已颁奖12届，获奖学生8 749人次。

还有计算，在中学的数学学习中，马虎似乎是大家说得很多的一个词儿。其实得数的不准确往往与小学的口算功夫不到有关，列方程的问题又与小学阶段应用题教学中是否建立起缜密的逻辑思维有关。小时候没夯实基础，将来没机会补，也很难改过来。我们把"计算天天练"列入课表。设应用题训练题库就是为了强化这项童子功。

关于阅读，苏霍姆林斯基说，要无限相信阅读的力量。美国教育界人士认为阅读的重要性怎么强调都不够。什么年龄读什么书，我们不能错过孩子们阅读心理和黄金般的阅读年龄。乌申斯基说儿童是用形式、声音、色彩和感觉来思维，童年应该读安徒生、格列佛，还应该读汤姆·索亚、阿凡提，还有西游记。孩子们的想象力和感知力恰恰是在读这些书的过程中开发出来的，错过了这个阶段，就有可能永远与这些精神食粮擦肩而过。据说有不少过了而立之年的人，对小时候没读过的名著想补读一下，可是一读就想打瞌睡。还有在小学毕业时，一个孩子每分钟默读字数还达不到300字的话，那么就决定着他一生的阅读速度很难再提高。高考生答不完卷子往往与他的阅读速度有关。南马路小学的老师们都知道我这位校长极其重视学生的阅读，学校所有的课题组我只关注，不任职，唯独担任了阅读课题组——幸福公社的老支书，并亲自组建购书小分队，为孩子们买书。

关于背诵，依照心理学的规律，背得滚瓜烂熟，张口就来，那就变成自己的了。背到心里去的东西可以陪他一辈子。中国许多文学大师都是在童年练就的背诵童子功。那些在儿童记忆力发展的黄金时期积淀下来的经典，会印刻在身上，并随着年龄的增长，成为一个人的素质与修养。我们南马路小学在日常教学中，除教材中规定的背诵内容必须让学生活在心里之外，还补充增加了31 600字的背诵内容，按年级分为快乐童谣篇、国学经典篇、古典诗词篇和现代美文篇。走进我们学校你经常会听到朗朗背诵声。

至于写作更是在小学时由字到词、由词到句、由句到篇这样一块砖一块砖地垒出来的，长大后没办法从头垒。我校的“精彩句段每一天”就是在为孩子们垒砖。

所以说童子功就是童子功，我们应该替孩子珍惜他们金色的童年，不应该错过的，就要尽最大的努力留住。把应有的素养融入孩子的血液，形成孩子的功夫。

四、组织要有好习惯

我们学校的校风是“让读书成为习惯”。其实我们每一个人都是习惯的产物，优秀是一种习惯。作为教师最应该有的习惯就是读书。习惯怎么养成？其实没有秘方，只要千百次地重复做一件事，就可能形成一种习惯，16年来我们南马路小学千百次地重复做一件事，那就是读书。

读书是一件多么美好的事情，真的把书读好了，它就会进入我们的内心，融入我们的血液，默默无语地举手投足间就会流淌出书的力量。它可以让我们在失落的时候，自然而然地反弹出那种坚强；成功的时候，自然而然地流露出那份淡定；还可以让我们一个人独处的时候不会寂寞，与多人共处的时候不会轻狂。关于这些我们要不停地去告诉老师。但是做校长的不仅仅是告诉。你还要让老师跟着你迈出第一步、第二步、第三步……并且要在这个过程中品尝到滋味，尝到甜头。

同时要强调，读书一定不能仅是个体的习惯，必须形成一个组织的习惯，因为个人的优秀习惯会在糟糕的环境里磨损、流失。我们试想，一个爱读书的人和三个爱打麻将的人在一起，三个爱打麻将的人总是处于三缺一的状态，他们一定会拽着这个爱读书的人，跟他们去打麻将。时间长了，那个爱读书的人就不得不去重复地打麻将，而放弃重复读书，渐渐地他也变成了一个不爱读书的人。所以学校要营造积极向上，潜心读书的环境。校长的示范，同伴的感召，爱读书的人受到褒奖，不爱读书的人会感到不适，想打扑克找不到玩伴，别人侃侃而谈时，他会自惭形秽，大家讨论问题时，他融不进共同的话题，这样的团队氛围就会牵动着他深一脚、浅一脚，连滚带爬地跟着走上读书这条路。

学习型组织不仅要养成读书的习惯，更要培育对话的习惯，学习型组织必须走向对话，通过对话形成一个相互激发、相互督促，能让思考和智慧碰撞的场。这个场怎样形成？学校要分权，要把话语权交给老师，让教师享有说话的权力。所以我在学校提出来一个口号就是“让士兵说话”。《中国教育报》曾在 2009 年用一整版以“让士兵说话”为题，报道我们学校。过去面向全校教师讲话一直是领导的特权，即使有个别代表，也是受命发言，不过是一种点缀。现在我果断地把麦克风交给老师，并且为老师搭建了属于教师自己的一个话语平台，那就是“智慧泉”。

要想听真话，就要允许说错话。我校既然让士兵说话，老师们就有权利走上前来，表达他自己认为正确的想法。只要他的意见是经过思考的，错了也有价值。只有宽容错误，才能收获正确。何况有时候校长认为错，其实不一定错。如果你只能听得进去你认为正确的话，而定义正确的权力又在你身上，那就等于你只能听到你想听的话。对于校长而言，这是多大的悲哀。所以我会经常用每个细节来告诉老师：你可以勇敢地当众说话，也可以当众说错话，没有关系。其实平心静气听下来，你会发现老师们的所思所感，哪怕是最原始的、最粗糙的，只要是源于教育实践的，就有价值。有很多好的话题，就是在这个过程中被开发出来的。好老师不是校长造就的，是校长帮助出来的。每位教师都是一座金矿，可以开发；每位教师都是一盏灯，可以点燃。只需要我们给他借个火，给他照个亮，他就把自己开发了，点燃了。在这样的过程中，校长要懂老师、欣赏老师，校长要有准确的眼光，准确里面有公平，准确里面有方向，这样老师的心里才亮堂。其次要帮老师搭台，让老师唱戏，唱好了你给他鼓掌，唱不好你和他一起错中淘金，还要帮助老师创造信息交流与共享的条件。

我们学校的老师非常喜欢智慧泉，全校的智慧泉各社团争相承办。在智慧泉上，老师们不断地产生着改善工作的好思想和好做法，虽然平凡却很有价值，所以我们一定要让大家的智慧和碰撞后产生的火花有着落。为此，我们设立了南马路小学教师思想库和思想金库，大家提出的有意义的、可操作性强的东西可以收入思想库。经过实践和时间的证明，取得了很好的效果，并可以在较长时间内被重复使用和借鉴的便可以收入思想金库，在档案室设有专册档案并记入校史。这种形式会让老师们感觉到他们的思考和心血不会被浪费，有人会记得，甚至会永远记得。

建设学习型学校是进行时的命题，走在这条路上，我们要有一颗平常心。如果没有平常心，我们总是对速效、对立竿见影怀有期待，那你就会失望，就会在中途停顿下来。我们常年地做着读书这件事，认认真真地经营着一方小天地里的花谢花开，春夏秋冬，安安静静，不求喝彩，16 年如一日。大家读书就好，教师团队成长就好，孩子们受益就好。

二、新探索

让每个学生都成为“模范公民”

上海市久隆模范中学校长　朱建平

久隆模范中学的诞生，是新世纪上海教育新一轮发展的一个新亮点，也是上海基础教育迈向公平、均衡发展之路的一种实践探索。作为一所招收本市经济困难家庭适龄青少年学生的特殊学校，我们承载着党和政府及社会各界好心人的浓情关爱和殷切期待。首任校长顾筱璞为学校发展制定了大政方针，理清了学校办学的基本思路，为学校持续发展奠定了坚实基础。作为继任校长，如何承前启后，乘势而上，将“模范公民教育”继续向前推进，成为我教育的理想和人生的追求。

一、我的教育理想：努力让每个学生都成为“模范公民”

我校实施的是徐匡迪同志倡议的“模范公民教育”。那么到底什么是“模范公民”，什么是“模范公民教育”，“模范公民教育”的目标又是什么，就成了我们必须首先回答的问题。

1. “模范公民”的内涵——“一个前提”、“一个基础”和“两大内核”

“模范”是指制造器物所用的模型，引指值得人学习或取法的榜样；公民是指具有一国国籍，并根据该国法律规定享有权利和承担义务的人。由此，“模范公民”，应该是指在政治思想、身心素质、职业成就、社会责任等诸多方面值得人学习或效仿的中国公民。他必须具备“一个前提”、“一个基础”和“两大内核”。“一个前提”是政治思想，即：务必坚持“四项基本原则”，热爱自己的国家；“一个基础”是身心素质，即：不仅身体健康，而且心理健康；两大内核是“职业成就”和“社会责任”，前者指敬业爱岗，成效显著，后者指对社会有爱心，有责任感和服务意识。厘定“模范公民”的内涵，为实施“模范公民教育”奠定了基础。

2. “模范公民教育”的内涵——以培养“模范公民”为核心价值追求

什么是“模范公民教育”？这是要回答学校到底要办什么样的教育，培养什么样的人，追求什么样的教育价值这样的问题。我们认为，“模范公民教育”是素质教育的一种特殊形态，它既拥有素质教育的核心内涵，又以培养“模范公民”作为教育理念和价值追求。她在管理实践上呈现出四个特点：(1)凝聚“模范教师”为主体的育人资源；(2)创设影响学生成为“模范学生”，并向“模范公民”发展的育人氛围；(3)建立“模范教师”、“模范学生”自主成长的管理机制；(4)探索“模范教育”科学发展、持续发展的办学模式。从这个意义上说，“模范公民教育”不仅是一种教育理念，也是一种办学实践，是校长对素质教育实施形态的创造性理解和个性化追求，是素质教育共性思想在学校管理实践中的具体化表现。

3. “模范公民教育”的目标——培养面向“模范公民”的“模范学生”

“模范公民教育”以培养“模范公民”作为教育理念和核心价值追求，但这种理念和追求，在个体成长的不同阶段，表现为不同层次和要求的行为目标达成度。这是由人的成长规律和教育发展的规律决定的。也就是说，中学阶段实施的“模范公民教育”，有其针对性、特殊性的目标内涵，这种目标内涵体现了“模范公民教育”阶段性的教育价值取向。我们把这种价值取向确定为：面向“模范公民”素质要求，进行“模范学生”的培养。我们把“模范学生”定义为：“素质全面、人格健全、基础扎实、乐于奉献”，并确立“三个模范”作为具体实施和评价要求。(1)践行“三主”，当学习的模范，即：主动学习、主动实践、主动探究；(2)学会“三自”，当做事的模范，即：自理、自律、自强；(3)培育“三心”，当做人的模范，即：爱心、责任心、自信心。根据我校初、高中学生的不同情况，以上要求在目标达成度上体现适当差异。

二、我的办学思考：让“久隆”成为培养“模范公民”的摇篮

作为一校之长，不仅要厘清培养什么样的人的问题，更要思考办什么样的学校。前者针对教育理念、教育目标(本文“第一部分”已作回答)，后者针对办学理念、办学目标。办学理念反映校长的办学思想，即：校长准备把学校办成怎样性质的学校，是对学校办学内涵的基本定位；办学目标是校长对学校发展目标的定位，即：根据办学理念，在一定时段内建立学校发展的具体目标，包括在学校品牌、课程建设、师资队伍、管理机制、校园文化等诸多方面的目标内容。从学校发展全程来看，学校的办学

理念相对稳定，这是学校发展的根基，决定于建校之初的政府意向和首任校长的办学思想；而办学目标，反映每一任校长的办学实践和奋斗目标(可以体现目标之间的传承关系)，从学校发展全程来看，每任校长的办学目标只是一个阶段性目标。阶段性目标的建立、达成，推动着办学理念的传承、落实。

我校的办学理念是让“久隆”成为培养“模范公民”的摇篮。这种办学理念的形成受到三个重要因素的影响：

第一，徐匡迪同志的关心、爱护和身先垂范。我校由老市长徐匡迪院士倡议建立，徐匡迪院士亲笔题写了“上海久隆模范中学”校名，并为全体师生题词“让每个学生都成为模范公民，为上海的现代化建设作贡献”。其后，他曾七次来校视察，为学校发展奉献爱心，建言献策。为了支持学校发展，他先后捐出个人院士津贴和稿费60多万元人民币。可以说，徐匡迪院士的关心爱护和身先垂范，为学校的“模范公民教育”注入了灵魂。

第二，首任校长的教育思想和办学实践。学校创立之初，首任校长顾筱璞明确提出了学校的办学思想，即：实施“模范公民教育”。以后我们一以贯之，遵循践行，坚持以“模范”立校，以学生发展为本，努力铸造具有久隆特色的教育文化。顾校长倡导“严肃、严谨、严格”的教风，主张“勤思、勤问、勤练”的学风，发扬“自信、自律、自强”的校风。这“三风”聚焦在一起，使“模范公民教育”的内涵，在教师、学生和校园文化三个层面同时得到贯彻和落实，并逐步成为学校文化的精髓。

第三，久隆学生具有成为“模范公民”的潜质。久隆学生来自于经济困难家庭，他们有改变命运的强烈愿望，有勤奋刻苦的学习态度。在“模范教育”的影响下，他们不仅学习成绩优秀，而且懂得“滴水之恩、涌泉相报”的做人道理，懂得珍惜关爱、立志成才的人生态度。比如，有同学假期勤工俭学后，把辛苦所得全部捐给学校；有同学毕业后捐出第一份工资向学校奉献爱心；更有不少同学在拿到奖学金、压岁钱后，将其中一部分捐给学校。感受爱、珍惜爱、奉献爱，学会求知、学会做人，正成为久模学子追求的道德风范。

目前，学校经历了11年的发展，在党和政府及社会各界的关心、帮助下，学校办学实现了跨越式发展。第一个三年，实现了“跻身闸北一流学校，铸造久隆优质品牌”的目标；第二个三年，达成了“确立闸北一流学校，跻身上海名校行列”的目标；第三个三年，成为了“上海知名学校，上海有特色学校”；现在，我们正向办成“上海市实验性、示范性高中”的目标冲刺。

三、我的策略选择：建立工作系统，提升关键工作，推动“模范教育”持续发展

教育需要持续发展，“模范公民教育”需要不断推进，为了办成上海市“实验性、示范性高中”，为了更好地培养“模范学生”，并推动“模范学生”向“模范公民”的主动发展，我们采取了如下工作策略。

第一，建立“模范教育”的工作系统。建立“模范教育”的工作系统，有助于我们看清“模范教育”的关键工作和操作流程，并对工作系统实施有序监控。我们认为，“模范教育”的工作系统包括六个关键要素，即：久隆学生、管理机制、教学智慧、课程质量、文化影响、目标引领。其中，“久隆学生”是所有要素的受力目标，即：在其他要素的合力影响下得到充分发展、自主发展；“管理机制”，不仅直接作用于“久隆学生”，同时对其他五个要素实施管理，推动他们的品质提升。“管理机制”中的能动因素是人，即管理者；能动力量来自于管理者的专业水平和管理智慧。“模范教育”的工作系统可图示如下：

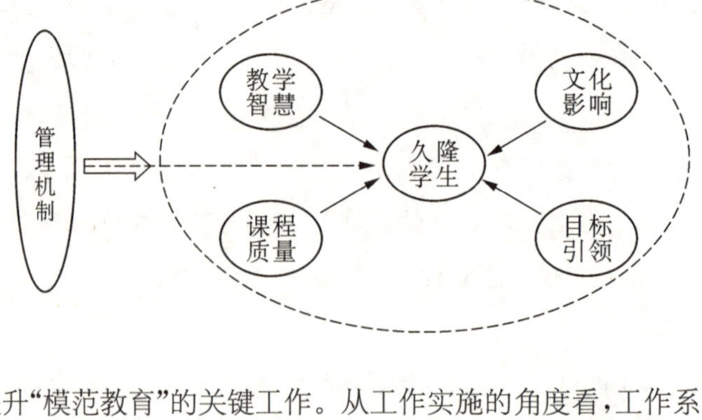

第二，提升“模范教育”的关键工作。从工作实施的角度看，工作系统中除了“久隆学生”，其他五个要素即为五项关键工作。如何提升呢？我们采取如下措施。

（1）培养针对“模范教育”的“模范教师”。让学生成为“模范学生”，需要“模范教师”的引领和指导。我们把“模范教师”定义为热爱祖国、热爱学生、热爱生活、师德高尚、举止端庄、为人师表、严谨治学、诲人不倦、精益求精、主动示范、引领学生健康发展、自主发展的教师。培养“模范教师”的关键内容，一是爱心和责任，二是方法和艺术。前者，要培养教师对久隆学子的真诚爱心和教育责任，要激发教师从心底焕发出教育热情和主动意识。后者，要提高育人的效果，不仅要通过优化方法、改进技术来提高课堂效果，而且要践行“以情优教”、“团结合作”的组室文化，并探索运用非智力因素来激发学习的积极性和主动性。

（2）建构针对“模范教育”的“理想课程”。目前，学校正在探索建立校本课程的“理想模型”（上海市教育规划课题），即以拓展型课程中的“德育课程”为特色，以“基础型课程的校本化实施课程”为主干，以“其他拓展型、研究型课程”为重要辅助的校本课程体系及其自主运作的课程管理机制。它由“课程范型”、“内容系列”、“执行大纲”、“管理机制”四个基本要素组成。其中，“课程范型”指向课程的教育功能；“内容体系”指向课程的重点内容及逻辑结构；“执行大纲”指向课程的教学要求和经验传承；“管理机制”指向课程的实施程序和管理细则。整个系统结构在“管理机制”的主动干预下进行良性运转，“课程内容”不断完善，“执行大纲”日趋成熟，“课程实施”持续运作，课程功能不断强大，学校实现育人目标的办学实践不断向前推进。

（3）制订针对“模范教育”的“阶段目标”。这里的阶段目标是指各年级学生的奋斗目标。科学、合理地制订阶段目标有助于激发学生的学习热情，并对学业过程进行有序监控。这里的阶段目标，包括“预备到初三”、“高一到高三”两个层次。两者之间在要求上存在差异，它们宜各自建立发展序列，形成目标系统。比如，高一至高三年级的目标系统可列表如下：

	行为规范	学科知识	学习方法	心理素养
高一	形成良好行规	夯实学科基础	转变学习方法	体验成功心理
高二	践行良好行规	形成知识系统	优化学习方法	强化自主成功
高三	示范良好行规	活化知识系统	形成自我方法	扎根成功信念

初中四个年级，同样形成类似的目标发展序列，形成初中学段的目标系统。

(4) 铸造针对“模范教育”的“校园文化”。铸造，是把金属加热熔化倒入砂型或模子里，使之凝固成为器物。铸造教育文化，是指进一步完善、铸就具有育人功能的校园文化环境，使之日益发挥针对“模范教育”的育人功能。校园文化建设体现在硬环境、软环境两个方面。硬环境，是指校园中的设施建设、环境布置，比如校门内墙上张贴的“教风”、“学风”、“校风”的标牌；校园中耸立的“滴水之恩，涌泉相报”的石碑，等等。软环境，是指人的思想意识和人文素养，比如校长以身作则的工作风范，教师“以情优教、团结协作”的组室文化，学生爱心回报、励志成才的思想意识，等等。我们的目标是：让每一件校园设施散发出文化气息，让每一块墙壁会说育人真言，让每一个久隆人的思想和行为都来为促成“久隆文化”加力，并让自己从中受到教育、启迪。

(5) 优化针对“模范教育”的“管理机制”。管理机制不仅是学校发展系统的能动力量，同时也决定学校发展的方向和成效。为此，我们正在努力优化管理机制，全力提升管理效益。

首先，用流程化管理强化操作要点。比如，针对课程建设的管理机制，管理流程可以设计为：课程申报(教师)→课程评审和立项(课程指导委员会)→网上选课、分班(教学处)→课程实施、管理(教学处)。这样的流程管理，责任明确，环节清楚，可大大提高管理效益。其次，用精细化管理完善管理环节。细节决定成败，研究、梳理管理细节，可及时弥补管理中的漏洞，避免给整个管理工作造成损失。精细化管理的要求是，针对出现的重复性、常规问题，及时、慎重地以制度的形式进行文本固定、试验实施及完善优化。第三，用人性化管理激发主动意识。制度是法律，制度面前人人平等。但制度不可能涵盖学校所有的工作。对于制度之外、同时又涉及教师切身利益的事情，学校尽可能要用人性化的思想去管理和操作，既落实管理的基本职能，又让教师感受到学校的关怀和温暖。

倾所能　尽天职　成就模范梦想

上海市久隆模范中学

被誉为教育界"活化石"的我国老一辈教育家吕型伟先生说过："教育实在是太难、太深奥了！"同时，"教育也实在太重要了"。或许就是因为教育有了这样的一种复杂品质，便有了众多极具强烈社会责任心的倡导者，也便有了众多孜孜以求的追逐者、探索者。

回眸久隆的办学历史，我们总能看到这些倡导者、追逐者、探索者的身影。

2001 年 2 月，在上海市十一届四次人民代表大会上，时任上海市市长的徐匡迪代表倡议建立一所全部免费的学校，让贫困家庭的优秀学生有同样成才的机会。徐市长的提议得到闸北代表团所有代表的拥护。半年后，由市教委和闸北区人民政府投资 1 200 万元，占地面积 12 155 平方米、建筑面积达 8 590 平方米的现代化区重点完全中学就建成了。同年 9 月 3 日，是一个值得写入上海乃至中国教育史的日子，全国第一所免费学校——上海市久隆模范中学正式揭匾开学了！

开学那一刻，平日比较冷清的闻喜路沸腾了。徐匡迪为学校亲笔题写的校名——"上海久隆模范中学"，在阳光照射中显得尤为耀眼。社区老百姓笑了，家长们也笑了；老师们笑了，学生们也笑了。当记者来到时任校长顾晓璞身边时，顾校长一脸的欣慰，对记者说："作为这所学校的校长我感到很荣幸，也感到责任重大，我将倾我所能，尽我天职。"

"倾所能，尽天职"，是顾校长当时最为朴实的心里话，就是这样一句话，印证了所有"久隆人"怀揣徐匡迪市长"让每个学生都成为模范公民"的殷切希望，追逐责任，探索使命的心路历程。

一、学校倾所能，化人生灰色为暖色

入春后，佳菲的升学问题不可回避地摆在了一家人面前。一个休息日，妈妈带着女儿坐车来到一所市重点中学，在车上，妈妈时不时提醒佳菲：“我们只是先来看看啊！”因为妈妈怕学费高而让女儿失望。结果不出所料，一学期学费就要4 200元，母女俩对视一眼，片刻后，佳菲牵着妈妈的手，默默离开了学校。

妈妈和佳菲跑了几所学校，可都因为学费问题而却步。妈妈想试试女儿的实力，让佳菲去参加了一所学校的考试，结果学校通知录取了。父母犹豫了。思来想去，佳菲选择了放弃。学校校长打电话很是惋惜：“别人想进都进不来，你们考上了却不来。”佳菲的无言，让本就感到内疚的父母心里格外难受。

恰逢此时，父母从广播里听到了上海第一所免费中学即将开学的消息，妈妈当即给佳菲报了名。6月19日考试，几天后，录取通知书下来了，全家人高兴得像过节一样。

在久隆这个不大的校园里，与佳菲这样有着相似经历的学生还有很多很多。

当今世界，没有一个国家可以彻底消灭贫穷。据当年有关方面统计，上海市中小学仍有约10%的学生家庭存在经济上的困难，其中约有2%—3%为特困生。而一些品学兼优的特困生，因为经济原因面临失去受良好教育的机会。久隆就是在这样的背景下创办的一所面向全市家庭收入处于贫困线以下而又品学兼优适龄学生的公办区重点完中；久隆就是在这样的背景下诞生的一所领导关怀、各方支持、社会关爱的，为贫困家庭的优秀孩子提供获得良好教育机会的学校。

2001年9月3日，当首批共358名家境贫困、品学兼优的学生信心满怀地进入久隆的校园时，教育便向这样一批特殊而又优秀的孩子开启了一扇通往知识殿堂，创造美好人生的理想之门。

这里有一群优秀而又独特的孩子。与普通学生相比，因家庭背景不同，这些孩子普遍有着较为独特的心理。他们情感度低、相对自卑、缺乏自信，加之家庭教育力量薄弱，有些孩子明显出现学习动力不足的情况。让这些“不健康”的优秀孩子走出心理阴霾，成了学校历任领导班子共同潜心研究的课题。学校认为，一个贫困学生得到社会一时的经济救助，这仅仅是“输血”；把学生培养成才，使他们有能力改变命运并终身受益，才是真正的“造血”。为此，学校请来心理专家为学生“号脉度方”，引导他们穷且益坚、立志成才。学校将学生发展的理念定位在“今天做模范学生，明天是模范公民”上；将“模范学生”的培养目标定义为“素质全面、人格健全、基础扎实、乐于奉献”；将具有爱心、责任心、自信心，能够自理、自律、自强，以及能够主动学习、主动探究、主动实践作为模范学生的基本要求。学校通过系列常规教育形式和途径，让学生将爱国、守法、诚信、知理的模范公民标准作为自己成长的目标。学校设立“自强奖学金”，激励学生自强不息的信念；学校教育学生珍惜社会关爱，培养“勤俭”美德。

出身贫寒，曾经让佳妮自卑压抑；没有母爱，曾经让佳妮悲痛不已；她曾经痛恨自己“贫困生”的身份，她曾经以为自己会被命运的不公牵绊住一生。

在刚刚入久隆初中时，佳妮成绩一直跟不上其他同学。可老师们没有责骂。老师们在课余时间帮她补课，在她感到无力面对学习的压力时，找她谈心，并不断鼓励。终于，她通过自己的努力，成绩从下游上升到了前列，并顺利地升入高中。

久隆五年的学习生活，让佳妮的一切都改变了。她学会了如何去勇敢地面对生活。师长们的教导，告诉她贫困根本不是耻辱；同学间的互帮互助，传递着自信自强的信念；亲人们的鼓励，也告慰着她感受到的爱远比失去的爱更多。

学校坚持对家境贫寒学生立志成才的教育对策进行研究。倾所能，深入学生的生活，关心学生的身心发展，关注学生的家庭变化，读懂学生的喜怒哀乐，努力树立“严肃、严谨、严格”的教风；倾所能，成为学生生活的督导员、心理的咨询员、家庭的调解员，落实学生“勤思、勤问、勤练”的学风；倾所能，坚持“对每一个学生成长负责，为每一个学生发展服务”的办学理想，为学生开设专题教育，搭建社团活动和班团队活动的平台，提供社区服务和社会实践的机会，逐步形成“自信、自律、自强”的校风。一种独特的久隆模范品质正在这里形成。

当节俭成为一种习惯时，学校的免费午餐吃多少拿多少，丝毫不浪费；当勤劳成为一种习惯时，师生自觉地成为学校“清洁工”，负责学校卫生的清洁工也笑称自己“濒临下岗”；当自强成为一种习惯时，师生便将工作与学习在久隆、佩戴久隆的校徽引为骄傲；当励志成为一种习惯时，师生们便不约而同地开始笑对阳光，喜迎灿烂。

郭菁和周睿曾经都是久隆的学子，2010年他们因久隆而喜结良缘。他们说："大学时见面，我们经常一起回忆久隆的老师，他们严慈相济；回味久隆的环境，那里温馨和谐；品味久隆的精神，鼓励自强自立……久隆，让我们懂得了什么是幸福的生活，什么是健康的人生。是久隆将我们的人生色彩重抹，化我们的人生灰色为暖色。"

二、教师尽天职，促人生追求变为现实

小钱的父亲生病去世，母亲因受刺激过度而精神失常。小钱感到"天塌下来了"，从此郁郁寡欢，封闭了自己，学习成绩受到严重影响。这时，姚老师向她伸出了援手。姚老师与班主任交流后，感到小钱非常需要家庭的温暖和鼓励，就收小钱做了"干女儿"。

周末，姚老师和家人一起陪小钱逛街、聊天，为她辅导，给她买学习辅导材料。日复一日，小钱再度体会到母爱，体会到家庭的温暖，心灵的创伤渐渐愈合。她开始有了欢乐，有了进步。成绩曾在班级下游徘徊的她最后顺利地通过了中考。往日的自信又回到了她的脸上。

在久隆这个充满关爱的校园里，困难学生被老师"认领"，与老师"结对"是常有的事。

现任校长朱建平谦虚而自豪地说："久隆教师未必是教育教学技能最优秀的教师，但一定是教育教学中最富有爱心的教师。"爱心，已成为久隆全体教师一切教育智慧的源泉。对于久隆的学生而言，教师既是"传道授业解惑"的师长，更是学生的亲人。久隆的教师履行这一承诺的过程，其实正是久隆的教师们培育爱、播撒爱的过程。正因如此，久隆教师的作用对于学生的成长而言就显得尤为重要；也正因如此，久隆教师创新教学理念，提升教学手段，才能真正帮助学生圆成才之梦。

久隆的老师奉行与培养目标零距离的宗旨，做学生的模范；久隆的老师奉行与学生情感零距离的理念，做学生的朋友；久隆的老师奉行与教学要求零距离的做法，做学生的良师。三个"零距离"，使久隆的教师已将"教师是人类灵魂的工程师"这一

老话深谙于心；三个“零距离”，也使久隆的师生在情感对话的教育过程中构建出共同的精神家园。

这里有一批慈爱而又乐于奉献的老师。多年来，从校领导到班主任、任课老师，他们利用寒暑假、双休日走访学生家庭。在学校中，老师在课余时间义务为学生补习、为特困学生购买学习用品、为学生治病捐款已经成为寻常之事。崇高的师爱，不仅温暖着学生的心田，也净化着教师的心灵。

在久隆，一支适应培养“模范公民”目标的教师队伍已经趋于成熟。他们“以情优教”、“以情引学”，吸引学生热爱学习，自主学习；他们“以情优教”、“以情激趣”，让学生充分感受学习中的快乐；他们“以情优教”、“以情促探”，鼓励学生磨练学习意志力，克服学习中的各种困难，积极思考、自主探究、增强体验、发展思维，不断提升学习内驱力。

> 王老师执教高三两个班，每次期中、期末考试，她都会对80多名同学进行全面统计并“对症下药”写评语：语法错多少、薄弱知识点是什么……课间，更是王老师针对性辅导的大好时光。她对围在身边提问的学生，总是耐心地一一回答，如果来不及解决就约学生在课后“开小灶”。小方平时英语一直不错，但是在高考前不久，英语模拟考却连续几次不理想。王老师分析了他的每一张试卷，找出问题，给他制订“集训”计划，鼓励他自信应考，最终小方高考英语得了141分。

我们欣慰地看到，久隆教师总能保持强烈的育人意识，努力提高育德能力，很好地激发学生学习的内驱力；久隆教师总能贯彻全面的育人方法，既重视对学生的关心、帮助和唤醒，也关注对学生的释疑、释情、指导、引导；久隆教师总能坚持不懈的育人探索，聚焦课堂，开展校本研修，使教研活动主题化，强化教研组建设，打造学科团队；久隆教师总能把握科学的育人方向，抓好课堂转型，实行问题驱动，发展学生思维，发挥学生的主体作用。久隆的教师就是这样，持续多年地以课堂教学为抓手，磨砺自我，勇于实践与探索。

多年的磨砺，“师德高尚、业务精湛、率先垂范、乐于奉献”已成为久隆教师的真实写照。尽天职，他们不管做什么工作，总是百分之一百地投入；尽天职，他们不管工作有什么要求，总是要求自己做到百分之一百地完美；尽天职，他们不管工作中碰到什么困难，总是百分之一百地完成任务目标。用百分之一百的热忱投入每一件简单的工作，把每一件简单的事情做到最好，这是久隆教师最宝贵的坚守精神，也是久隆最核心的教育力。一种积极的久隆模范精神正在这里形成。

当关爱成为一种习惯时，老师心甘情愿捐款认领的就不是一个“学生额”，而是一名具体的学生；当尊重成为一种习惯时，老师们便默默地为学生量身定制“跟踪表”，对学生的进步及时肯定鼓励，对学生的退步及时指出帮助；当投入成为一种习惯时，老师们带学生去上海科技馆、上海影城、东方绿舟“长见识”便成为家常便饭。久隆的老师，已是学生的家人和朋友，已经是陪伴学生改变现实、追求人生的亲人。

2011 年久隆 10 年校庆前期，王老师给已经毕业的学生昝卿打去了邀请电话。搁下电话，王老师激动了：“没想到，毕业那么多年，昝卿还保留着我的电话，而且一下就听出了我的声音。”2006 年，昝卿考取了中国民航学院。这些年一直在国内外学习进修，却始终没有忘记是久隆给了他实现人生梦想的机会，是久隆老师的教诲使他的人生追求变为现实。

三、学生知责任，视人生梦想为使命

10 年前，毕业于复旦大学的姝姝家和闸北区社会福利院一对八旬孤老夫妻袁双麒、熊秀英结了对。10 年来，无论寒冬酷暑，姝姝都会利用放学后的时间，到福利院看望“爷爷奶奶”，陪他们聊天，帮他们剪指甲……

姝姝家靠低保维持生活，她和妈妈相依为命，日子过得很艰难。可就是这样，姝姝依旧逢年过节，就挽上妈妈，带上给老人买的吃的用的，一起参加学校在福利院举办的联欢活动。每年的春节，她和妈妈都要准备好一桌子的菜，接“爷爷奶奶”来家里吃年夜饭。

姝姝是个懂事的孩子，同时也是一个成绩优秀的孩子。在久隆的学习中，她总是能拿到学校给予的奖学金，而每当此时，她都会在放学的第一时间去福利院，向“爷爷奶奶”报喜，并天真地给“爷爷奶奶”发红包：“这100元给爷爷，这100元给奶奶，你们去买点东西补补身体！”

在久隆这个“滴水之恩，涌泉相报”的校园里，像姝姝这样坚持用心将爱传递的孩子还有很多很多。

在久隆10余年的办学过程中，学生既是爱的受益者，也是爱的传播者。久隆学生这样的双重身份既是学校的现实使然，也是学校践行教育规律的必然。在过去的10年中，社会各界对学校捐款、捐物630多次，累计捐款人民币4 000余万元，美元14余万元，其中，徐匡迪院士先后捐出了个人院士津贴和稿费近60多万元人民币。江欢成、谷超豪、胡和生等一批德高望重的科学家、著名艺术家、主持人为同学们送来了丰富的精神大餐；共青团上海市委、久隆电力集团等单位免费送戏进校园；外服党支部、市育儿中心等赠送世博门票等极大地拓宽了学生的视野……各级领导的深切关怀，社会各界的热情支持，使久隆师生如沐春风。对于久隆的学生而言，享受爱是一个美好的过程，分享爱、传递爱则是一份崇高的责任。

这里有一种严谨而又积极向上的氛围。学生们将徐匡迪院士提出的“勤学、勤思、勤问、勤俭、勤劳”作为自己践行的模范学生准则，将“学会感恩，传承爱心，回报社会”作为自己履行模范公民责任的使命。他们懂得饮水思源，珍惜今天，学会感恩；他们懂得珍惜关爱，自信自立，争做“自强不息好少年”。

小孙念初一时，上海中医药大学出版社原党支部书记王玲俐和他结上了对，并发动单位职工献爱心。职工们每年少则几百元多则上千元的资助，温暖着小孙的心。为了用自己的方式回报这份爱，小孙在久隆时就发起成立了“励志宣讲团”，让自强不息的贫困生将自己的经历讲出来，感染和触动更多的贫困生。利用节假日，宣讲团成员到社区、街道、居委会宣讲，让更多贫困生看到希望。

上高二时，小孙从上海市慈善基金会得到一批贫困生名单。想到这些和自己一样贫困的孩子需要帮助，他利用担任校学生会主席之便，在高二年级“搞试点”，动员每个班和一个贫困生结对子，以书信的方式鼓励他们走出困境。在相互激励中，同学们不仅找回了自信开朗，也开始体会到助人的快乐。

小孙是个懂得感恩的人。学校、社区、街道有什么公益活动，总能看到他的身影。他住的小区里有名先天性脑瘫患儿，学习成绩差。小孙主动利用周末时间上门帮他补习，一补就是5年。在他的帮助下，那名患儿奇迹般地考上了高中。小孙有句最为朴实的话："我要把自己感受到的温暖传递给别人。"

从受恩到感恩，从感恩到责任，是一种超越，是久隆模范中学模范公民教育的探索历程，更是久隆学生明确使命、履行责任、实现自我的过程。知责任，他们自觉施行"自我管理、自我服务、自我教育、自我展示、自我提高"，解决学习及生活中的各类问题；知责任，他们严守"各人事各人做，谁做事谁负责"的行规准则，理解担当，学会担当；知责任，他们弘扬"我为人人，人人为我"的社会公德，将爱传递，将共筑和谐社会的梦想当作自己永恒的使命。一种尽责的久隆模范文化正在这里形成……

当回报成为一种习惯时，便有了久隆学子将假期勤工俭学所得报酬毫不犹豫地捐给学校基金会的善举；当感恩成为一种习惯时，便有了久隆学子自觉地将"四个一"的校外服务活动作为自己生活中必须上的"必修课"的观念；当责任成为一种习惯时，便有了久隆学子在18岁成人仪式后自愿加入中华骨髓库的觉悟。久隆学子在接受爱中学会爱，成为爱的传承者。

依旧是9月开学的日子，五位已经成为"天之骄子"的昔日久隆人在学弟学妹的开学典礼上，深情朗诵着一首由他们自己创作的诗——《母校，我们衷心祝福您》：

三年风雨历程，我们一路走来
从最初的稚嫩、迷茫到如今的自信、坚强
是久隆给了我们放飞梦想的天地
是久隆将拳拳爱心注入我们的心田
是久隆见证我们成长的足迹……

回眸久隆办学路，"倾所能，尽天职"伴随每一个久隆人用心、用情走过的每一步，也就是这样的足迹，为上海改革开放中的教育改革发展史翻开了崭新的一页。

在这一页中，有一群独特而又非常优秀的孩子，有一批慈爱而又乐于奉献的老师，有一种严谨而又积极向上的氛围。这样的孩子，这样的老师，这样的氛围，让久隆有了一种模范品质，有了一种模范精神，有了一种模范文化；这样的品质，这样的精神，这样的文化，让久隆成为了一个凝聚梦想的地方，成为一个梦想成真的地方。

久隆家长有一个梦想，就是让孩子成人成才；久隆的老师有一个梦想，就是带领学生体验成功；久隆的学生有一个梦想，就是立志成才，回报社会。久隆更有一个梦想，那便是倾所能，尽天职，打造“一流教学、一流师资、一流管理、一流教育质量”的久隆模范精品教育，使久隆成为“模范久隆”。

用创业的精神办学　以服务的姿态育人

上海大学附中实验学校校长　赵利强

上大附中实验学校创办于2006年8月，是一所九年一贯制公办学校，是上海市宝山区教育局倾情打造的优质教育基地。学校位处闸北、普陀、宝山三区交界的大华地区，历年来形成的择校之风在此盛行。学校创建之初，面对学生家长的顾虑和疑惑，我们以真心换取民心，以真诚求得支持，以服务赢得理解，我们向社会作出了庄严承诺，我们要办让老百姓满意的教育。经过几年的不懈努力，可谓初见成效。回顾这段发展过程，有艰辛、有苦涩，但更有感动和收获！

学校管理是一项系统工程。我们认为，学校是否能健康快速发展，是否能不断深化内涵建设从而实现科学可持续的发展，关键是要在理解学校这个知识密集型机构的特性和发展需求的基础上，实施富于实效的科学而成体系的管理。我们的思考和实践，概括起来就是这样的一句话：理念先行，健全制度；培育团队，科研引领；多元育人，全面发展。

一、理念先行，构架科学发展的共同愿景

组织的共同愿景是个体意愿与集体目标协同共振的产物。我们深知，共同愿景要建立一个高远的目标，激发新的思考和行为方式，培养组织和个人承担风险、开拓创新、大胆试验的精神。我们在充分理解政府主管部门创办学校的理念和理想，及充分而深入地调查分析办校条件与基础的前提下，首先确立了“创办宝山一流，上海知名的九年一贯制公办学校”的办学目标，继而确立了“把成功赋予学生，把满意献给家长”的办学理念。随后在尽可能广泛地吸纳普通教师的思想和智慧的前提下，构建起学校的文化体系。

在办学理念的引领下，我们确立了“科研引领、文化育人、质量立校”的办学方针，“求知明理、日新月异”的校训。定义了“勤奋、规范、和谐、创新”的校风；“博学、

博爱、严谨、严格”的教风；“自觉、自主、自律、自强”的学风。并且设计了校标校徽，编创了校歌，建立了办学章程，制定了教师职业道德规范、学生九年一贯成长管理框架，构建起了一套完整的校园文化体系，为学校“高起点、高标准”的创建规划了一幅激动人心的蓝图。

我们在管理实践中，尤其注意在日常管理和执行制度的过程中不断地重申和加强引导，在各种学习交流活动中发现和挖掘符合该理念体系的案例、轶事，在校园环境布置中凸显和宣传，在校园网络中通过点点滴滴的文字、图片展示和张扬……逐渐使得这一理念文化体系，真正成为全校师生的共同愿景，成为学校集体的价值观和行为准则，有效发挥理念文化的实践和管理价值。

二、健全制度，奠定民主管理的坚实基础

众所周知，健全的管理制度是一个现代化机构良性运转的必要前提，我们在学校成立之初即开始策划学校的管理制度体系。几经修改，一些制度逐渐丰满细化，目前已形成了包括《教学工作管理条例》、《教育教学事故认定条例》、《教师奖惩条例》、《骨干教师认定及管理条例》、《教学质量专项奖励方案》、《教师考核办法》等在内的58项管理制度，初步形成体系，为学校的常规管理确立了规范。

当然，制度是需要合理科学的实施运用才能发挥其有效价值的。需要重视的是：制定和实施制度不能单纯地成为学校领导班子的事，这样一来会造成管理层和基层教职员工的对立，这样的制度及其实施将是无效的。因此，我们将制定和实施制度视为一项必须由广大教职员工参与的管理工作，甚至制定制度本身也是一种有效的管理。我们在实践中逐渐形成了充分发挥教代会监督、审议职能的良性循环发展机制。事实证明，这样的做法，对于我们这所新学校是有效的。来自各个不同区县甚至不同省市的教师，在参与制度建设和实施的过程中，交流碰撞、求同存异，表达了观点、开放了智慧、分享了经验、增强了主人翁意识，他们经历这样的过程既使得自身从被管理的角色转变为参与管理的角色，同时也使得学校各项规章制度尽可能地成为大家自主、自愿去执行的集体意识和行为规范。这也为实施富有实效的教学管理奠定了坚实基础。

三、团队建设，推动教师持续专业化成长

我校自开办到现在，每年都需引入大量的教师，教师队伍来自“五湖四海”，各人有各自不同的教育文化背景、经验习惯，要在队伍的“加法”基础上产生“乘法”效应，形成全新的团队文化和集体势能，实现优势互补，是我们必须重点解答好的命题。

在常抓师德师风建设的基础上，我们更注重推动教师持续的专业化发展。我们以为，教师成长的本质是教师的专业化发展，其管理在于对教师专业化成长的管理，这是学校人力资源管理的核心，更是教学管理中“以人为本”，因人才而制胜的关键。我校 2006 年成功申报市级规划课题《不同专业背景教师群体的对话型校本研修实践》（该课题成果获市教育科学研究院第三届学校教育科研评比三等奖），这一课题贴近我校实际，为学校的人才培养、发展、管理理清了思路。

我们建构了符合校情的校本研修及教师发展体系：分析教师的群体差异→探索不同对话行为对不同专业背景教师成长的促进作用→构建符合学校新群体文化的对话型校本研修运作机制→实施、拓展适应于不同专业背景教师群体的对话性校本研修实践活动→创设和谐、共进的对话氛围，促进教师自我发展。并建构起了符合校情的校本研修及教师发展体系，和符合学校新群体文化的对话型校本研修运作机制，形成了一套以授课、听课、评课等教学活动为主线的教师发展管理体系：(1)落实集体备课制度；(2)强化随堂听课制度；(3)凸显专家引领的实效；(4)强化教师的自我反思；(5)坚持理论学习；(6)实行骨干教师示范制度；(7)落实师徒结对制度；(8)推行家长评教制度。

以上诸项基本涵盖了教学管理的各个方面，且具有正本务实、关注过程、可操作性强的特点。通过持续、深入、细化的日常管理行为，我们有效地规范了教师的职业化行为，促使教师从观念上逐步转变，不断提升教师的业务技能和教育教学水平，促成“教师善教、学生乐学”的良性循环。

四、多元发展，探索全面成长的育人路径

教育面向的是发展中的学生，学校要为学生提供多元发展的机会与平台，教师要为学生的全面成长提供优质服务。基础教育阶段，升学的压力显然是很大的，然而，必须明确的是，学业成绩绝对不是衡量一个学生优劣的唯一标准，而且，当前的学业成绩也绝对不能代表学生未来的发展和成就。我们要求广大教师调整心态，摆正姿态，构建平等和谐的师生关系，以服务学生的终身发展为一切工作的出发点，积极探索培育学生多元发展的途径，走“轻负高效”的育人之路。

我们的办学理念首要一条就是要“把成功赋予学生”，这个成功，我们将其分解为“成功的学业、成功的品行、成功的才能”。基于此，我们实施了以“学会学习，积累成功”为主题的校本化课程实施体系，梳理清楚了“基础型课程”、“拓展型课程”、“探究型课程”之间的关系，构架了具有学校特色的课程实施框架。

学校积极探索多元化的育人途径，并在此基础上培育教育特色。我们将特色教育项目纳入校本课程体系之中，采用点面结合、普及兼顾提高的形式开展丰富多彩的文体活动。迄今学校已培育起以航海模型项目为龙头，机器人、创新模型、应用化学、信息科技等科学实践活动为支柱的科技特色教育体系，以民族舞蹈、合唱、羽毛球、校园足球、击剑、手球为重点项目的文体发展工程也蓬勃发展，为学生的多元发展搭建了广阔舞台。

光阴荏苒，一往而不复返。转眼间，我校将步入第七个发展年头，回顾这短暂而充实的六年多时间，我们仍如学校初创时那样激情满怀。我们精诚团结，负重自强，开拓创新；我们科学规划，合理配置，大胆实践，开创了可喜的发展局面。然而，前途漫漫，任重道远。我们需要更大的勇气与智慧，需要不断的创新与付出。我们将发扬“敢为人先、永不懈怠”的宝山精神，把握一切机遇，充分发扬团队精神、发挥集体智慧，积极践行“把成功赋予学生，把满意献给家长”的诺言，不断追求“宝山一流，上海知名”的办学目标，尽我们所能，进一步办出学校特色，进一步凸显学校的优质形象！

科学规划　系统实施　实现学校的高起点创建

上海大学附中实验学校

学校成立于2006年8月，目前共有9个年级、40个教学班，学生1 700多名，全校现有在编教职工117人，专任教师112人，其中，市“双名工程”培养对象三名，区级骨干教师八名。基本形成了以中青年教师为主力的师资队伍，教师平均年龄约34岁。

经过六年的努力，学校制度建设日趋完善，各方面都已基本走上正轨，教育教学质量不断提升，在周边百姓中拥有了良好声誉。学校已基本实现了高起点创办的起始目标。

一、夯实行规，德育先行

对于新办学校来说，德育工作的成效不仅关系到教育教学秩序的正常开展，更将通过学生的言行、品行，在家长和社会面前折射出学校的育人水平，关乎新办学校能否赢得社会和家庭的理解与认同，其重要性不言而喻。

1. 建立九年一贯的德育规范体系

我们是一所九年一贯制的学校，学生的年龄跨度和发展差异给德育工作增加了难度。我们积极开展德育科研和教研活动，深入探索各项德育活动的科学性、序列性、针对性和实效性，逐步形成了符合学校实际情况的九年一贯制德育体系。

学校成立了以校长为组长的德育领导小组，制定了《上大附中实验学校德育三年规划》等系列规章制度。同时依据《中小学生日常行为规范》和《中小学生守则》，制定了《上大附中实验学校学生须知》，从中小学生一般应掌握的仪表、服饰、语言和行为等各方面的礼仪提出了一系列非常具体的要求。如学生在校礼仪、在家常规、值勤礼仪、用餐礼仪、上课规范、作业规范等等。由浅入深、由低到高、由近及远、由具体到抽象、由感性到理性，按学段、年级内容化、具体化。相对稳定的目标使行为规范的养成教育做到了具体化、制度化、科学化，增强了德育工作的针对性和实效性。

2. 组织丰富多彩的实践活动

著名德育专家丁如许老师认为：没有活动就没有教育。在工作中，我们特别注重以实践活动为载体，并努力创建学校的德育特色。

几年来，我们开展了学陶师陶争做陶子、传承雷锋精神、创建绿色家园、热爱艺术快乐生活、沐浴书香健康成长、我爱我家、感念亲恩等众多主题活动，并且努力促成主题活动的系列化、传统化。如连续两届成功开展了读书月主题活动，催生了一批荣获区、市级奖项的“书香家庭”、“书香班级”，学校也荣获上海市书香校园荣誉称号。

尤其值得一提的是我校的“红绿领巾牵手”活动。这项活动我们在建校初就着手尝试，旨在通过构建“红绿领巾牵手”自主教育模式，促使高低年级学生形成互动，促进队员规范的养成，锻炼提高队员的工作能力，增强队员的自主管理、自我教育能力和主人翁意识，充分发展队员的个性，达到全体队员共同前进、和谐发展的目的。校园里，我们可以看到，清晨红领巾带领绿领巾晨读，绿领巾为哥哥姐姐们献上稚嫩的笑容；中午红领巾给绿领巾讲故事，绿领巾给哥哥姐姐唱起动听的歌曲；下午红领巾帮忙打扫教室，绿领巾帮忙移开自己的小凳子。红绿领巾默契合作，共同进步，成为校园内一道温馨动人的风景线。

3. 实施激励成长的德育评价

学生德育工作，就是关注学生发展，帮助学生健康快乐成长的工作。工作中，我们牢固树立“以学生发展为本”的思想，讲究“用放大镜看优点，用望远镜看缺点”，少用批评管教，多讲激励表扬，让学生在鼓励中、在关爱下快乐成长。

在学校的行为规范评比过程中，结合创建“温馨教室”活动，我们建立了常规化的评比表彰制度。每周一的升旗仪式我们都隆重表彰获得流动红旗的班级；我们每月进行“苗苗之星”、“行规标兵”的评比，并在此基础上设立“校园明星墙”，各班级每月评选明星学生，有学习之星、环保之星、劳动之星、体育之星、友爱之星等等，我们为每位明星制作16寸的大幅明星照，配以个人介绍，挂在学校走廊里，成为学生看得见、学得会、做得到的榜样，更形成了我校一道独特的校园文化景观。各项行之有效、学生喜闻乐见的激励机制，促使全校形成班班争先、人人赶超的良好氛围。

明确的德育理念，科学有效而富有活力的德育措施，使得我校德育工作取得扎实的成果。学校创建后两年就破格被授予区级三星级行规示范校称号，第三年又破格被授予区四星级行规示范校称号，又先后获得上海市家庭教育指导“十一五”、“十二五”实验基地、宝山区优秀家长学校、上海市“书香校园”等荣誉称号。所有这些为学校高起点、高品质的优质发展奠定了坚实基础。

二、聚焦教学，质量立校

在当今的社会大环境下，一所新办学校要迅速赢得百姓的认可和良好口碑，优异的教学质量是必要前提。我们认为，教学工作是否能取得实效，首先要避免将其片面地视为教导处的部门职责，而是要科学规划、系统实施，形成管理的合力效应。我们聚精会神搞教学，理直气壮抓质量。

1. 行政领导学科负责制，聚焦管理效能

在落实各项教育常规管理制度措施的基础上，我校还特别推行了行政领导学科负责制。即学校中层及以上干部每人都要具体负责相关的一门或多门学科的教学工作，并落实责任追究的制度。这一制度可能并非我校首创，但却是我校将行政管理效益聚焦于教学实践的重要举措。

行政干部往往是学校内拥有较高职称，具备丰富教育教学经验的优秀教师，这是一支重要的教育教学骨干力量，更是不能轻易浪费的高端资源。有的时候，行政领导会因为管理任务繁重而回避教学，逐渐放弃了自己的专业追求，但是我们并不是这样。从校级领导开始，根据自身学科专长担当起各学科教学的管理责任：书记负责综合文科组，校长负责中学语文组，副校长负责小学语文组，工会主席负责中学语文组，校长助理负责中学英语组，校务办主任负责综合理科组，教导主任负责中学数学组，政教主任负责中学英语组。

这些举措，开辟了学校办学理念和管理思想深入教学第一线的直通道。行政领导密切地参与到学科建设当中，与教师们一同进行教研活动，一同备课命题，一同听课交流，最大程度发挥了领导辐射作用，引领学科教学工作健康发展。同时，该举措

还有效拉近了领导班子和一线教师的距离，上情下达，密切沟通，为学校形成和谐共进的良好发展局面起到了重要的推动作用。

2. 严格执行课程标准，提高教学有效性

我校成立了课程建设领导小组，编制了《课程实施方案》，以“学会学习，积累成功”为课程主题，面向全体学生，立体多元地推进我校课程的实施与管理。在具体的教学管理中，我们严格按照上海市教委课程计划要求设置课程，开齐开足规定课程，不随意调整课表，保证学生的活动与休息时间，留出学生个性发展的空间。

——注重课堂效率，讲究轻负高效

可以说，在我们上大附中实验学校学习的学生是幸福的，幸运的，即使是初三的学生，你依旧可以看见他们灿烂的笑容，轻快的步伐；依旧可以听见他们爽朗的笑声，欢乐的歌声。“文武之道，一张一弛。”学校从来没有为了追求分数，利用双休日、假期给学生们补课；也没有用削减所谓的副课，拼命增加主课的方式来“填鸭”。我们严格执行课程标准，决不以损害学生学习积极性和体质健康作为代价，用低效的教学来换取可怜的分数。相反，提高课堂效率是我们一贯的宗旨。我们要求老师研透教材、精通教法；读懂学生、因材施教；培育学力、关注个性。从而不断提升教学的效率与效益。

——注重激励学生，要求日日清

在我们学校，老师们总是利用课余时间，利用放学之前的时间给学生查漏补缺，不让学生的疑问一天天积累起来。倡导主动、合作、探究的学习方式，坚持课前预习、课堂检测、作业面批、培优补差等有益的做法，变广种薄收为精耕细作，既面向全体又关注个体，分层教学、因材施教。

更有些班主任要求自己班级成绩稍差的学生每天各门功课要提问三个以上，来提高他们思考质疑的能力，提高他们对学习的兴趣。久而久之，学生们也和教师的关系更密切了，思考更积极了。课间在教师办公室人头攒动，这是我们学校的另一道风景线。

——全面质量分析，及时寻找对策

在每次的月度质量监控、期中考试和期末考试中，学校除了要求个人、备课组认真做好分析以外，教导处和分管领导要找成绩有明显滑坡的备课组和教师及时谈话，找到最根本的原因和对策。同时，领导会召开学生座谈会，了解教师的教学情况，以发现问题、更正提高。

我们经常召开教学经验交流、研讨会，积极宣传和介绍教师中敬业爱生、无私奉献、刻苦钻研业务的先进事迹，力求通过质量分析会客观、准确地分析经验和教训，增强老师们的信心和干劲，同心同德，努力使教学成绩得到稳步发展。

经过几年的奋力拼搏，我们取得了过硬的教学质量，连续两届毕业年级都取得了区内领先的优异成绩，各方面工作赢得了当地百姓的信赖和赞许。学校立稳了足，扎实了根，为持续优质发展开好了局。

三、强化科研，引领发展

我校办学方针中的首要一条就是“科研引领”，我们鲜明扼要地确立了科研兴校的发展思路，为科研工作的健康、迅速发展奠定了基石。在实际工作过程中，学校通过制度规范、奖惩激励、人力投入、课题引领等措施，促进教师不断提升科研意识和科研能力，使“科研引领”成为教师们的集体文化认同。

1. 准确把握学校发展的核心问题

2006年底，学校申报的《不同专业背景教师群体的对话型校本研修实践》课题立项为市级规划课题。该课题准确把握了学校发展的核心问题——来自不同区域不同文化背景的新教师群体的融合和发展问题，对师资队伍建设和学校的可持续发展极富前瞻性指导意义。

以此课题为龙头，学校陆续立项了相关子课题研究，如《有效促进新、老教师成长的专业对话行为研究》，《有效专业对话制度的建立及保障》，《通过对话型校本研修促进高低年级教师间优势互补的探索》等等。通过研究，我们建构了符合校情的教师发展体系，为我校师资队伍建设和教师的专业化发展勾画出了前景蓝图，为学校不断深化校本研修、提升教育教学质量做出了重大贡献。

2. 大力培育教师科研的意识能力

学校明确了校长为科研工作总负责人的管理机制，专门成立了教科研办公室，配备两名专管教师。同时还创造性地将科研办公室和校务办公室、师训室合并在一起，实现管理体系扁平化，组织行为多元互补，确保科研工作的管理到位、组织有序。我们还制定了《教科研工作条例》，明确了科研工作的基本规范。

(1) 全员参与。学校要求每位教师都积极参与教育科研。办校至今，我校已确立部级课题 1 项，市级课题 2 项，区级重点课题 3 项、区级一般课题 14 项，校级课题 44 项。这些课题涉及各门学科、各个学段，涵盖了几乎全校所有教师。其中负责区级以上课题教师 27 人，占全校教师的 23%。

(2) 营造氛围。我们在校园网站中专门设立了科研栏目，不定期向老师们介绍科研情报和研究动态。同时，我们倡导教师常读、多读教育、教学、文学等方面的书籍，并撰写读后感，使其成为学校的业务学习制度。我们向教师推荐阅读书目，除了教育教学的一些专著，还有诸如《安琪拉的灰烬》、《窗边的小豆豆》、《论语心得》等文化类书籍。每年学校还为各教研组征订二到三份专业的教育教学类杂志，为教师的业务学习提供帮助和借鉴材料。

(3) 落实要求。学校规定教师每学期撰写教学论文或案例，三年教龄内教师每学期需完成教学日记若干篇(总字数不少于 3 000)，学期末进行交流评奖，择优汇编成册。几年来，我校采撷教师的思想精华，汇编《上大附中实验学校教育教学文萃》已达 40 多万字。这些基础性工作有效地促进了教师阅读能力、反思能力、研究能力和写作能力的提升。

3. *切实服务教育教学的实际需求*

科研是一种服务，这是我们对科研工作的理解也是承诺。我们在工作中，注重通过课题的审核立项等行为，将教师的研究实践聚焦到服务教育教学实际需要这个关键点上来。可以说，我校取得优异的教育教学质量，形成富有影响力的办学特色，是跟切实有效的科研活动分不开的。

(1) 服务德育。在立项的各级各类科研课题中，以学校德育为研究主题的各类课题有《家庭中民主平等亲子关系形成及其指导研究》(市级)、《构建"红绿领巾牵手"自主教育模式的实践研究》(区级)、《初中生礼仪教育体系建构的研究》(区级)、《家庭教育中家长不当教育行为的指导研究》(区级)、《低年级学生良好学习习惯的养成教育》(校级)等五项。

(2) 服务教学。以教学研究为主题的，有《电子白板在数学学科教学中的应用研究》(市级)、《初中英语词汇学法与教法有机结合的实践探索》(区级)、《创设实际问题情景,提升初中低段学生数学学习兴趣的研究》(区级)、《高低年级生活化美术教学的差异比较研究》(区级)等各级各类课题,多达52项。这些课题研究为我校深化教育教学改革,提升办学质量起到了不可小视的作用。

(3) 服务办学特色。我校致力于创建科技特色,卓有成效的工作为学校赢得了众多荣誉,也极大提升了学校的知名度和影响力。其中科技教育的理论研究功不可没。

如2008年4月《水下遥控无缆机器人的创新开发与研究》经区科委批准立项,同年12月,科研课题《构建有效校本课程,提升教师科学教育能力的研究》,经国家教育部"全国青少年科技后备人才创新能力培养的师训计划"项目组批准立项,为科技特色教育提供了强有力的理论研究支持。

四、培育特色,提升品牌

一所优质学校,特点鲜明又富有成效的特色教育是学校品牌的加分项目。从教育的本质来说,一所好学校当然要为学生提供多元发展的机会与平台,要以服务学生的终身发展为一切工作的出发点,积极探索培育学生多元发展的途径,并在此基础上培育学校的教育特色。

我校自创建以来,一直致力于科技特色的创建。经过这几年的努力,在区教育局、区少科站领导的热情关心和大力支持下,学校已培育起了以航海模型项目为龙头,机器人、创新模型、应用化学、信息科技等科学实践活动多元发展的科技特色教育体系。

1. 构建培育机制,健全管理体系

学校专门成立了科技工作领导小组,校长亲任组长,设立了科技总辅导员岗位。2010学年,学校又专门成立了体卫艺科室,进一步规范和加强了对科技、文体工作的领导,基本完善了以科技为主导的特色教育的培育机制和管理体系。

学校在《教师奖惩条例》中专门设立了科技教育实绩的奖励条例,对于各种竞赛获奖,教师、学生社团评优,学校做到了奖励及时,表彰到位,并将其作为教师业务考

核、职称评聘的依据之一。另专门制订《科技工作条例》,在全体教师的思想意识中,确立了科技教育的重要地位,为学校科技教育工作的可持续发展奠定了坚实基础。

2. 纳入课程体系,普及兼顾提高

在学校课程实施方案中,我校将全部课程按学生发展需要,分为"成功的学业基础"、"成功的品行基础"、"成功的才能基础"三大方面。并将"技能兴趣类拓展课程"和"科技社团探究课程"两类课程作为基础支柱,确立了科技教育的重要地位。

在实践中,我们一贯采用点面结合、普及兼顾提高的形式开展工作。一方面将科技类拓展课、研究课排进校本课程课表,保证每周一至二课时的上课时间;一方面鼓励教师积极开发校本课程和教材。同时广泛在中、小学段组建学生科技社团,在此基础上选拔优秀的科技苗子,每周五的下午进行两个小时的集中提高训练。

基于课程的有序开展,我校已开发积累了科技类校本课程《航海之旅》、《生活中的化学》、《清洁空气挑战》、《水果 ABC》、《信息搜索》等 10 余种。这些课程融知识性、趣味性、科学性于一体,让学生通过观察、思考、实践、创新,领略科技世界的广博和奥妙,从中感受到科学带来的快乐,促使科技文化逐步渗透到学生的学习生活和行为意识中。

3. 培育科技新人,竞赛屡获殊荣

点面结合、普及提高的工作方针,保障了科技教育的有序开展,几年来,我们在科技竞赛方面,可谓人才辈出,佳报频传。

短短三年多时间,我校已有 130 多人次在市、区,乃至全国各级比赛中获奖。其中国家级奖项 10 余项,市级竞赛奖项 50 余项,培养了国家二级运动员七名(科技体育类)。在上海市第十四届运动会中,我校航模代表队勇夺 FSR - V3. 5 团体金牌,和两块单项银牌,圆了我区 56 年来的金牌梦。

为表彰我校在开展青少年科技教育活动中所取得的突出成绩,2007 年,宝山区科学技术委员会、宝山区教育局、宝山区科技协会等三家单位联合授予我校"青少年科技教育特色贡献奖"。同年 11 月,我校被国家教育部师范司批准为"全国科学教育实验基地",并在 08、09 年连续被评为"优秀实验基地"。2010 年 9 月,我校赢得了"宝山区科技特色学校"称号。

在科技特色的带动下,以民族舞蹈、合唱、羽毛球、校园足球、击剑、手球为重点项目的文体发展工程也如火如荼地开展起来。学生们建社团、搞活动、做研究、打比赛，这些活动的开展，大大提升了学生的综合素质，也为他们的个性发展创设了广阔舞台。

学校从无到有，从创建到优质发展是个高度复杂的系统工程。经过六年多的努力，学校始终瞄准“建设宝山一流，上海知名的九年一贯制优质品牌学校”的目标，开创了稳定和谐、迅速发展的良好局面。学校各管理条线有法可依、有章可循，各项工作都能有条不紊地开展，各方面工作赢得了当地百姓的信赖和赞许。学校教育教学质量在区内取得了比较明显的优势地位，以科技特色为引领的特色教育体系也日益发展。我们将继续团结一致，奋力拼搏积极践行“把成功赋予学生，把满意献给家长”的诺言，为实现“宝山一流，上海知名”的办学目标而努力工作，坚定前行！

（撰文　桂治严）

为学生的终身发展和幸福负责

上海市崇明县城桥中学校长　沈　钢

一、一个矢志不移的信念:让每个学生扬起理想的风帆

我的学校观:我认为理想的学校——不论是重点中学还是普通中学,都应该让每一个学生获得充分发展。其关键在于这所学校是否形成自己的特色,能否给予每一个学生发展的机会,为学生的终身发展负责,为学生的终身幸福负责。

我的教师观:我认为理想的教师——育人为本决定了每一个教师都应该是德育工作者,发展为本决定了每一个教师都应该成为"根雕师"。把普通的学生培养成拥有一技之长的优秀人才是教师最大的职业价值,"根雕师"就是要发现和发掘学生的优势潜能并加以发挥和发展。

我的学生观:我认为学生观是"将来时"而不是"现在时"。我们必须承认学生是有差异的,表现为理解、分析、反应能力等方面的差异,但每一个学生都具有一定的优势潜能;学生是发展的,要坚信每个学生都具有一定的培养前途,都可以获得成功。学生是未来社会的建设者,教育的真谛是要把学生塑造成能肩负起未来社会重任的优秀人才。这需要学校用超前的眼光,去培养自己的学生。

二、一个值得思考的问题:给每一个学生充分发展的机会

崇明县城桥中学创建于 1978 年。1995 年经崇明县人民政府批准学校正式成立艺术班,到 2004 年学校艺术班的规模由最初的一个发展到四个,艺术专业由美术和声乐扩展至舞蹈、器乐、作曲、文学编导,学校形成了普通班、艺术班错位发展的培养模式。

至今,由于崇明县初中毕业生数的急剧下降,以及市县实验性、示范性高中数量和规模不断扩大,我校的新生录取分数线处于全市公办高中的最低水平,有相当一部分学生的录取分数要低于上海市高中录取控制分数线 10—20 分。例如 2011 年

高一新生平均分为531.5分(最低控制分数线为532分)。针对绝大多数学生文化学习能力普遍比较薄弱的现实,学校依据长期的错位发展培养模式的成功经验,开始了全校范围内的“发展学生优势潜能”的教育研究,开展了在普通班组建美术兴趣小组和独立组建体育特色班的教育改革。这一教改实践取得了显著的成绩,学校“发展学生优势潜能”的育人特色初步形成。

在长期的实践研究中我们发现:一个文化学习潜能不足的学生并不表示没有其他方面的学习潜能,只是我们的老师没有发现罢了。其实每一个学生都具有一定的优势潜能,素质教育就是要发挥和发展学生的优势潜能,促使学生人人发展并有一技之长。

我们试着用一个函数式来表达我们的学校教育:$y=k(x_1+x_2+x_3+\cdots+x_n)$。在这个函数式中,因变量 y 表示学生的高中学习生涯,系数 k 表示教师的教育力,自变量$(x_1+x_2+x_3+\cdots+x_n)$表示学生的 n 项潜能,学生(他或她)在 n 项潜能中必定有某一项的优势潜能,因此学生的高中生涯的好坏取决于教师的教育力。

一所学校其首要的任务就是贯彻“发展学生优势潜能”的教育理念,给每一个学生提供发展的机会;其次是把这个函数式中的 k 调整为正最大值,也就是如何最大限度地发现和发掘学生 n 项潜能中的某一项优势潜能,并加以发挥和发展。

一位校长不仅要有与时俱进的教育思想,更要有开拓创新的实践精神。在长期的办学实践中,我校形成了“因校制宜、以生为本、量材施教、人人成才,给每一个学生发展的机会”的办学理念;“按需设置,分类实施,培育优势,人人成才”的课程设置思想;“人人有才,关注差异,尊重选择,发展潜能”的教育组织思想;“尊重差异,贵在发掘,因势利导,重在发展”的课堂教学思想;“外树形象,内修品德,特色鲜明,业绩超群”的教师发展思想。

三、一套草根的实践策略:把不可能的事情成为可能

1. 建设特色化的学校课程

学校遵循“按需设置,分类实施,培育优势,人人成才”的课程设置理念。针对普通班学生我校在拓展型课程上进行了创新,高一第一学期为了有利于发现和发掘学

生的优势潜能，学校除开设上海市规定的艺术课程之外，针对全体学生还开置了特色拓展型课程《绘画基础》、《舞蹈基础》和《头脑奥林匹克基础》、《机器人编程》，每周共4课时；从高一第二学期起，学校根据学生表现出来的优势潜能，把具有相同优势潜能的学生组成若干兴趣小组，每天下午第二节课以后开展特色拓展型课程教学，有助于发挥和发展学生的优势潜能。同时，学校基于生情开发了“发展学生优势潜能”的社团活动课程，并在社团活动课程的实施上进行了大胆的实践，构建了支持“发展学生优势潜能”的学校课程体系。

2. 创新多样化的教学组织

发挥和发展每个学生某一项的优势潜能必须有适合教育多样化的教学组织形式。我校基于“人人有才，关注差异，尊重选择，发展潜能”的教育理念，在教学组织形式和管理上进行了大胆的改革，实行大分层的三元建制（普通班、艺术班、体育班）、小分层（艺术专业、体育项目）动态管理的教学组织形式，动态管理是指根据学生优势潜能发展的实际，让学生在普通班与艺术班、体育班间相互流动，在艺术班各专业之间相互流动，在体育班各项目之间相互流动。

教育的多样化决定了教学组织形式的多样化。学校针对乒乓项目特长生培养周期比较长的特点，在乒乓项目的教学组织形式上进行大胆的创新，建立基地学校形成梯队。学校现有明珠小学、东门小学、港西小学三所小学基地学校，还有东门中学、实验中学、育林中学三所初中基地学校。周一至周五学校指派三个启蒙教练到三所基地学校进行指导，双休日、寒暑假把发现的“好苗子”集中起来训练，形成了从小学、初中到高中的乒乓特色项目训练链。如2011年明珠小学的10岁女孩陶静静成为上海市乒乓队正式队员，开创了国家乒乓史上最低年龄进一线队的奇迹。

3. 实施校本化的课堂教学

发挥和发展每个学生某一项的优势潜能必须有适应学生实际的教学活动策略。学校基于“尊重差异，贵在发掘，因势利导，重在发展”的教学思想，实施了课堂教学校本化策略。一是教学目标校本化。学生达不到的降一点，学生不适合的删一点，学生需要的增一点，时代需要的调一点。二是教学内容校本化。根据校本化的教学目标对教学内容进行校本化的处理（减、删、调、增）。三是教学设计校本化，低起点、小坡度、勤反馈、精练习。四是课堂实施校本化，以学定教量体裁衣、学生主体有效参与、教法多样合理配伍。五是练习与作业校本化，基于校情建设校本化题库、基于班情选择适合的习题、基于学情开展分层的练习。六是教学评价校本化。评价要体现对学生的尊重和激励，评价要“点在关键之处、拨在疑惑之时”。

4. 培育“根雕师”的师资队伍

发现和发掘学生 n 项潜能中的某一项优势潜能并加以发挥和发展必须有与此相匹配的师资队伍，学校围绕“外树形象，内修品德，特色鲜明，业绩超群”的教师发展目标，建设适应教育多样化的师资队伍。学校现有教师 179 名。其中，特色教师 74 名，占全体教师的 41％；美术教师 34 名，音乐教师 4 名，舞蹈教师 4 名，健美操教师 4 名，体育教师 13 名，乒乓球教练 7 名，自行车教练 2 名，信息科技教师 7 名。

学校从 2002 年起还通过自培、引进等多种途径，不断培育、壮大和提升艺术、体育、科技等方面特色教育的师资，并把教师培养成能发现和发掘学生的优势潜能并加以发挥和发展的“根雕师”。如，在 2010 届 8 班新生 2007 年进校报到之前，全体任课教师分成四组对每一个学生进行面对面的家访，开始去关注和发现学生的优势潜能。坚持三年后，该班学生得到了良好的发展，40 人全部毕业，二本上线率 55％，大专以上上线率为 100％，实现了教育的较大增值。

至此，学校的“发展学生优势潜能”的育人特色更加鲜明、独特和富有个性。“发展优势潜能”的教育方式多样，“发展优势潜能”的渠道多元，“发展优势潜能”的成效显著。2011 届学校的各类特长生数将占学生总数的 40％；2012 届学校的各类特长生数将占学生总数的 50％，2013 届与 2014 届的各类特长生占比将近 92％和 99％，届时学校的高考本科录取率将大幅度提升。2010 年学校获全国学校艺术教育先进单位的荣誉，2011 年获中华优秀文化艺术传承学校、国家级体育传统项目学校的称号。

特色育人成就学生　学生发展彰显特色

上海市崇明县城桥中学

崇明县城桥中学是地处县城的一所普通高级中学，创建于1978年。创办初期是一所薄弱的初高中一贯制农村学校，81届高中毕业生高考本专科录取率只有2%(本科两名、大专两名)，此后多届学生的高考成绩始终处于全县的最低水平。到上世纪80年代中期学校已沦为家长不信任、学生不想学、教师不想来的“垃圾”学校。学校领导针对这一现实提出了一个值得思考的问题——文化学习不行的孩子真的什么都不行吗，我们的教育应给每一个学生发展的机会。这时病休复教的美术老师鞠淼向学校领导提出了成立美术兴趣小组的请求，并苦口婆心地动员到了十几个初二的学生开始学画画。几年后，这批学生中有11人被高校录取，录取率为73%。

一、“发展优势潜能”的发展轨迹

1. 一次持续的实践

这一令人诧异的结果给学校领导极大的启示：学习不行的孩子未必什么都不行，也许组织学生画画是改变学校落后面貌的一个突破口。这一令人兴奋的事实也给学生极大的鼓舞，或许我参加画画也能帮我圆上大学梦。于是在以后的几年中，参加美术兴趣小组的学生由被动变为主动，由几个发展到几十个，美术兴趣小组的高考本专科录取率一直稳定在90%以上。

多年的成功实践引发了学校领导对办学思路的新思考：把美术兴趣小组发展成学校的特色或许正是学校的出路。1995年经崇明县人民政府批准学校正式成立艺术班。1998年学校根据多元智能理论，提出了“发扬人的优点、发掘人的潜能、发挥人的才干、发展人的特长”的指导思想，开始了“发展学生优势潜能”的教育实践。2004年学校艺术班的规模由最初的一个发展到四个，艺术专业由美术和声乐扩展至舞蹈、器乐、作曲、文学编导，学校形成了普通班、艺术班错位发展的培养模式。其间学校每年的艺术类高考本科上线率稳定在95%，本科录取率在90%以上。

2. 一场深刻的改革

崇明县是上海市仅存的唯一一个县级行政区域。从2005年起，由于崇明县初中毕业生人数的急剧下降以及市县实验性、示范性高中的数量和规模的不断扩大，导致城桥中学连续5年的新生录取分数线处于全市公办高中的最低水平，有相当一部分学生的录取分数要低于上海市高中录取控制分数线10分左右。针对绝大多数学生文化学习能力普遍比较薄弱的现实，学校依据长期的“发展学生优势潜能”的成功经验，开展了在普通班组建美术兴趣小组和独立组建体育特色班的教育改革。这一教改实践取得了显著的成绩，普通班美术兴趣小组的本科上线率达98%，体育特色班的本科上线率达90%，学校“发展学生优势潜能”的育人特色初步形成。

自1978年高考制度恢复以来，“应试教育”就紧紧地与每一所高中学校(特别是普通高中)联系在一起，于是与“应试教育”同时诞生的孪生姐妹“升学率”就成了衡量学校办学水平的一个重要指标。不可否认，“应试教育”虽然也能使一些学校的“升学率”达到一定的“高度”，但由于它违背了教育规律，所以不可能使每个学生大幅度地提高学习成绩和幸福感，更谈不上为学生的学习生涯和职业生涯规划未来。

因此，以最低的入学录取分数、最小的招生人口范围、并不硬的设施设备，经过了3年高中教育后，却既达到了最大的教育增值，又使学生拥有一技之长，为学生的学习生涯和职业生涯规划了未来，这些学生无疑才是最幸福的。2011年，我校在各类特长生数只占学生总数40%的基础上，秋季高考本专科录取率(全校总体)达到92.47%，超过90%的市平均录取率两个百分点，高考本科录取率(全校总体)仍接近45%。其中，录取美术特长生186人、音乐特长生7人、体育特长生9人、保送科技特长生1人，另有1人直送中国乒乓球学院，3人直送上海市一线队。

二、“发展优势潜能”的核心价值

我们对学生的优势潜能进行了长期研究：一个文化学习潜能不足的学生并不表示没有其他方面的优势潜能，只是我们的老师没有发现罢了。其实每一个学生都具有一定的潜能优势，素质教育就是要发现和发掘学生的优势潜能，并加以发挥和发展，促使学生人人发展并有一技之长。

1. *以人为本的学生观*

学生是有差异的，但每一个学生都有自己一定的优势潜能；学生是发展的，要坚信每个学生都具有一定的培养前途，都可以获得成功；学生是未来社会的建设者，教育的真谛是要把学生塑造成能肩负起未来社会重任的优秀人才。因此，我们的学生观是“将来时”而不是“现在时”，我们的学校教育需要用超前的眼光，去培养我们的学生。因此，“发展学生优势潜能”是指发现和发掘学生的优势潜能并发挥和发展学生的优势潜能，促使学生人人发展并有一技之长，为学生的学习生涯和职业生涯规划未来。

2. *科学的发展观*

人本的学生观决定了我们的科学发展观，实施素质教育必须尊重教育规律，尊重教育对象身心发展的规律，尊重学生的人格、个性。因此，一所学校或一位校长要全面推进素质教育，必须贯彻“发展学生优势潜能”的核心理念，给每一个学生发展的机会，坚持教育多样化，为每一个学生的发展提供适合的教育；坚持特色育人，为每一个学生搭建潜能发展的平台；坚持持续发展，为每一个学生奠定终身发展的基础。

一所学校不仅要有与时俱进的教育思想，更要有开拓创新的实践精神。

三、“发展优势潜能”的特色鲜明

20 年的自强不息，城桥人和改革开放同行，与传承创新为伴。20 载的励精图治，城桥中学在追求中完善，在完善中超越。学校的事业，蒸蒸日上；教育的发展，生机盎然。2010 年，我校的领导和教师基于《国家中长期教育改革和发展规划纲要(2010—2020 年)》中关于“关注学生的不同特点和个性差异，发展每一个学生优势潜能”的共识，在长期特色育人的基础上，积极推进国家教育体制改革试点项目《促进高中教育优质特色多样发展试验》的教育实践。

在两年多的实践研究过程中，学校根据学生的实际需求，不断深化特色课程的改革，不断转变育人的模式，构建了以需求为导向的“发展学生优势潜能”的特色育人培养模式。至此，学校“发展优势潜能”的育人特色更加鲜明、更加独特和富有个性。学校特色育人的教育方式多样化、学校特色育人的渠道多元、学校特色育人的成效显著，促使学生人人发展并有一技之长，能为学生的终身学习、终身幸福负责。

1. 艺术之花常开不败

20多年来，城桥中学在艺术教育的领地里始终用特色育人的理念指导教育教学实践。从艺术班的课时配置、课程配方、师资配备方面不断摸索艺术教育的特殊规律，艺术专业由美术和声乐扩展至舞蹈、器乐、作曲、文学编导，并把艺术班的成功经验移植到普通班的教育教学实践中来，建构了“课内与课外结合、普及与提高并举”的培养策略，形成了以艺术教育为基础的“发展学生优势潜能”的育人特色，取得了丰硕的成果。

城桥中学的艺术社团是崇明教育战线上一道亮丽的风景线，在上海具有一定知名度，它们经常活跃在乡镇、县市的舞台，并冲出上海，走向国际。2004年“畅响”合唱社团参加墨西哥“第五届国际青年合唱交流”深受好评；2006年“舞灵”舞蹈社团获德国第三届国际青少年舞蹈大赛一等奖和二等奖；2006和2007年获上海市百校风采擂台赛精英组金奖；2010年“畅响”社团获德国罗伯特舒曼合唱比赛银奖。2011年，高二5班学生张天威获上海市学生艺术节单项比赛金奖。

2012年，在崇明县学生文化艺术节学生艺术展演的比赛中，“舞灵”舞蹈社团的男子群舞《飞扬》以中小学舞蹈专场全场最高分9.50分的成绩，获得该专场的第一名；“畅响”合唱团的女声小组所唱的《一个妈妈的女儿》以及大合唱《在银色月光下》、《龙船调》分获中学组第一名、第二名。

2. 体育之路越走越宽

20多年来，城桥中学在体育的领地里始终以“健康第一，立足课堂，艺体整合，发展特长”为指导思想，坚持“普及与提高、特长与健康、课内与课外、锻炼与达标”相结合的原则，依托课外活动、业余训练、校运动会、“城桥杯”篮球和足球联赛等体育活动，摸索出“以科研促训练，开发运动潜能”的培养策略，体育项目由田径发展至乒乓球、自行车、水上运动以及新组建的板球等多个项目，从而把一所上世纪90年代的田径传统学校，发展为拥有田径、自行车两个试办二线队和星光青少年体育俱乐部的体育特色学校，取得了累累硕果。

2011年，我校乒乓球基地学校明珠小学的10岁女孩陶静静成为上海市乒乓队正式队员，开创了国家乒乓史上最低年龄进一线队的奇迹。同时，学校还在田径、自行车、健美操、乒乓球等多个项目获得历史性突破，田径首次获得市二线队总决赛团体第一的成绩，自行车获全国比赛亚军，健美操获市普通组特等奖、精英组一等奖，乒乓队有三人向市男女队输送，学校被命名为“国家级体育传统项目学校”。

2012年，城桥中学田径队在上海市“多威杯”田径锦标赛暨青少年十项系列赛田径项目第二站比赛中以总分246分的成绩夺得上海市田径二线队学校组的第一名，其中在各单项中有32人次进入前八名，共夺得6项第一名、7项第二名、8项第三名；城桥中学星光青少年体育俱乐部在“上中杯”上海市（青少年组）暨青少年十项系列赛乒乓球比赛（第二站）中取得了一金三银二铜的优异成绩，其中星光青少年体育俱乐部的李铁荣获男子D组直拍单打冠军；秦荧均荣获男子E组单打亚军；陈均金荣获女子E组单打亚军。

3. 科技之树根深叶茂

20多年来，城桥中学在科技教育的领地里始终坚持“以点促面，全面普及”的指导思想，以“动脑与动手相结合，科学与艺术相结合，自然与社会相结合”为活动原则，科技活动项目由定向越野、电子技术发展到头脑奥林匹克、未来工程师、机械工程、网页制作、程序设计等多个项目，探索出了“夏令营、科技节、擂台赛”融为一体的科技活动策略，形成了“依托科技社团，以赛带练促发展”的人才培养策略。

2010年8月，高三学生胡亦知获全国青少年创新发明大赛一等奖，在2011年秋季高考中被同济大学直接录取。城桥中学“求创”科技社团在2011年中国柳州国际机械奥运大赛中获冠军6项、亚军7项，在市级各级各类比赛中获冠军3项、亚军2项、一等奖28项、二等奖15项；2012年，城桥中学“求创”科技社团在2012年上海市机械奥运赛中获一等奖27项、二等奖23项。

四、“发展优势潜能”的动人乐章

翻开城桥中学的发展史册，每一页都闪耀着城桥人特色育人的思想亮光；追寻城桥中学的发展轨迹，每一处都展示着城桥人育人特色的风采。在20多年“发展优势潜能”的教育实践中，城桥中学从县级的艺术、体育特色学校发展到拥有多个市级和国家级荣誉称号的特色学校。学校先后获得中华优秀文化艺术传承学校、国家级体育传统项目学校、北京2008奥林匹克教育示范校、上海市行为规范示范学校、上海市艺术教育特色学校、上海市科技教育特色示范学校、上海市头脑奥林匹克特色学校、上海市语言文字规范化示范校、上海市体育传统学校等称号。

学校还先后获得全国学校艺术教育先进单位、全国“十一五”教育科研先进集体、首届“浙、沪、苏”长三角地区教育科学研究优秀团队、上海市学校艺术教育先进集体、上海市贯彻《学校体育工作条例》优秀学校、上海市体教结合先进集体、上海市体育工作先进学校、上海市群众体育健身先进单位、上海市“美年达”百校风采擂台赛最佳风采金奖等荣誉。

20年的探索，我们用青春浇灌学生的智慧之树；20年的实践，我们用奉献哺育学生的智慧之果，学校的教学质量不断攀升，社会声誉与日俱增。一代代莘莘学子从城桥中学起步，翱翔在祖国建设的各个领域。学校成功的办学经验引起了社会各界的极大关注，上海电视台、上海教育电视台、崇明电视台、《上海教育》、《上海教育科研》、《教育参考》、《崇明报》等多家媒体相继进行了宣传报道。学校有特色、班级有特点、学生有特长、教师有特技的办学风格得到了上海教育界的关注、社会各界的认同、学生家长的欢迎。

追忆峥嵘岁月，我们创造着发展的奇迹；畅谈青春过往，我们绘就了创新的蓝图。在长达20多年的“发展优势潜能”的探索实践中，特色育人成就了学生，学生发展彰显了特色。今天，虽然我们还面临着一些问题和困难，但我们仍以“天行健，君子以自强不息；地势坤，君子以厚德载物”的精神不断激励自己，续写城桥中学崭新的篇章。

15年　一棵小树也该长大了

——小班化教育发展思悟录

上海市虹口区幸福四平实验小学校长　俞吉祥

教育的人文高度决定了儿童的发展高度，教育的科学高度决定了儿童发展的实在高度。人类文明的发展对教育提出越来越高的要求，21世纪的教育必将以崭新的面貌出现在人们面前。教育必须改革，有思路才有出路。幸福四平实验小学在这教育改革的大舞台上演奏了振奋心弦的小班化教育的乐曲。

我们适应面向21世纪的现代教育的发展要求，遵循教育规律办学，科学准确地、创造性地全面推进素质教育。坚持"让孩子幸福的明天在小班化教育中奠基"的教育理念，推行对学生终身发展负责的学校教育，坚持推进以小班化为抓手的学校课程教学改革，坚持以合作管理为重点的学校管理改革，实现学校整体发展，使学校成为特色鲜明的素质教育实验学校。

一、我们憧憬：教育的未来是幸福的

学校不能仅用学校设施与教育方法来解释学校发展和现代化程度，必须从一个学校自身的文化体系上寻找内因。文化是最终竞争力。每个学校有着特殊的办学条件和人文背景，存在着各自的不可比较性，但是，在推动学校教育发展的坐标上，各种文化价值观又有可比性，有进步和落后的明显区别。文化对于学校发展有着强大的能动作用，对于一个学校的教育发展更具有前瞻性的指导意义。

我们幸福四平实验小学通过长期的办学过程，历经学校文化的选择、更新、积累，逐步形成了学校的核心教育价值观。我们在梳理了近10年的学校教育创新经验后发现学校文化应该是先进的，具有个性的，学校文化应该提升到文化的核心层面上来建设。只有具有了核心价值观的学校文化，才能起到在学校发展中的统领作用。学校核心文化越是具有先进性，着眼点越高，统合性就越强。学校文化中的高层面越具有强方向性，就越具有统领作用，对学校工作的整合与融合作用就越强。我们学校的自我发现就是学校的个性化文化中蕴含着师生们的创新精神，正因为我们敢于创新，敢于“尝鲜”，才有了学校的发展。

我们学校的办学理念——“让孩子幸福的明天在小班化教育中奠基”充分体现了教育的本质，体现了教育是人类得以生存和延续最基本的手段，是培养下一代的事业。突出孩子的“幸福的明天”是“教育面向未来”的教育价值取向的集中体现，是人文主义思想的集中表达，它承认小学教育对人的生命意义，对教育“以学生为本”的取向作了最本质的诠释。这要求我们从教育内容到教育形式，必须系统地符合这个价值取向。这是“明天”对今天教育行动的诉求。突出“小班化教育”，是指“教育必须日益关心所有儿童与青年的最充分的发展，而学校的责任将是寻找能使每个儿童达到他可能达到的最高学习水平的学习条件”。突出“奠基”，体现了小学教育的任务规定性，表达了小学教育基础教育的性质，不是精英教育，不是选拔教育，而是奠基教育。“奠基”摒弃对教育价值的功利性追求，批判教育选择优胜者的做法，确立教育是为了每一个孩子的观念。“奠基”也是终身教育思想的集中体现，确立了小学教育要对学生的终身负责，不是一个短期的行为，要让学生学会学习的根本要求。

学校的教育理想是全校师生追求的目标，是办学行动的指南。因此，我们按照文化创新的规律，把握学校文化的选择、更新与积累，构建学校文化的总体框架。我们以教育理想的确立带动学校核心价值观的确立，以“小班化教育”作为行为文化打造的重点，建构学校的教育特色，推进教育理想的实现。我们在办学实践中不断地凝炼学校文化中的合理部分，不断聚焦、不断深化，使“让孩子幸福的明天在小班化教育中奠基”成为学校的核心价值观，汇成学校崇尚“奠基”的学校主流文化。

二、我们坚守：遵循教育规律创设办学特色

教育理想要转化为教育行动，成为教育生产力，这是校长办学的核心能力。校长不能只是理想家，清谈观念，缺乏行动，也不能只是事务者，缺乏思想、缺乏大略。

要办好一所学校，校长必须要对学校的发展有一个整体的大局谋划。多年来，我们深感只要学校遵循办学规律，沿着学校确定的发展方向前进，坚持数年必有成效。

我们在学校发展规划中提出的培养目标是，“学校根据教育方针和社会的期望，培养人格健全、善学上进、探究创新的小学生”。人格健全指独立人格、高尚品德、健康心理；善学上进指学会学习、主动学习、注重实践；探究创新指拥有独立见解、创新意识、探究能力。

为实现培养目标，我们必须按照教育现代化的要求，寻找办学的突破口、学校的发展之路。小班化教育是我国教育现代化征程中的一次积极探索，幸福四平实验小学从在上海开始启动小班化教育的那一时刻起，坚守信念十年磨一剑，追求着教育理想——“创建一流小班化教育，让孩子的明天在这里奠基”。

自从1997年作为上海首批小班化教育实验小学以来，无论在困境还是顺境中，我们都长期坚持，“十五年磨一剑”，使我们学校的小班化教学成为了办学特色，境内外学校多次到学校参观访问，使我校成为了上海小班化教育的窗口学校。这么多年，我们先后开展了“现代小班化教育的实践研究”、“提高教师个别化教学能力，促进小班化课堂教学有效性的实践研究”等课题研究，公开出版了“小班化教育丛书”：《走进小班化教育——一所从小班化教育走向成功的学校》、《指点小班化教育——一群一线教师改革实践的新经验》、《解读小班化教育——一位基层校长潜心研究的新论著》、《细说小班化教育——一项基于个别化教学的新探索》。通过坚持不懈的小班化教育的研究与实践，我们学校正走在把学校办成教育观念正确、教育质量一流、学校管理科学、硬件设施先进、素质教育特色鲜明，社会满意、家长信任、学生向上的全国知名的小班化实验学校的发展道路上。

我们学校环绕总目标，继续积极实施学校素质教育实验项目“基于新课程背景下的小班化教育深化研究”，探索适合学校的素质教育的有效实施途径和方法，突破转变学生学习方式的难点，探索实施优质教育的新思路，展开新实践。小班化教育是实现教育公平、优质教育共享，使每一位学生可以得到充分发展的有效途径。社会的进步对基础教育也带来了极大的挑战，实现教育的公平性、民主性、均衡化已经成为人们对教育的基本诉求。为此我们学校进一步深化小班化教育的实践，提升教师的教育观念，优化教育方式，开展实现以小班化教育为目标的教育实验，建构具有“精致化、公平化、人性化”特征的小班化教育，为学生成长提供优质教育服务。

我们学校创建小班化教育特色，坚持学校办学特色的教育性，在学校教育的基本范畴里把教育工作做好、做扎实。坚持教育发展的规律，适应社会发展，适应儿童身心发展。我们深深体会到一项教育实验或是一项教育改革都要围绕一个核心问题，就是以学生发展为本，为每一位学生提供优质的教育服务。从14年之前的实验开始，我们就提出了教育的均等性、主体性、充分性要求，提出了“下要保底，上不封顶”，阳光普照每个学生的教学理念，并付之于教师的教学行为中。我们关注学生的学习，把基础性的教育、教学转化为有质量的学习，这不仅符合国际教育的发展趋向，而且也是我国教育均衡发展与素质教育实施的现实必然，更是符合教育的基本规律的。正是基础教育的高质量特色，才使我们的小班教育能够获得家长、社会的认可，才能可持续发展。我们在这长长的15年实践岁月中，一路走来尽管有成功的喜悦，但也有过挫折、有过迷茫。我们坚信着一个对学生负责的信念，甘愿寂寞，淡定从容，静下心来，沉下身子，不断地反思与感悟，进行了长期的实践提炼。我们充满着教师们对小班化教育的一份不能割舍的情结，一种孜孜不倦的追求。对于学校而言，我们正是深刻理解小班化教育的价值，尽管小班化教育有低落之时，我们还是坚守着，不动摇。尽管我们已经取得了可喜的成绩，但还是感到没有到达理想的彼岸，还有很多问题等待着我们去一个个解决。

三、我们坚信：学校的主人是全校师生

我们从弄堂小学走出来，成为盛开小班化教育奇葩的学校。没有全校师生的努力，就没有今天的幸福四平实验小学，学校也将失去色彩斑斓的校园生活。我们深切的体会是校长有着自己岗位上的领导力，教师也有着自己岗位上的教学力，学生更应该自己管理自己、自己教育自己，师生都应该是学校的主人。我们十分珍惜15年小班化教育的艰难跋涉所取得的成果，我们憧憬着学校的未来，实践着“以人为本为中心的合作管理模式”。

合作管理追求卓越领导的境界，必须革除校长发号施令、教师盲目执行的“约束

服从型”管理陋习。我们坚信合作管理的理念——“人人都是管理者”，管理学校的权力像信息一样应当为全体教职员工所共有。校长应该搭建合作管理的平台，能为教工创立一种良好的环境，鼓励每一个人为实现办学目标施展自己的才能；能给教工以信心，促使每个人以前所未有的热情投入工作；能为教工创造更好的条件，有利于每个人发扬进取、开拓和创新精神；能让教工拥有自己的权利，让每个人感到能以参加学校的各项决策而自豪。学校管理充满人情味，充分信任教师，创造条件让他们施展自己的才能。

我们的“合作管理”有着整体有序和高效的组织机构作为载体。学校也是校长和教师发展以及实现自己价值的地方。校长与教师分享管理权力。教师常常通过年级、职工代表大会表达自己的意愿。我们的教师主人翁感强，坦诚地商讨问题，态度开放，愿意学习和改进工作。教师们在学校决策过程中得到自主权和满足感，教育教学能力有所提升。校长与教师有共同的愿景，有清晰的目标和使命感。他们相互信任，在共同目标下去解决问题，并与相关人员同心协力清除障碍。

我们的“合作管理”发动学生参与到学校管理中来。让学生参与教育教学，学会自主学习；让学生参与实践活动，学会自我体验；让学生参与教材编写，学会自我教育。“合作管理”还紧紧依靠家长，成立家长委员会，将学生家长请进来管理学校，家长委员会定期到校巡视，有着固定的家长接待日，学校接受家长委员会监督。该委员会还可以直接评议学校教育，维护学生和家长的合法权益。

我们的“合作管理”，凸显了软管理的魅力，学校的规章制度不再是冷冰冰的条文，而是浸透着人文的感情力量。同时学校“合作管理”中的校长是第一责任人，他竭力维护学校的办学思想，坚持与发展学校的小班化教育特色，使之成为全校师生共同的价值观与行动准则。

15 年，我们学校从小班化教育走来，走向幸福的明天。学校像一棵小树一样也该长大了。我们靠信念、靠智慧、靠辛勤灌浇着沃土，从事着这个时代最重要的育人事业。让我们在“让孩子幸福的明天在小班化教育中奠基”的教育理想的追求中，在绿树丛中，聆听小班化教育的畅想曲，宁静致远。

让孩子幸福的明天在小班化教育中奠基

上海市虹口区幸福四平实验小学

小班化教育是教育的世界性发展趋势，是每一位学生得到充分发展的有效途经。《国家中长期教育改革与发展规划纲要(2010—2020年)》明确地把“推行小班教育”作为提高义务教育质量的五大举措之一提了出来。把小班化教学提到这样的位置在国家级教育文献中是前所未有的，它必将影响着教育改革的走向。

一、小班化教育的历程

1997年9月开始，我校作为上海市首批小班化教育试点校，已经走过了整整15个春秋。我们经历了点上实验、面上展开、全力推进、提升内涵四个阶段，一步一个台阶，脚踏实地不断取得研究的新成果，探索发展的新方向。

1. 点上实验：小班化教育正式启动(1997—2000年)

当时学校的师资队伍中，中老年教师居多，年轻教师不足1/4。教学观念比较陈旧，对开展小班化教育怀有不同的心态，持有不同的观点。教师们担心自己的思想观念、教学方式能否适应，心中没底，产生了畏难情绪。在这种情况下，学校组织了老师大讨论，最后形成了共识：一项教育改革总会面临着思想的交锋和观念的碰撞，我们不去探索实践，就永远也不可能推进教育改革。为每一个学生创设更为合适的教育条件，让教育改革有一个新的起飞平台和跑道，这便是我们的责任，也是学校寻求发展的一个机遇。1997年9月，我们从一年级4个起始班级起，开始试点小班化教育。

我们的试点从教室环境与课堂教学两个方向展开。教学环境被划分为两个区域，即教学区和活动区。教学区的四周辟有开放式的展示台、图书角、生物角等，整个教室生机盎然。教室的墙壁上，更有用来营造温馨氛围，烘托学习环境的主题背景画面，给人以舒心、快乐和美妙的感觉。在活动区的室内四周，增添了壁橱，供学生存放学习、生活用品。尤为令人关注的，是在活动区设有教师办公角。干净的书桌、漂亮的文件柜、精美的书架、一把方便与学生交流谈心的转椅，这一突破常人思维定势的构想和设置，缩小了教师与学生的时空距离。课堂教学也展开了如何在教学中增强师生交互的探索，组织了不少教学实验活动。从此小班化教育的探索就在我校揭开了序幕，踏上了征程。

在启动阶段，经过了一个学期的试点，教育形式变革引发了观念转变，课堂教学也在悄悄地发生着变化。我校的变化与实践也引起了市教委有关领导的关注与认可，1998 年 4 月 24 日召开首次“上海市小班化教育现场观摩”会时，主会场就选在我校，向全市的同行与领导展示了学校在小班化教育上取得的可喜进步。

2. 面上展开：小班化教育深入发展

随着小班化教育的推进，课堂教学的探索也深入展开了。在学校里过去那种几百年不变的课桌排列模式，被眼前根据不同教学目的、内容需要设计的单元组合型的座位排列方式所取代。互动式的授课形式，针对性的个别指导，逐步凸显了教学的亮点，体现着小班化教学“以学生为本”的教育理念。2000 年我们已将这场改革在全校所有年级、班级全面推开。这阶段主要工作在两个方面展开，一是课堂教学如何从粗放型走向精细化，二是教学与德育的整合，提升小班化教育的综合教育功能。

我们探索课程资源的整合与重组，开展了“多学科融合的探索性学习”，进一步深化了小班化教学的实践与研究。与此同时，我们更关注小班化教育的教育功能，营造宽松快乐、民主平等的学习氛围，注重学生的自信心和成功感的培育，为学生提供更多更好的优质服务。我们从孩子们的变化中看到他们成长，他们的进步依靠的是自己内心释放出来的求知的热情、思考的能量和探究的潜质。所有这些，无不是小班化教育带来的巨变。

2001 年虹口区又一次在我们学校举行了“区域性推广小班化教育现场会”。在这次现场会上展现了我们学校整体推进小班化教育的成果，展示了我们在教学与德育上的初步经验。2003 年学校出版了《漫画“小班”教学》，初步总结了经验，提出了“教学环境丰富，课堂教学活跃，课堂功能多维，过程评价快乐，个别教育及时，分组学习常见，师生关系密切”的要求，尤其是聚焦学生学习，研究学生学习，明确提出了“允许学生选择学习”，归纳了“按学生的学习兴趣自由选择学习内容”等八种做法。这些经验标志着学校的小班化教育在实际操作上已有了突破，并已经获得了社会的认可。

3. 全力推进：小班化教育凸现特色

这一阶段，在我们的实践中，围绕着成为上海市“小班化教育”示范性龙头学校发展目标，我们提出了“让学生幸福的步伐从这里迈出，健康的个性从这里培养，快乐的童年从这里开始”的行动口号，进一步深化小班化教育改革与实践，形成了具有“有效学习最大化，师生互动增强化，教学策略最优化，教育关注个别化，教育环境人性化，班级生活愉悦化，教师工作激情化，学生发展和谐化”特点的小班化教育，形成了“独具风格的教室布置，多向交往的空间形态，民主宽松的教学氛围，积极参与的学生主体，灵活多样的教学方法，合作竞争的分组学习，分层多元的评价形式，科学合理的教学过程”的课堂教学模式，初步显现了小班化教育特色。

同时，学校进一步对小班化操作实践层面的经验进行系统化，自觉地从学校教育文化这个高度完善学校的小班化文化，在全部的教育活动中体现小班化教育的理念，从物质文化到精神文化体现着“创建一流小班化教育”的办学追求，更注重学校精神文化的培育与创新。

全校教师围绕小班化教育进行了长期的研究，从课堂教学组织形式的变化到构建起具有本校特色的教学模式；从教学环境设置到营造人性化的温馨课堂；从教师把办公桌搬到教室到教学观念的重大转变；从追求表面的形式到提升小班化教育内涵的发展。与此同时，我们坚持理论联系实际，边实践边总结，结出了丰硕的成果，2006 年学校出版了《小班化教育》系列丛书：《走进小班化教育》，《解读小班化教育》，《指点小班化教育》。这是全国第一套小班化教育丛书，已经作为全国小班化教育学校的重要参考书而得到广泛运用。经过 10 年的实践，我校办学特色已经十分鲜明，并推动了学校的整体发展。在这个阶段中，我校再次举行了两次现场会。2005 年 12 月在我们学校举行了首次全国小班化教育与学校发展研讨会，以及 2006 年 11 月向全区开放的十年小班化教育回顾暨校庆五十周年活动，这意味着小班化教育成为我校教育特色的鲜明标志。

4. 提升内涵：小班化教育创设品牌

2007 年的新一轮学校发展五年规划明确提出了“孩子幸福的明天在这里奠基”的教育理念，崇尚对学生终身发展负责的学校教育，并且提出了把幸福四平实验小学办成“全国知名的小班化实验学校”的发展目标，这成为我们学校全体师生共同的发展愿景。

小班化教育新发展的高度在什么地方？就是为学生的明天奠基，关注每个学生个体接受教育的充分程度，让每个学生在获得身心发展的幸福感时发挥其独特的优势。这成为了我校小班化教育发展第四阶段的重心。这个阶段是学校创小班化教育品牌的关键时刻。小班化教育进一步从两个方面深化，其中一方面是建构具有“精致化、公平化、人性化”特征的小班化教育，为学生成长提供优质教育服务。我们组织了“个别化教学与学生有效学习的策略研究”。我们从教育哲学的角度，真正确立以学生学习为中心的现代教学观，摒弃以教师教学为中心的落后的传统教学观，从而促进每个孩子健康、快乐成长。我们通过小班化中的个别化教与学的实践，推进和谐课堂创建活动。切实转变学生的学习方式，调动和激发学生的学习兴趣，培养学生的学科学习能力，培养学生良好的个性，激发学生强烈的创新欲望，使课堂成为师生交流、合作、享受成功的乐园。我们充分利用小班化教育优势，切实实施个别化教学，让教师明白个别教学与个别化教学的区别，使之能有效地进行。

个别教学是师生之间以一对一的方式进行的教学，古已有之，现在也在使用，如课后的个别辅导、作业面批等等。

个别化教学是为满足每个学生的需要、兴趣和能力而设计的教学，其特点是根据学生的个别差异提出一些具体而有效的因材施教的措施。它是以学生自我管理和自主学习活动方式为主的教学。

因此，我们提出了在小班化条件下实施个别化教学以有利于每个孩子的发展的设想。老师们也形成了以下共识：在教学观念上，教学是师生共同学习、共同提高的过程，而不仅是老师教、学生学；在组织形式上，是小班化与个别化的结合，以小组学习为基础，个别点化为辅导；在教学内容上，针对具体的学生提出不同的目标，作出及时的应变；在学生的学习上，主张互动中加强自主学习，形成问题创设—自学讨论—展示交流—归纳总结这四个环节。经过近两年来的努力，教师们在个别化教学的探索中已经有了初步的收获，个别化教学的理念已经在教师们的实践中得以落实，但这只是起步，还需继续努力。我们相信，个别化教学一定会让小班化课堂更精彩、更有效，学生会学得更快乐、更主动！

这一阶段的研究成果也体现在《小班化教育》系列丛书之四《细说小班化教育——一项基于个别化教学的新探索》的出版中。

同时，我们进一步拓展了国际国内的小班化教育的对外交流。通过这些高层次的专业交流活动让教师拓宽国际视野，成为研究型的教师。15 年来，学校每年都要举行各级各类教学观摩活动，已经接待了来自全国 20 多个省市与港澳地区的上万名教育同仁，学校的小班化品牌教师也专程赴浙江、江苏等地为当地学校作报告、上示范课，尤其是杭州、南京这两大全国目前小班化教育开展得较好的城市，有众多学校与我们进行了广泛交流。更令人喜悦的是学校成为内地唯一一所受澳门教育局邀请培训澳门小班化教育师资的学校。本校的领导和教师多次专程赴港澳地区展开专题培训工作，为当地推进小班化教育作出了重大的贡献。

经过 15 年的努力，学校已经成为各地“小班化教育”培训基地。《小班化教育》丛书已经向全国各地提供了近 3 000 套，我们的科研成果得到社会充分的认可和高度的评价。

二、学校小班化教育特色培育的经验与思考

1. 学校教育特色培育要坚持遵循规律

我们深深体会到，小班化教育特色不是人为地强加给学生什么特色，而是把基础性的教育、教学转化为有质量的学生学习。这不仅符合国际教育的发展趋向，而且也是我国教育均衡发展与素质教育实施的现实必然，它更是符合教育的两条基本规律的举措，这两条规律是教育适应社会发展、教育适应儿童身心发展。正是基础性教育的高质量的特色，才使我们的小班化教育的特色能够获得家长、社会的认可，才能可持续发展。

2. 学校教育特色培育要坚持持之以恒

学校教育特色的培育是一个长期的教育实践过程，不能期望一蹴而就而急功近利。我们在这长长的 15 年中，尽管有成功的喜悦，但经历更多的是挫折和困惑。我们坚守着一个对学生负责的信念，静下心来，沉下身子，不断地反思感悟，坚持了长期的实践提炼过程。教师们对小班化教育充满着一份不能割舍的情结，一种孜孜不

倦的追求。对于学校而言，我们正是深刻理解小班化教育的价值，所以无论顺境还是逆境，我们都能坚守着，不动摇。

3. 学校教育特色培育要坚持系统整合

学校教育是一项系统工程，学校特色教育是整体中的存在，应该融于学校日常教育活动中。学校的小班化教学与区教育局打造"温馨课堂、情趣课堂、有效课堂"的意图相结合，把营造"三个课堂"作为提升小班化教学新的突破口，让每一个学生都得到平等、优质、多样的学习机会，我们也把小班化教学作为创设"三个课堂"的主要途径。我们认为"以学生为中心的课堂"应该反映每个学生不同的学习需求，制定适合每个学生不同的学习目标的学习方案，不再要求学生们在同一时间做同一件事，学生是课堂学习的主人，要有更多的自主和互动。我们的教师更是利用小班化教学的优势，面对 24 个作为独特个体的学生，以个别化教学，努力适应学生学习的差异性，满足每一个学生的学习要求，使"三个课堂"得以真正建构。

4. 学校教育特色培育要坚持求真务实

学校特色不是为了好看，而是为了学生的全面发展，因此这样的特色应该融于学校的每一节课中、每一个活动中，必须坚持求真务实。我们坚持了从教育的专业角度审视小班化教育及其运作，坚持独立思考，排除干扰，在学校里鼓励教师可以对教育、教学发表不同意见，应用不同的实践方式，形成了宽松的教育学术氛围。我们要求教师在实践中讲究实效，反对说空话说大话。正是这种提倡真干的学习精神推动了学校教育特色的发展。

5. 学校教育特色培育要坚持不断创新

创建小班化教育特色中所经历的四个不同阶段，培育和创造小班化教育品牌的过程，就是我们探索一个又一个未知领域，突破一个又一个难点，也是我们不断实践教育创新的过程。在这个过程中我们的学校和师生自身增强了创新能力，使我们的小班化教育在原有的层次上不断提升，获得了小班化教育的全国知名度与信誉度。我们也体会到创新需要坚持的勇气。当我们遇到呈"高原曲线"的发展态势时，我们互相鼓励去攻克难关，寻找新的突破口，从而使小班化教育向纵深获得了不断的发展。同时，境内外同行的进步和成功经验又变成我们继续创新的鞭策，促使我们不得不思考，如何再接再厉寻找新的突破口。

建学习型组织　创天一阳光校园

上海市长宁区天山第一小学校长　吕华琼

不断地学习，终身地学习，是教师职业的特征。但现实状况是一些教师并不重视学习，甘心做一名教书匠，由此也就谈不上理论指导实践了。学校也没有把学习放到应有的高度，没有充分认识学习与学校和教师发展密不可分的重要性。学校的学习活动，计划性不强、做做样子的比较普遍，更不用说系统的学习策略和相应的机制和制度保障了。

彼得·圣吉在《第五项修炼》一书中说："最成功的企业将会是'学习型组织'……因为未来惟一持久的优势，是有能力比你的竞争对手学习得更快……未来真正出色的企业，将是能够设法使各阶层人员全心投入，并有能力不断学习的组织。"作为培养人进行学习的学校更要重视学习。一所学校的学习力、学习文化决定了学校发展的高度，是学校生存和发展的灵魂和动力源。新课程、新理念、新的教育教学技术，使得教师职业较其他行业更具挑战性，教师更应成为一个终身的学习者，成为学生成长、追求真理和学习科学知识、创新发展的示范者。

2010年，我校被长宁区教育局定为试行教育国际化办学的唯一一所公办学校。公办学校试行教育国际化在市内外鲜有先例，办学理念、学生的培养目标、课程，以及教师的英语能力等都亟待通过学习来提高和实施。长宁教育近年开展的"快乐拓展日"、"长作业"、"无边界学习"，其理念和实施的方法不仅需要广大一线教师学习来落实，还需要通过教师的研习与探索来丰富、完善。

国学大师南怀瑾在《如何修证佛法》中提示"见、修、行"要三位一体，这里的"见"就有学的意思，"修"即修炼，真正的学习必定是全身心地投入，并以提升境界、修正行为为目的。学校组织的各种学习，一定要追求让教师们将"见、修、行"融为一体，以提升思想和专业素养并求得教育教学行为的改进。

为此，2011年，我校确立了"建学习型组织，创天一阳光校园"的行动方案，旨在让天一小学刚刚起步、精心打造的教育国际化办学的品牌"阳光"起来；要让天一的教师在校风、师风、学风的三风建设中“阳光”起来；要让天一的每个学生在优质教育的“阳光”中更好地学习与成长。

一、发挥学习型组织的作用，促进天一国际化教育品牌的建立

我校开展教育国际化只是刚刚起步，社会对我们新的办学功能定位具体是什么、会有什么样的变化等都是不甚了解。总之，还没有形成有效的品牌效应。在校内，教师们对其内涵、为什么要开展等都只有初步的认识。教师是教育国际化实施的主体，没有他们的主动投入、深度的理解、创造性的工作，根本不可能成功。所以，如何提高“师者”的素质是天一小学“品牌亮度”的关键所在。

1. 党员先行

学校首先组织党员集体学习，或指定相关文献让党员们自主学习。仅一学期，党员们就学习了“加强教育国际化是上海教育发展的战略选择”等五篇文章，其中书记、校长等党员干部读的“开展国际理解教育，培养学生全球视野”学习体会全部上传至学校内网供教师们评价；校长导读的国际理解教育文献编撰成册供大家随时学习。

2. 全员参与

学校成立了以一线教师为主的国际理解教育课程开发小组。把所有的设计草案都张贴在教师食堂，鼓励全体教师提建议。学校还在课程推进的不同阶段在“天一讲坛”开设校领导、首席教师的专题讲坛，如校长在讲坛上提出，天一小学开展教育国际化，教师不仅要有“全球化”的意识、开放的教育教学理念，还要有胜任教育国际化教育教学的能力，其中，掌握英语、胜任双语教学已到了时不我待的地步。学校也为所有教师学习英语提供了相应的服务，如开设英语培训班，由外教执教，每周两次，外教还深入到教研组指导教师的教研活动，并形成师徒带教制。

3. 重点突破

学校实施教育的国际化，关键是教育教学和各种活动的课程化，而课程目标、课程设置、课程内容等是课程的关键和难点。学校一共成立了六个课程研发小组。短短近一年的时间，研发小组查阅了大量的文献，设计出了“异国、他国民族文化”、“和平教育”等五门课程。英语、语文、数学这三门支柱性课程都设计出了校本课程，如

作为英语拓展课程的“Reading a—z”、语文的“中外美文悦读”。

4. 初见成效

现在，教育国际化办学的理念和方向得到了教师、学生和家长们相当的认可，国际理解教育的课程框架、学生培养目标已经形成，一个多元、开放的国际化教育校园环境初步形成，并初具规模。如建立了“小眼看世界，周游知天下”的文化长廊，在各个层面设计了全天候、开放式的休闲阅读广场，新购了近万册适合不同年段学生了解中外优秀文化的书刊和画册，并已经开始筹划在今年暑假期间，将一层楼的教学楼改建成学生境外体验、外语学习和异国文化交流中心。

二、发挥学习型组织的作用，促进天一教师专业化能力的发展

1. 结合形势：学党史，增信念，走进百年教育大家

我校党支部结合2011年中国共产党建党九十周年、辛亥革命一百周年之际，开展了“学党史，增信念，走进百年教育大家”的主题教育活动，通过每月一次的学习，使党团员在理想信念、党性观念、历史使命和模范作用等方面得到提升。为了使学习更能贴近教师职业，在选择百年教育大家时，我们作了精心考虑，所选之人，既有对中国共产党发展起过卓越贡献，又对中国教育有所建树的陈独秀，还有为辛亥革命和为中华民族建立过丰功伟业，对教育也有相当论述的孙中山，还选择了对我们上海基础教育作出巨大贡献并健在的三位教育家。

2. 形成习惯：以书焕彩，多读书才能教好书

提升教师的人文素养、营造办公室文化氛围等无法用制度来规定，当教师们谈论教育教学的少了，谈论吃穿的多了时，我们只能用文化的方式，如春雨般，润物细无声地影响每一位教师。学校为每一位党员干部订了《思想理论教育》、为每位党员订了《读者》、为教师工作研究室首席研究员订了《中国教育报》、《上海教育科研》、《现代教学》，为所有工作室成员订了《新课程》。并要求把订的报纸杂志都放在办公室，让所有教师浏览，并主动与人交流学习感受，努力营造办公室的文化场。教师工作研究室每周三进行研究专题的学习与研讨，由工会组织读书兴趣小组，规定每两周举行一次活动。学校还开展了题为“多读书才能教好书”的主题活动，希望通过党

员、首席教师等的主题讲坛，分享大家在阅读中的所思、所得，使自己走进社会，走进教育深层次的领域，逐步学会用发展和思考的眼光来看待教育，研究学生，使我们学校的教育教学更加有效。

现在，有人常说我校不少教师都有书卷气，从他们身上，我们可以感受到“腹有诗书气自华”的阳光效应。借用奥肯法则（Okun's Law）的原理来说，如果教师的综合素质通过学习和实践能提高一个百分点，那么学生的学习能力就能提高两个百分点！可见教师学习的重要性。

3. 校本教研：指导学习，以优质引领教师发展

在教师的专业发展上，我们主要是围绕“专业引领”展开工作。按照方案，主要是听课评课的引领。引领者主要是分管学科的校长、教导人员、本校优秀教师以及外请的专家。我们认为，在专业引领中，本校资源是不可或缺的一部分。外请专家只能做间歇性的专业补充，我们认为充分利用本校资源是很重要的，它的最大的优势在于对本校的实情关怀与关注，还方便后续指导。

专业引领型的听课评课，其对象很明确。听课对象主要有三类教师：一类是教学观念相对滞后或多年来进步不大的经验重复型教师。这类教师对于新课程的理念可能没有很好地领会，或处于明显的倦怠、瓶颈期，长时无法突破原有经验，学校的管理者从以学生发展为本的理念出发，着手在新课程的一系列理念、《课程标准》、操作等方面对他们进行指导。第二类教师是踏上工作岗位或教龄不满两年的新手教师。他们主要由带教的优秀教师指导，从教学基本环节学起，如课前准备是否充分，课上对学生的指导是否到位，教学策略运用是否恰当，练习设计是否有针对性等。第三类是教学经验比较成熟的教师，他们常常会代表学校参加教学评比课，这部分教师要实现自身价值，需要总结经验，形成自己的理论，并对他人有所帮助。这部分教师主要由聘请的教研员、学科专家对他们进行指导。

三、发挥学习型组织的作用，促进天一学生快乐学习、全面发展

1. “快乐拓展日”：让学生在快乐学习中快乐生长

自2010年9月1日起，我校根据区教育局的要求，将每周三定为“快乐拓展日”。

“快乐拓展日”当天上午以基础型课程为主，下午则以学生自主选择的主题式、体验式、探究式课程为主。长宁教育开展的“快乐拓展日”、“长作业”、“无边界学习”和作业效能的研究，都旨在“减负增效”，建立学习与生活的联系，学用结合，使学生们在学习过程中，感到学习是有用的，生活即学习。同时，调动学生内在的学习兴趣和驱动力，最终使学生成为“好学者”，再由“好学者”变成“乐学者”，让所有孩子在快乐学习中主动学习，快乐生长。

在开展“快乐拓展日”的过程中，教师按学科、按年级进行了划分，并要求各教研年级组必须将拓展日的课程设计、实施方案及评价方式纳入到每周一次的教研活动中。因为“优化课程、减负增效、快乐成长”是一项长期而又艰巨的任务，为此，必须充分整合社会资源，结合本校资源，使之产生一种正相关的边际，形成学习合作共同体。

2. “阳光晨练”：让孩子在健康的环境中康健成长

近年来，中小学生的身体和心理健康问题越来越受到全社会的关注，儿童近视、肥胖现象特别严重。其中，学生每天在校活动量不足、近视率太高是两个重要方面。

现在，每天清晨7:40到8:10，学校的教师志愿者和家长志愿者都会带领学生在学校的绿草坪上开展丰富多彩的体育游戏活动，以保证学生有一定量的体育锻炼，并在游戏中既锻炼身体，又能在与同学们的合作交往中愉悦身心。青年报、上海电视台对此专门发表了记者快评和专访，称这是教育工作者真正关爱小学生生命成长的好事情，并希望能持久地开展下去。

学校不仅开展阳光晨练活动，还对学生校园生活与身心健康密切相关的许多方面都做了具体规定，如如何保证学生能喝到干净的水、吃到热的午饭，护导老师在安全方面要特别注意的事项，行政人员每天检查后如何及时反馈等，还出台了诸如“午间休闲指导”、“近视干预条例”等多项细则。

小蚂蚁大智慧

——一次关于办学智慧的对话

上海市长宁区天山路第一小学

“小蚂蚁大智慧”，一听到这样的说法，记者就有一种采访的冲动。它到底是一种什么样的教育呢？

一天，记者来到了坐落在虹桥国际商务开发区腹地的长宁区天山第一小学。一进校门，记者就看到莘莘学子沐浴在阳光下，在绿草坪上随着欢快的乐曲跑着、跳着，有的在跳绳、打三毛球、骑羊角、抖空竹、踩高跷、滚铁环，还有的在“老外”的指导下玩着橄榄球。再仔细看，草坪上与孩子一起运动的大人们不全是教师，许多人胸前挂着家长志愿者的吊牌。

多美的早晨、多美的校园风景啊！

走进教学楼，主大厅的立柱上，运用三度空间设计的雕塑语言，将多个“蚂蚁”具象、抽象、意象地融为一体。走廊的墙壁软木板、教室的墙面，设计成孩子们喜欢的各种蚂蚁的卡通形象。每班都以“团团蚁”、“绅士蚁”、“智多星蚁”之类来命名。

在一位长得非常阳光的少先队员的主动引路下，记者来到了二楼的校长室。吕华琼校长看上去十分年轻、漂亮和睿智。她先是对热情做向导的小朋友表示感谢，尔后才与记者打招呼。

记者：你们学校到处都有“蚂蚁”的身影，如何想到运用“蚂蚁”来教育学生的呢？

吕校长：天一小学现有学生 1 000 余名，大多数学生家境不错。现在的孩子又大多是独生子女。前几年，有个学生转学到我校，下课时，同学们围着新同学，有人问道，早上，你老爸用什么车送你来读书的？

“本田”，新来的学生答。

有个学生立马说，“你们家开的是本田？”言下之意是太差了。

每到少先队选队长的日子，学生包括家长高度关注，孩子们争着当队长。平时，不少学生处处以自我为中心，不愿当“配角”，学习怕吃苦，生活自理能力差。

针对学生的现状，有一年，当时的孟水莲校长在升旗仪式上讲了两个十分感人的小蚂蚁的故事，在校园里引起了学生较大的反响。

小蚂蚁生活在地球每一片土地上，它那啃骨头的韧劲和团队协作的精神常常让人类对它们肃然起敬。在孟校长的带领下，我们开始酝酿和设计借用蚂蚁的品质来教育学生的途径与方法。

蚂蚁是渺小的，但又是强大的，因为当勤劳和进取变为智慧时，不仅能未雨绸缪，更能在各种环境中生存；蚂蚁是微小的，但勇于实践，坚忍不拔、锲而不舍，任何艰难险阻都能克服；蚂蚁是弱小的，但团结互助，分工合作，能够撼动千斤大象。我们对蚂蚁精神进行了提炼、概括和延伸，包括三个方面：团结互助的友爱精神、智慧进取的学习精神、坚持不懈的生活态度。

记者：在我们的德育工作中，学校往往重各种准则的传递，停留在道德说教和意识形态的灌输上，教育方式概念化、形式化、简单化。忽视学生的年龄特征、教育的主体地位，特别是忽视自主、内化，忽视内容和形式的可接受性。刚才听了吕校长的一番话，深感你们是充分尊重了儿童教育的规律，并有很强的针对性。教育的形式和内容让孩子们喜欢。你们又是怎么做的？

吕校长：我们发现，找一个学生十分喜欢并且直观的吉祥物，对有效开展小学德育工作很重要，也很有必要。

我们极为重视培养学生对“蚂蚁”的感情，经常让学生看、听、说、评小蚂蚁可爱的图像和感人至深、智慧过人的故事。组织各种象征意义的“蚂蚁”卡通形象征集活动。时间长了，孩子们越来越喜欢蚂蚁的形象与品质，越来越能够接受小蚂蚁大智慧的教育。

我们首先确立了“做人的智慧、学习的智慧、生活的智慧”的学生培养目标。开展了市级课题“探究家校互动模式，培养小学生蚂蚁合作精神”的家庭教育研究。

然后，我们从营造教育氛围入手。以小蚂蚁代言的“争章园地”、“板报”、“我行我秀”版面、画廊比比皆是。想方设法在校园里凸显智慧、合作、不畏艰难的小蚂蚁大智慧的精气神。

引导孩子们顺着地面“文明蚁”的标识靠右上下楼梯；组织“阳光蚁”(学生们)每天早早地来到绿草坪参加阳光晨练，尔后走进教室积极地争做“求知蚁”和“探究蚁”……

记者：许多学校的德育活动可谓丰富多彩，但付出远大于收效，究其原因，重道德灌输的“美德袋”模式，以为一切教育只要内容是正确的，就是有效的，课内与课外、活动与活动关联度不大、系统性不强。

现在，国家比较重视学校德育工作的课程化，不知天山第一小学在这方面是怎么做的。

吕校长：在“做人的智慧、学习的智慧、生活的智慧”的学生培养目标的基础上，我们围绕人与自然、环境、社会的关系，在校内外教育活动中实施：

● 校内主题教育活动

为了培养学生学会做人的道理，根据不同年级学生成长的年龄段特点，我们设计了感恩蚁、文明蚁、才艺蚁，以在校内开展主题活动的方式，通过“编、演、唱、跳、读、创”的形式，制定了分年级实施的方案，以体现教育的丰富性、层次性，形成循序渐进的系列教育。如，一年级“伙伴蚁”活动——结识新同学；二年级“入队蚁”活动——做个好队员；三年级“感恩蚁”10 岁生日会活动——感恩家长，四年级 9. 10“感恩蚁”在行动活动——感恩老师，五年级 3. 12“感恩蚁”爱上植树节活动——感恩大自然。

● 校外实践体验活动

为了培养学生的生活能力，我们组织“小蚂蚁”们走出校门到国际学校与外国小朋友联欢、赴莘庄“Edaytown”进行多种社会角色体验活动、走访武警兵营、参观消防博物馆、进社区敬老院参加志愿者服务等。这些活动，我们都有计划、方案，并形成了学校教育工作的常态，成为整体、系统教育的一部分。

在学科教学中实施：

● 国家课程

美国著名教育家杜威曾经说：“学校即社会，教育即生活。教育资源的最大浪费是学校与社会的隔绝。”有机地把学校教育与社会实践活动结合起来，不仅能延续课堂知识，开拓学生的视野，更能激发学生学习情绪，巩固书本理论知识。

根据教学内容深入实地考察。学校梳理出各学科每学期的重点教学内容，并能够适宜小学生实地考察，即组织考察活动，如，五年级语文课第一学期有课文《我的伯父鲁迅先生》,第二学期又有课文《鲁迅与时间》,学校就把参观考察“上海鲁迅纪念馆”作为五年级的传统项目。再如,四年级自然课有课文《地震与火山》,五年级美术课有课文《江南水乡好风光》,学校就安排四五年级学生在校期间,择时参观考察“上海地震科普馆”和“上海科技馆”。通过社会参观考察,使学生进一步增加了感性认识:那地动山摇、火焰升天的悲壮情景,那多姿多彩的房屋建筑结构,那充分蕴涵着自然魅力的高山峻岭,鸟语花香,四季变化,使学生记忆深刻;鲁迅先生那博学睿智、和蔼可亲、惜时如金的形象,再一次深深印入学生心间。联系学习蚂蚁“智慧进取的学习精神”,社会考察使学生收获不少。

根据教学要求在生活中运用。将国家规定的课堂教学学习要求与标准,通过校本课程的拓展,用“长作业”等形式加强,让学生在日常生活中加以应用,不仅凸显书本知识的社会性、生活性和应用性,还能较大程度地提高学生的学习情趣。如,五年级学生学到统计图时,教师布置的拓展性“长作业”为“我的早餐我做主”,既要求学生把一周的早餐品种与摄入的卡路里进行统计,得出卡路里高低与食后的饥饿程度的关系,还要求学生能够得出早餐吃多少、摄入多少卡路里才最适中的结论,做到吃得正好,有利健康。根据这些教学要求,学生纷纷观察、调查自己的日常生活,在学习和应用的结合中,不仅收获了知识,增强了健康,更重要的还体验到知识与实践相结合的重要意义。

我们把品德与社会、自然、语文、主题教育课等课程中有显性“蚂蚁精神”的教学内容罗列出来,梳理后作为学科的情感目标开展教学,或让学生体验,或进行直接教育。挖掘各学科隐性的有关蚂蚁品质的内容,如,自然学科三年级第一学期《昆虫》,让学生认识蚂蚁的外形,了解蚂蚁的生活态度和习性。美术、语文课让学生画画、写写以蚂蚁为体裁的图画、童话、说明文。

● 校本课程

为了培育“小蚂蚁们”坚持不懈的实践精神,我校开发了“生活与数学”、“亲亲校园花草情”、“小小航行家”、“漂亮女生”等近 40 门具有社会实践特色的校本课程。做到了“三个连接”:课程与社会连接、课堂与生活连接、文本与网络连接。把课程内容扩展到社会,把课堂氛围与生活气息浑为一体,把快捷便利的网络信息,直接应用到教学过程中。

为保证课程的生活性，我们还形成了“两个突破”。其一，教室空间的突破，上课不只在教室，还扩展到校园内外；其二，授课教师的突破，除本校教师外，学校还聘请家长、社会精英、外企人员等担任兼职教师。

依据学生培养目标，我们还开发了“天一蚁——时刻准备着”（主要是“两纲教育”、行为习惯教育和感恩教育）、“环保蚁——亲亲校园花草情”两门课程，调整了学校传统的校本课程“才艺蚁——围棋”、“才艺蚁——书法”。在这两门课程的教材中，增加了“小蚂蚁学艺，明理、讲礼为先”的人品、礼仪、规则教育的内容。

在评价中激励学生发展：

“天一蚁”、“智慧蚁”、“合作蚁”、“实践蚁”、“创新蚁”、“感恩蚁”、“才艺蚁”，从做人、学习到生活的各个方面，通过过程性评价和阶段性争章、考章活动，激励学生自主学习、全面成长。

● 成长记录手册评价

按照学校制定的《成长记录手册评价要求》，对学生一学期在做人、学习、活动三个方面的行为表现，以各种含义的“蚂蚁”作为符号，进行生生和师生，包括有关工委、家长参与的自评、互评和他评。

● 才艺展示性评价

由少先队倡议，以年级组为单位，开展以“天一达人秀”为主题的才艺表演活动。旨在为“天一蚁”、“智慧蚁”、“才艺蚁”的涌现搭建展示风采的舞台，使所有想参加的学生都可以参加。

学校的画廊是“小蚂蚁”展现“大智慧”的又一个平台。教师、家长可以把学生的作品、荣誉贴上去，学生也可以把自己的作品展示出来。每张作品旁都会有一个俏皮的“拇指赞”，只要是你喜欢的，只要是你认为值得一赞的，都可以在作品旁的“GOOD JOB拇指赞”里用“小粘纸”表示一下赞誉。有自信的学生也可以把这份夸奖贴在自己的作品旁。所有教师都有一个小印章，随时可以表达对“小蚂蚁”们的赞美。每个教室里都有一张“斗秀榜”，同学们可以将每一次秀的作品上的小贴纸和小印章进行一个统计，学期结束，大队部以此为凭证评选出“斗秀风采”的荣誉队员。

记者：吕校长，听了您的介绍，我感到，你们不仅在培养学生做人的智慧、学习的智慧、生活的智慧，其实，你们的教育也充满了智慧。您能否讲讲你们与其他学校不同的教育智慧吗?

吕校长:如,改进出行方式。每学年,学校都要组织学生春秋游,每学期,学校都要安排学生外出观摩考察。过去,组织外出的教育活动目标单一,只要去过就行了。现在,学校把每次学生外出活动,都看作是一次难得的观察社会、了解社会、融入社会的机会。

如组织四年级学生到长宁区图书馆参观。按照传统的做法,就是包车来回,不出问题就可以。为更好地锻炼学生,培养学生文明出行的良好习惯,学校组织学生以班级为单位,分组乘坐地铁前往。教师事先进行安全教育,告知出行的方法,还提出文明礼貌的要求。出行那天,在教研组长和班主任带领下,学生们井然有序,都能做到乘电梯时“左行右立”,等地铁时“站在一米线后”。在地铁车厢内,250个孩子竟无一人大声喧哗。到了图书馆,从门前集合,到整个图书馆活动结束,学生们都保持肃静,并经常互相用眼神、手势提醒。活动结束后,图书馆负责人都对学生的文明举止赞叹不已。

学校还大胆地尝试让低年级的学生也以小组的形式乘一回地铁。除了配备一定数量教师参加外,还邀请家长参加,家长们纷纷报名争当“志愿者”,目的地是“星期八小镇”。活动当天,家长志愿者及老师分别担任组长,带领学生先坐地铁二号线,然后转乘一号线,再步行至“星期八小镇”,尽管路途遥远,几经周转,可整支队伍精神抖擞,文明有序,充满着欢乐,充分体现了蚂蚁“团结互助的友爱精神”,此时,家长牵着的不是自己的孩子,而是组内最顽皮学生的小手,教师一前一后早已成为“孩子们的妈妈或爸爸”。一天的体验活动快乐而有趣味,社会实践活动让学生学会合作、学会谦让,学会生活。每次活动都进行相应的智慧蚁、文明蚁的争章、考章评价。

又例如,改进评价方式。以前,学生春游秋游、集体看电影,去了,安全回来就可以了。而如今,我们觉得,整个社会实践活动过程,就是培养学生良好行为习惯的最好场所,应该从规范学生行为习惯做起,培养他们良好的社会道德品质和文明行为。我们把这些看作是对学生个人和对班级集体的评价与考核。依据课程计划,每次活动都做了详细的纪律规定。如制定了学生在电影院、公园应遵守的具体行为规则;教育学生在乘车、乘地铁时应该尊老爱幼,应该遵守乘车的相关规定;尤其在出发前,组织学生认真学习与出校门、穿马路等有关的交通法规。再结合学习蚂蚁“团结互助的友爱精神”，使评价方式有了针对性，促进了学生成为社会合格小公民的意识。

另外，学校还强调了各种教育的融合性和叠加效应。让学生看电影、儿童剧等，都事先让他们了解与之相关的背景，学习欣赏的视角与方法。春秋游去公园，各科教师要尽可能地结合学科教学特点，让学生带着学习任务去考察。学校还重视对学生生活能力的评价，如，设计去公园的最佳路线、辨别方向、学会认识公园的导游图、实地观察植物生长、欣赏花草树木的美等等。

记者后记

“小蚂蚁大智慧”的教育效果如何呢？记者仔细观察到了，学生上下楼梯都能自觉地顺着印有小蚂蚁的标识靠右走。课间、午休，一部分学生在教室里玩“数趣”游戏，一些学生在走廊上有秩序地排着队玩着印有各种图案的中外地面游戏。还有许多学生安静地或坐或趴在各个层面敞开式的阅览广场看书。给记者的感受是，学校是安静的，又是欢快的，是整齐的，又是斑斓的，真像是一个洒满阳光的智慧庄园！

学校德育的途径和方法是实现既定教育目标的必要条件。天山第一小学的学校德育工作给记者最大的感受是，能将全新的教育理念，化为扎实的、具体的、有效的教育途径和方法。让德育植根于儿童的世界和生活中，珍视儿童生活的价值和情趣，尊重儿童的教育规律，探求了一种儿童喜欢和愿意接受的教育方式！

“为者常成，行者常至。”在教育改革的大潮中，可能我们每位教育工作者，都只能算是一只“小蚂蚁”，我们需要勇气和智慧不断探索一条适合各自学校的教育之道、发展之路！

（撰文　周元祥　董陈）

教育就是点燃

上海市奉贤区教师进修学院附属实验小学校长　何哲慧

划一根火柴，闪亮一下就熄灭了，但用一根火柴去点燃一盏灯，却能够发出比一根火柴大十倍、百倍、千倍、万倍的光芒，乃至释放出无法估算的能量。

教育也是如此。我们坚信每位教师、每位学生、每位家长身上都蕴藏着无限的潜能，他们本身就是一盏盏明灯，学校教育就是去点燃，让他们焕发无限的激情。

点燃每位孩子的成长激情，教育工作者首先要蹲下身子平视孩子，认识孩子。什么是好孩子？考试成绩好+行为习惯好吗？显然，我们忘记了他们原本是一个生命，是一个孩子，是一个个有生命的个体，他们有血有肉，他们有不同的兴趣爱好，有不同的习惯能力，他们来自不同的家庭，有不同的生活经历，有不同的学习基础……每一个他或她都是唯一的，所以简单地用分数来衡量孩子的好与坏显然是错误的、不公正的，甚至可以说是对生命的扼杀。

点燃生命，我们不仅要关心生命的今天，还要关注生命的明天。小学面对的是处在人生最重要时期的、具有奠基意义的发展阶段的少年儿童。我们理应尊重学生的生命，促进学生生命的成长、发展。即让孩子们在身体、知识、能力、品德、审美、心理健康、真善美等方面得到陶冶、锻炼和提高，使孩子们在教育中获得最有价值的生命养分，为他们的未来生存做好充实的准备。因此，教孩子5年，就要为孩子想50年，为国家民族想500年。

点燃生命，就要激发他内在的动力。其实，每个孩子的内心都渴望进步，渴望成功。孩子不是容器，教育不是灌输。是生命就要唤醒他的生命自觉，开掘他的生命潜能，激起他无限的生命活力，使每一个他都能熊熊燃烧，点燃的力量有时候可以让石头开花，让每个孩子成为最棒的自己。

当我们站在孩子的角度去思考的时候，学校就会有更加丰富的内涵。学校是孩子们学习的地方，学校更是孩子可以充满选择的地方，让每个学生在丰富的课程中实现学习的权利。关注每一个孩子的内心世界，通过课程的浸润使得其内心世界丰富而有追求。校园里活跃的形形式式的社团活动是课程，每个月人人参与的富有校园特色的校本节庆是课程，走向社区的爱心义卖、社会实践是课程，甚至一个学生走进校园所遇到的每件事，看到的每个场景，涂鸦的每一堵墙壁，种植的每一颗树苗，都是课程。在丰富而充满选择的校园中，课程就是沃土、是火种，让学生懂得感恩、接受挑战、体验成功、学会协同，焕发出勃勃的生机。

点燃每位教师的发展激情，必须使校园成为教师的幸福家园。教师就是学校最大的财富。作为校长，左眼是教师，右眼是学生，学校的一切工作是为学生，但校长眼里先要有老师。只有校长眼里有老师，老师眼里才会有学生。“让每一个孩子成为最棒的孩子”的同时，还要实现“让每个教师成为最好的自己”。只有点燃教师的专业激情，让他自觉发展，使教师的能量无限大，才能使教师成为点燃学生的火种。

教师的激情首先来自于自身人格的完善，有健康阳光的心理，及对教育的无限爱心与责任。只有这样，他才能把学生装在心里，才能用心做教育。因此，将师德建设课程化，大力弘扬高尚师德，才能提高教师的教育境界。

教师的激情来自团队的力量。佐藤学说：教师要成长为一个专家，必须进行教师间的相互学习和研究，让教师与教师之间形成学习共同体。学校实实在在的教研活动、扎扎实实的基本功训练、真真切切的案例反思、真心诚意的师徒带教……才能让教师共同学习、共同成长。

教师的激情还来自积极的引导评价。只有感受到阳光、雨露的花儿才开得最艳。要让学校的评价成为教师发展的推动器，因此我们要给予每个教师充分的发展机会，突出不同教师的能力和个性，从而培养特色教师，形成特色课程。我们更要对教师充满姐妹般的温情，在浓浓的人文关怀中，凝聚人心，实现让一个灵魂唤醒另一个灵魂，一个生命点燃另一个生命的神话。

今天对教师负责，就是对学生的未来负责，对学生未来负责，就是对国家的未来负责。教师的培育，是一项心智工程，需要使命感与责任感并重，科学性与操作性并举，示范性与实践性并行，只有这样才能让教师的专业成长成为教育理想的一种文化自觉，成为教育生命的一种激情迸发，成为教育生涯的一种绿色生态。

点燃每位家长的参与激情，要使校园成为家长信赖的学园。北京奥运会的举办，让无数外国人走进中国，也让世界重新认识不一样的中国。开放的心态，就是尊重，尊重的结果就是理解和支持。小学校打开校门就会有大资源。

最希望孩子快乐成长的人，无非是家长和老师，既然我们有着共同的目标，为什么不走到一起来呢？综观现代教育，我们不难发现，不管是东欧、北美，还是中国的香港、台湾，越是优秀的学校，其家长对教育教学管理的参与程度就越高。可见，家长和社会增强对学校教育意义的共识和认同是创设良好的教育环境的重要环节，因此，我们认为学校的发展必须打开校门、多方协同、开放教育，点燃每一位家长的参与激情，让每一位家长成为学校教育的积极参与者。

学校要密切与家长的联系，学校、教师、家长的教育目的是共同的，都是为了孩子的健康成长，家长是教师的教育伙伴。建立飞信服务、严格家访制度、设立家校联系本、开设家长学校频道都是很好的联系渠道。

学校肩负着教育家长的职责，每个孩子都有每个孩子的不足，每个家庭都有每个家庭的情况。针对不同的问题，学校就要分层指导家庭教育，开展切实有效的家长学校联系活动、祖辈家长会、家教咨询活动、家长开放日、《父母课程》读书活动。有针对性的家教指导，有助于家长自身素养的提高，更让家庭教育成为孩子成长的坚实后盾。

学校还应让家长全方位参与学校的教育。越是开放透明的学校越能得到家长的理解，越能形成教育的合力。在双方平等信任的基础上，家长驻校值班、处理信息、听课评课、家长上课……家长发挥着教育的监督、协调、策划、服务、宣传、评价等多元的功能。家长潜能无限，无关家长文化层次、社会背景，其实只要有爱心、有热情，就能为学校教育弥补空白、增添亮色。

学校倾听家长的意见，满足家长的需求，家长就理解学校的教育，支持学校的工作，成为学校最好的教育资源，最后得益的还是孩子。

社区也是学校很好的教育资源。无论学校身处繁华的都市还是偏僻的乡村，其实都有许多的周边资源，历史人文、地理环境、风土人情、经济特色……心有多大，资源就有多丰富。让孩子们走出校门，学工、学农、学军……在广阔的课堂收获不一样的体验，那种实践中的收获是最快乐也是最珍贵的。

学校就是要相信，相信每一个人的巨大潜能，相信每一个人都会有不一样的成功。教育就是要千方百计地找到点着潜能的燃点，让每一个人焕发出勃勃的无限的独特的光与能。

办有灵魂有信仰的学校

上海市奉贤区教师进修学院附属实验小学

2007年9月，奉教院附小诞生在南上海奉贤南桥新城这片热土上。开办之初，我们面临了多重困境：师资短缺，学校开办第一年仅有31位教师，他们来自不同的学校，不一样的文化背景，不一样的教育资历，急需磨合；新城处于刚开发阶段，入住率也非常低，周边又是南桥老城区，名校、老牌学校林立，区域内的家长都处于观望状态，生源也不足。

如何办一所老百姓信赖的学校？附小人开始了自己的思索，并立志办一所有灵魂有信仰的学校。教育是信仰的事业，就要传承自己的民族精神；学校是人文教育的场所，就要有自己的办学主题。我们把"明德·厚学"作为校训，建构学校文化。我们以"为每个孩子打造最亮丽的人生底色"为办学思想，志在让每一个孩子体验当前学习的快乐，为他们的未来生存作好最充实的准备。我们信仰"点燃"教育，我们坚信每位教师、每位学生、每位家长身上有着无限的潜能，教育就是"点燃"。因此，我们搭建多元平台，点燃每位教师的发展激情，使校园成为教师的幸福家园；构建丰富课程，点燃每位孩子的成长激情，使校园成为学生的成长乐园；全面开放校园，点燃每位家长的参与激情，使校园成为家长信赖的学园。

一、点燃每位教师的发展激情，使校园成为教师的幸福家园

教师，永远是办学的最核心元素。之所以称为优质教育，其实是优质教师在其中起到了主要作用。显然，不论一所学校办学时间长短，培育一支拿得出、打得响的师资队伍，是实现办学目标和教育理想的基石。

1. 哺育教师心灵讲究"细而真"

学校开展《点燃式"明德"教师师德重塑》校本百分制培训，让教师们建立正确的师德观，达到最佳的工作状态。如今，这样的师德理念已如丝丝春雨深入教师们的

心中。如：

礼仪——让教师更优雅。每学年开学初，对全体教师进行礼仪教育，包括上课礼仪、用餐礼仪、交往礼仪、办公礼仪……制定教师忌语50句，民主评选礼仪教师，让教师们自觉摒弃有违师德的言行。

感恩——让生命更美好。小小故事会上，教师们讲身边的事、赞身边的人。“心心墙”上张贴满了教师、学生、家长之间最真诚的感恩卡片。

读书——让心灵更滋润。我们学校给每位教师订阅了一本教育教学杂志。读书会中，有时阅读名家名篇，有时组织组室同书异悟活动，在感悟交流中，让教师们对同读书目更好地消化吸收。

论坛——让思想更活跃。每年的论坛活动都有不同的主题。从专业发展、职业幸福、规划展望、团结协作等不同角度开展，将学习的主动权交给老师，改变政治学习领导“一言堂”的局面。

关爱——让心胸更博大。教师间开展“温馨校园关爱行”活动，营造了温馨的人文氛围。师生间开展“关爱成长行动”，每位教职员工与学困生结对，进行无偿帮教。学校每周开设爱心班，教师们节假日送教上门。如今，与有偿家教形成鲜明对比的是，教师们用自己的钱为学生购买学习资料、学习用品，给学生发进步奖……他们正用无私的爱心铸就师德的丰碑，带来了教育的清新之风。

2. 夯实教师基本功讲究“严而实”

基本功是教师专业成长的基石。学校教师从31名增长到91名，每年都有新教师进入。为每位教师明确奋斗目标是当务之急，我们针对一年期、三年期、五年期不同阶段的教师特点，制定了“987”工程，从教育能力、教学能力方面提出要求。

教师类型	教育能力	教学能力
一年期教师	会开家长会、会家访	会演讲、会三笔字、会计划、会听课、会备课、会控班、会仿课
三年期教师	会上班队课、会设计教育活动、会谈心	会独立上课、会命题、会设计作业、会评课、会论文
五年期以上教师	形成教育教学风格	会设计学科特色项目、会主持教研、会带徒弟、会做课题、会开设讲座、会公开教学

在附小，每位初入职的教师进校都会读《初为人师》，每天都会主动地写下成长日志，每周都会练习三笔字，每月进行一次捉“虫”课，每学期都要进行一次演讲比赛……“六个一”的自我打磨系列活动，练就了教师们过硬的专业发展基本功。

作为一名教师就要有一手漂亮的字，然而现在的教师能写一手端正的字似乎也成了困难。于是，学校要求每位教师参加上海市教师钢笔书法培训，邀请上海市书法协会暨书法展示馆副馆长孙展老先生到校作讲座，教师们每周练字请专家批阅，每学期进行钢笔字、粉笔字的考级。如今，教师们的字越来越漂亮了，17 位教师的作品入选《2009 年上海市奉贤区教师硬笔书法作品选集》，学校被授予上海市教师钢笔书法培训基地的称号。

同时针对全体教师，开展了各种岗位练兵活动，以此为教师的专业持续发展加油：(1)制定一份个人规划；(2)做一次学科本位知识测试；(3)上一节课堂教学展示课；(4)每学期出一份试卷；(5)研究一个草根课题；(6)写一篇教学案例或论文；(7)作一次专业书籍读后讲座；(8)开发一项拓展课程。

每学年暑假的本位知识让教师成为合格的“驾驶员”：语文下水文、英语口语对话、数学解题、音乐即兴弹奏……教师们在一次次练兵中迸发了再学习的热情。我们让教师挖掘潜能，开发一项拓展课程，成为一专多能的学生喜爱的教师。

对教师的培养，起点高意味着立意高，并蕴含着起步稳。教师在学校“第一要务”中掘到了成长的“第一桶金”。

3. 建设教研团队讲究“宽而高”

(1) 引导教师迅速入轨的七大带教模式。教研团队是教师成长的摇篮，具有强大凝聚力的团队合作文化就是激发教师内在发展的最大动力。在附小形成了七大带教模式，即：名校名师带教、区教研员带教、校内名师工作室、校内行政带教、组内骨干带教、组内同伴互助、外引专家指导。

五年里，学校尽管师资紧缺，但先后派出 9 位教师赴一师附小参加带班学习，由名校名师带教，教师们得益匪浅。新教师晓燕说：“我真幸运，带教老师就是全上海鼎鼎有名的王珏老师。我就像一个刚入学的小学生，她时刻把我带在身边，每天安排我听她的家常课，更是手把手地教我如何备好课、上好课。”本来胆小得上课缩在讲台边的她如今已经在区内频频亮相，也当上了别人的师傅。每学期，我们分科分批组织教师和浙江、江苏、市内许多名校一起搞教研、一起交流管理工作经验，让教师们开拓思路，打开视野。

可喜的是，附小的教师们都会争先恐后主动提出要到校外学习深造，俨然已形成了“我要学”的良好势头。如，因为人员有限，美术老师小唐没有得到市区培训的机会，她唯恐自己专业发展比不上人家，哭着来找领导，表达自己也想出去学习的心思。看着那么好学的她，学校破例作出决定，让小唐与另一位美术老师轮流去参加培训。这一份好学劲头当然要呵护！这样的例子实在是举不胜举。

学校让教研员与教师一一结对，前者上门指导，带后者出去亮相，甚至同台上课。如英语教研员蒋老师与徒弟潘青共备一节课，师徒二人各上半节，同台完成一堂英语课教学。教研员激情迸发、有效拓展的课堂教学深深征服了小潘老师。

此外，充分发挥学校内的名师引领作用，让校内的名师带年轻教师。朱玲、张春梅分别被评为区名师和优秀中青年教师，他们在学校成立了语文青年教师成长坊。张老师的教室里，每周一上午总能看到一帮“小年轻”正聆听她精彩的课，从中汲取无穷的养料。

(2) 激励教师发展的篱笆式教研。教研团队是教师成长的摇篮、课程建设的基地。

篱笆式教研的原则：弱化学科知识的年级纵向界限，实现学科教研统整。强化年级组的各学科教育教学功能，打破学科横向界限，关注学生群体与个体的成长。凸现多元研修亮点，教研组进行基于实际问题的草根课题研究。譬如：三年级起步作文如何梳理写作能力要求？二年级英语如何进行文本再构，编写小故事提高学生语用能力？在每学年的第一学期开学初，我们都要进行课题选题指导，课题开题报告遴选及开题 PPT 论证会。

篱笆式教研的模式：合作派位、跨科诊断、主题评比、循环研讨和课前干预。所谓合作派位课，说得简单点，就是一个备课组中，你备课，我做课件，她上课，其余的老师或设计学习单，或说课，大家各司其职，完成一堂课的教学。起初，我们也有疑惑，这样行吗？实践下来，我们欣喜地发现，教学各环节环环相扣，每个环节都有大家的参与，既发挥各自所长，又凝结着集体的智慧，上完一堂合作派位课，大家都有一种脱胎换骨的感受。

如为了让职初教师尝试课堂教学成功的愉悦，在课堂中提高教学的有效性，我校对此进行了实践探索，初步形成了“课前干预”式职初教师培训模式。

“课前干预”新教师培训活动模式图式如下。

干预者（带教教师）		被带教者（职初教师）
提供课例	→	独立备课
↓		↓
方案纠正	⇄	模拟上课
↓		↓
评析点拨	→	同伴示范
↓		↓
理论提升	→	总结反思
		↓
		课堂实践

师傅和同伴们就是干预者，他们向职初教师提供一些优秀课例，新教师们在认真研读的基础上，独立备课，而后给师傅和同伴们模拟上课，大家对教案作出评析。有时，还会来个角色互换，相互示范教学，经过大家的点拨，职初教师及时反思备课，作出调整，力求带给孩子们智慧的教学。有效的“课前干预”能点燃职初教师专业成长的热情，使他们“上手快”、“后劲足”。

对青年教师的培养，路宽显示着成长多元，严格有利于有规有矩。我们的老师在快速成长，在市诗歌朗诵比赛中荣获团体第一名，每学年各学科都有市区级各类展示活动，全校有40多位教师在市区级范围担任过公开教学任务，在市中青年教师教学评比中，3位教师获一等奖，2位教师获二等奖。在区一、三、五年期教师教育教学能力考核中，我校教师成绩名列前茅，18位教师获综合优秀奖，其余教师分获单项奖，获奖率达100％。

教师发出由衷的感叹：“在奉教院附小工作，让我褪去了彷徨和迷茫，多了一份热爱和自信。教育，让幸福溢满我的心房！我更要将这种‘幸福’进行到底！”确实，榜样的力量就在身边！“人人皆师傅”悄然已成一种行为自觉，团队的良好氛围使新教师们的幸福感愈燃愈烈！

4. 教师人文关怀讲究“亲而浓”

教师是学校的宝贵财富，不仅要用人所长，而且要关怀到位，只有在浓浓的真情中才能增强教师的归属感。

教师专业上的困惑要聆听。学校领导班子每人分管一个年级组、负责一个教研组、带教一位新教师、上好一节示范课，忙碌在指导、服务教师的第一线……学校每学年培训方案的拟定，总要广泛征求教师的意愿，以便对症下药；在每个组室都有一本《心心交流本》，教师可以随时将自己的建议记录下来，由学校行政人员在最短时间内给予答复。

教师生活上的困难要帮助。学校想方设法为来自山东的青年教师装修了温馨美丽的宿舍，为单身教师举办相亲会，为没有工作的教师爱人安排岗位，为教师子女解决就学难题，了却他们的后顾之忧。每学年，学校领导对教师一一进行家访，还定期邀请教师父母、公婆、爱人来校座谈，感谢教师家属的付出，更倾听他们的意见建议。

教师的课余休闲活动要丰富。学校邀请心理辅导专家给教师开展团体辅导，舒缓教师的情绪。每一个月的时装表演、健身舞美、踏青郊游……是教师心中的温暖阳光。

二、点燃每位孩子的成长激情，使校园成为学生的成长乐园

教育的本源是学生，课程是在校学习内容的总和，也是滋养孩子的生命土壤，更是学校办学思想、特色文化的具体体现。一所有追求的学校，应当有自己的课程哲学，应当有自己的课程文化，应当有自己的课程灵魂。我们以“明德”为经，以“厚学”为纬，充分挖掘蕴含在它们里面的文化元素，精心编制学校课程方案：《我是一轮绿太阳》。

1. 优化基础型课程——让所有学生共同发展

基础性课程需要校本化的实施，结合本校基础型课程开设实际，我们对基础性学科课程进行了重组、充实、更新和拓展，并尝试各学科的分项评价，扎实有效进行教学，使学生掌握基础知识，培养基本能力，养成良好习惯。

(1) 重组:我们致力于基础学科特色的培养,教研组力求找到适合校本个性的学科新增长点,基于教材,对教材中的相关年级段的线性或螺旋上升的知识结构和内容进行二度整合与统整,并形成序列和特色。例如数学学科从解读"二期课改"课程标准开始,进行了学情与教材的比较,将各年级中具有线性或者螺旋上升特点的知识点,在每学期开学前进行统整,使每位老师建立一棵知识树。乘法分配律的教学,从二年级的初步接触到三年级的渗透教学再到四年级的重点学习到五年级的巩固提高,形成了相应的统整指南。

(2) 充实:针对现行教材中的一些知识点留白处,进行内容的充实、作业的拓展、方法的补充。如语文学科,我们进行一篇带几篇的教学,着力于设计基于教材的有效教学方案,形成一年级《春姑娘,我想对你说》、二年级《祖国河山任我遨游》、三年级《春来到了我的身边》、五年级《花海探秘》等序列拓展作业,充实了原有的基础型语文课程的教材。我们每月在学校网站"浓浓书香"栏目中推荐适合老师、家长和学生阅读的书籍;每月在每个楼层的图书角、学校的厚学轩更换书籍;每月在图书馆外墙的绿绒板出一期图书馆黑板报——新书推荐、书评展示等等;阅读明星和管理明星评选活动;教师读一本好书的读书讲座;制定附小五年内必读50本书计划。图书馆专职老师开设阅读指导课,使学生的读书笔记本《采蜜集》更丰富、更有内涵。

(3) 更新:不可否认,现行教材中的内容有滞后,有与学生实际不服的现象。这就要及时更新,及时凸显与时俱进的相关知识体系。例如英语学科在进行文本再构之后,将原来教材中的内容更新成为语境片断,使英语学科的知识体系更加贴近学生实际,内容更加丰富。

(4) 拓展:我们主要采取课堂延伸的方法,引领学生体验和实践知识在生活中的运用。如数学课学习了《人民币的认识》之后,设计活动课《小小采购员》,让学生合理正确地利用自己的零花钱;学习了《米、千米》的知识后,我们设计丈量活动课,让学生亲自量一量自己的校园跑道有多长,我们的开心菜园的长和宽分别是多少,从而增加学生的感性认识。各科每学期有丰富的主题周活动,充实了基础型课程的活动,如数学主题周的算二十四、讲数学名人小故事等激发了学生极大的学习兴趣。每周三实行长作业日,采用小课题研究、项目设计等方式完成一个个小小的主题探究活动,我们的校园屋顶就是由孩子们自己设计开发的。

2. 多彩综合实践活动，让所有学生精彩成长

课程，就是想方设法点燃孩子心中的那盏明灯，激起他无限的生命活力，就要开发、整合优质资源，就要丰富课程的形式和内涵，在多元选择中让每个孩子成为最棒的自己。我们的综合实践活动将拓展与探究课程有机整合，分为六大板块：特色课程、活力六十、主题教育、基地实践、自主假日、阳光健身。

(1) 特色课程：学校充分发挥师资特长、引进专业教练，将国画、游泳、武术作为特色课程，使学生个个参与。二三年级学生每周进行100分钟游泳练习，让学生人人学会游泳。各年级各有一个班每周两节国画课；我们的校园水墨飘香。每天20分钟的“功夫小子”，让附小的每一个孩子在习武中强身健体。

(2) 活力六十：每周的星期五下午是孩子们最快乐的时间，“我的课程我主张”，完全打破班级、年级限制，课程由孩子们自由选择，更由孩子们来评价教师，评价课程。

这样的选择方式迫使每位教师精心设计方案。每年暑假，我们根据学生的需求、自身的爱好特长进行拓展课程方案的申报工作，申报内容包括课程名称、课程目标、课程内容、适合年级、课程教材、预期成果等，经学校督导室审核后，把课程的开发和实施列入教研活动的内容之中，运用教师团队的集体智慧对课程内容进行定位，通过大家的研究、讨论来完善课程规划，最后由执教老师撰写科目设计方案。

学校还外聘市国际象棋教练，少年宫、老年协会等机构的专家，有一技之长的家长一起参与拓展课的建设。目前已形成文史类、艺体类、科学类、应用类等50多门教师拓展课程，10多门家长课程，拓宽了孩子们学习的空间，激发了他们的无限潜能。

(3) 主题教育：学校德育活动应该要课程化，我们举办富有文化特色的“六大节庆”活动，即三月感恩节、四月自然节、五月艺术节、九月劳动节、十月读书节、十一月游戏节。每一个节庆都有系列的、明确的阶段内容与目标。各年段的仪式教育如一年级的入学典礼教育、入团仪式教育，二年级的入队仪式教育，三年级的10岁集体生日仪式教育，五年级的毕业典礼教育等限定拓展型课程都要求全员参与，体验成长步伐。根据各种传统节庆活动进行活动设计，比如三五学雷锋、教师节、十一国庆、重阳节等，让学生在参与活动的过程中争得节庆章。少先队注重小小社团的建

立，本着社团的自主和自发性原则，“小蜜蜂”社团、“小孔雀”社团、“小黄莺”社团、“小飞鸽”社团的每位队员活跃在自己的岗位上，尽职尽责为队员服务。有以班级为单位的快乐雏鹰假日小队活动社团、“快乐小天使”社团、“小太阳”社团等，这些社团的成员走出校门去学习课本上学不到的知识。

（4）基地实践：无论学校身处何处，都有许多的周边资源，历史人文、地理环境、风土人情、经济特色……心有多大，资源就有多丰富。我们新学校在新的社区，有大型的高科技企业，有现代化的农业园区，有繁华的商业一条街，有设施齐全的健身馆，一切都是很好的教育资源。目前已经形成了食品制作、海防知识、果树栽培、营房探秘、电力工程等18家校外教育基地，开设了“树木寻访记”、“特色街探秘”等探究活动，孩子们学工、学农、学军，在不一样的课堂收获不一样的体验。学校又开辟了3亩多荒地为学生的“开心菜园”，孩子们播种、施肥、收割、卖菜，那种实践中的收获是最快乐也是最珍贵的。

（5）自主假日：双休日、节假日也是课程建设的重要组成部分，各班成立家长导师团，每月由学生和家长自主设计假日课程方案，自主组织活动。请看这一个月来二年级的假日活动：3月5日，二年级二班部分学生及家长代表冒着绵绵细雨，来到了上海广慈福利院，与孤残儿童爱心相连，一起感受了“春天般的温暖”。2012年2月24日下午，三班17名小朋友和10名家长志愿者在大队辅导员的带领下来到奉贤特警支队参观学习。2月14日，当人们沉浸在爱情的甜蜜中时，一班的20名同学手持玫瑰花，来到百联开展义卖活动。

（6）阳光体育：我们认为学生的健康就是最亮丽的一道风景线，学校利用一切资源，做到人人有体育项目、班班有体育活动、学校有体育特色。活动时间有保障，每天早上8:15—8:35有20分钟阳光健身活动，每天中午12:20—12:40有20分钟的午间乐园活动，每天下午15:10—15:30有20分钟大课间活动，在体育课之外，另外确保了每个孩子每天阳光健身活动一小时。活动内容有保障，只有丰富的有序的健身活动才能更吸引孩子，使锻炼更有实效。早上依次是周一感恩操、周二广播操、周三武术操、周四集体舞、周五广播操。中午孩子们在健康园、各层大厅、走道，体育馆等，以游戏为主，玩神奇坦克兵、铺铁轨、造房子、玩跳跳球、滑滑梯，孩子们笑声朗朗。下午大课间活动以各年级规定项目为主。一年级踢沙包、二年级跳短绳、三年级抖空竹、四年级玩呼啦圈、五年级跳长绳，规定项目与自选的游戏相结合，让孩子们玩得生龙活虎。

3. **绿太阳课程档案袋，促进学生个性发展**

教育绝不是功利，评价起着重要的激励导向作用，我们为学生建立了《绿太阳课程档案袋》。在档案中，记录了学生各科的真实学习情况，收集了学生各项活动的过程资料，有自己的评价、反思和体会，也有教师、同学和家长的评价，是孩子可以珍藏一生的五年小学成长录。

（1）评价项目具体化。如语文课每学期开展写字过关赛、班班朗读赛、阅读积分赛、当场写作赛；英语更注重在朗读、书写、会话等方面科学评价学生。音体美自学科，每学期期末进行人人参与的项目展示，美术作品展示、音乐歌曲汇演、体育队列展示、自然小实验、电脑制作等，敦促各科教学扎实开展。

（2）评价标准分层化。每学期针对不同层次的学生，确立不同发展目标及相应评价标准，设立各类单项奖：坚持奖、毅力奖、小白灵、小孔雀奖、“活力六十”之星等，对努力的后进生还设立了潜力奖，在主题教育课程中又设立了“感恩之星”、“劳动之星”等奖项来鼓励积极参与。因评价标准的分层，每位学生都能获得成功感。

（3）评价主体多元化。从单向转为多向，增强评价主体间的互动，加强自评、互评，使评价成为学生、教师、家长、管理者、社区和专家等共同参与、交互作用的活动，以多渠道的反馈信息促进学生的发展。

（4）奖励形式多样化。对孩子的奖励也应该要符合孩子的心理需求，只有丰富多样的奖励形式，才能更利于让学生在荣耀中自我激励。和教师的一个拥抱、和校长的一张合影、到景点的一次参观、升旗仪式的一次展示……都是奖励的形式，并被记录在档案中，每学期颁发的“明德厚学奖章”，每学年评选的“明德之星”，更是在隆重的“六一”庆祝活动上让学生收获成长的幸福。

序列型、多元性、选择性的课程使我们附小孩子都能做到八个会：会读书、会游泳、会武术、会游戏、会唱歌、会跳舞、会画画、会劳动。学校已形成了游泳、国画、武术、舞蹈等一批特色项目。附小学子和上海市小伙伴艺术团合作开展“相约滨海之秋”文艺汇演，和云南学生进行艺术交流，还开展“南京路天天展演”等活动。在广播操、武术、游泳项目上，附小学子在市比赛中争金夺银，科技、语言、数学思维类各项竞赛获奖不计其数。

三、点燃每位家长的参与激情，使校园成为家长信赖的学园

新优质学校是家门口的好学校，是老百姓自己心目中认可的学校。既然是好学校，我们就要打开校门，让他们走进学校。为此我们组建了家长志愿团，成立校级、年级、班级三级家长委员会，设立温馨的家长办公室，建立家委会博客论坛，形成了一套家委会的办公制度，让家长全面参与学校的教育教学。

1. 让家长成为学校的监督员

家委会选取一些家长作为学校监督员、“校园安全监督员”，不定期抽查学校的安全设施、安全工作，还对家长反映的安全问题进行核查，并督促学校在予以解决后向家长反馈解决结果。“卫生顾问”不定期检查食堂卫生，监督每周菜谱，保证学生的饮食质量。“师德检查组”通过学生问卷调查教师的师德表现，通过家长座谈会交流对教师教育教学提出意见和建议，通过网上论坛了解“师德五不准”的实施情况。

2. 让家长成为学校的协调员

家委会的协调员们经常利用家长论坛等途径传递学校对家庭教育提出的要求和任务。他们通过与学校职能部门交流，解决家长反映的一些问题；通过自身的社会资源与社区协调，帮助解决学校的困难；甚至家长与家长之间的矛盾、误会的调解，协调员也发挥着积极的作用。

3. 让家长成为学校的评价者

家长全面参与学校的一切评价活动，在家长开放日，家长对教师的课堂教学进行评价，教师的主题教学评比也由家长代表评价；每月学生行为评价，演讲朗诵比赛的评价……学校的“明星教师”、“明星家长”、“明德学子”等评比活动都让家长投上庄严的一票。

4. 让家长成为学校的策划者

每学年开学初，家委会就和学校商议学年计划，策划设计教育活动。为了提高孩子们的劳动意识，家委会成功策划了“劳动节”，为了丰富假日活动，策划了“假日

快乐家庭手拉手”活动。如在元旦的庆祝活动中，家委会自发募资，自动组织去上海为每个孩子购买新年礼物，并积极排演节目，给孩子带来欢乐，让每一个孩子沐浴在新年的喜悦中。

5. 让家长成为学校的服务者

学校有一支庞大的志愿者队伍，进行游泳护导、环境布置、活动护送、游戏指导……服务在校园的每个角落。家长游泳护导和教师一起带队去游泳馆，冬天游泳护导为孩子吹风、梳理；学习辅导志愿者为孩子辅导功课，环境护导志愿者傍晚一边打扫教室，一边指导学生劳动。

6. 让家长成为学校的讲课师

家长们积极参与学校的课程开发，十字绣、小记者、花灯制作、点心制作、读书读报、象棋、丝袜扎花、航模制作、开心菜园，10多门课深受孩子们的喜爱。除了定时的课程以外，家委会还开发了短时的课程，让一些有专业知识的家长为学生作讲座，如法制知识讲座、海防知识讲座等。

7. 让家长成为学校的宣传员

家委会有一支宣讲团，向社会宣传学校教育教学活动以及取得的成绩，开设家庭教育讲座，在家长会上对全体家长现身说法，学校每年评选出的“明星家长”也成为了家长们学习的榜样，使全体家长的家教观念有了更新。

家委会办公制的建立，改变了传统家委会的“花瓶”地位，突破了传统家委会工作的随意性，拓展了多元的功能，更增强了家长的主人翁意识。

在短短五年的办学过程中，学生从301名到1 355名，学校不仅成为奉贤人民家门口的好学校，而且在社会上渐渐享有了一定的声誉。学校获得全国优秀家长学校、上海市文明单位、长三角教科研优秀团队、市新优质学校、市少先队示范校、区办学水平一级甲等优质校、教师专业发展基地校等120多项奖项。

学校的办学特色受到原市教卫党委书记李宣海、全国教书育人楷模于漪老师的高度肯定，《文汇报》为我们作过特色学校的专栏介绍，《上海教育》杂志、上海教育台、奉贤电视台也都多次作过相应报道。学校召开了全市课程与教学、市阳光健身现场会等各类市区级现场会20多次，也迎来了全国各地、市区各兄弟学校的参观学习者。

一所学校的历史不是优质的代名词，一所学校的生源也不是优质的关键，“新优质”是在项目推进中学校的不断发展。理想中的新优质学校，每一个教师的发展必定是最好最快的，每一个孩子的成长必定是最快乐最健康的，新优质学校的办学思想也必定是最开放最包容的，我们还在路上，我们将不断前行。

我的教育观

上海市金山区廊下小学校长　朱保良

我校是一所百年老校，具有浓厚的百年文化气息和深厚的百年文化积淀，校园文化已成为学校特色品牌，可谓“文渊德厚”；我校虽是一所普通的乡镇小学，但我们能仰望天空，志在高远，敢创一流，又能脚踏实地，行在脚下，行在细节，可谓“志远行近”。一所“文渊德厚、志远行近”的学校，一定是一所充满希望、走向成功的学校。而教育观是学校发展的主心骨，是对校园文化的提炼概括，集中地呈现着一所学校的精神风貌和价值取向。一所学校提出怎样的教育观，反映了学校对自己的定位，也在一定程度上预示着学校未来的发展方向。

作为一所百年老校，悠久的历史为学校今天的发展奠定了深厚的文化底蕴，长期的办学实践积累了很多成功的经验，特别是最近10年我们通过不断实践、反思和总结，提出并形成了富有特色、富有魅力、富有远见和富有文化内涵的教育观，更可贵的是我们的教育观在全体师生中形成了共识并不断地践行、奋斗着。

一、办学思想：思想是一切办学行为的指南和灵魂

1. 办学理念

以教师的发展促进学生和学校的发展。

2. 办学目标

学生：努力把每个学生培养成为快乐生活、健康向上、能歌善舞的开心果和全面发展、富有个性、乐于提问的智多星。

教师：着力建设一支师德高、学业精的智慧型教师队伍。

课堂：倾心打造充满生机和活力的智慧课堂。

学校：全力打造一所风气正、有特色的具有浓厚百年文化气息的新农村素质教育实验校。

3. 学校精神

传统精神：爱岗敬业，无私奉献。

时代精神：敢于创新，争创一流。

4. 教育意识

每个学生在教师心目中都是好学生；

每个教师在学生心目中都是好老师。

每个孩子在父母心目中都是好孩子；

每个父母在孩子心目中都是好父母。

5. 学校校训

方方正正做人（行好礼举止美、说好话语言美、做好事行为美）。

踏踏实实做事（从小事做起、从身边做起、从自己做起）。

6. 学校三风

校风：好好学习齐努力，天天向上创佳绩。

教风：

爱教（爱学生、爱学校、爱务实、爱创新）。

智教（善于培养学生兴趣、善于激发学生思维、善于组织学生参与、善于引导学生合作）。

学风：

乐学（乐思考、乐提问、乐动手、乐合作）。

智学（兴趣高、思维活、参与强、合作好）。

教风学风关系：只有教师爱教学生才会乐学，只有教师智教学生才会智学。

7. 工作作风

求实：真抓实干，狠抓落实。

求新：开拓创新，勇于突破。

求效：力求实效，争创一流。

8. 办学承诺

让学生成人，让家长放心，让社会满意。

二、人文管理:以人为本是学校管理最核心的理念

1. 民主

每个教师都是学校团队中不可缺少的一员,每个教师都是学校的主人,每个教师都是学校的管理者。

2. 人文

要尊重每个教师,信任每个教师,关心每个教师,用发展的眼光正确评价每一位教师;对教师要宽容而不迁就,呵护而不袒护,严格而不凌人。

3. 和谐

真心换真情,真诚换信任。用欣赏的眼光挖掘教师的优点,用尊重的语气和在适宜的场合指出教师的不足。

互帮互爱、团队合作是教师间最真诚的友谊,宽松和谐、积极向上是教师最幸福的生活。

4. 实效

定我们能做到的目标,提我们能做到的要求,做我们能做到的事。虽然我们不能把每个教师都培养成为优秀的教师,但是我们可以让每个教师追求优秀,年年有进步;虽然我们不能把每项工作都做到优秀,但我们可以让每项工作走近优秀。

5. 评价

爱岗敬业、无私奉献是教师最美的师德;

善于思考、勇于创新是教师最佳的品质;

追求卓越、走向一流是教师最高的境界。

学校的一切荣誉都是每个教师共同努力的结果。

三、品德教育:追求真、善、美,杜绝假、大、空

(1) 要让小学生能够接受、容易接受,乐于接受就要注重"低、小、细、实",即教育起点要低一点,教育坡度要小一点,具体要求要细一点,训练内容要实一点。

(2) 多一点童趣、童真、童心，少一点成人话、套话、大话。

(3) 烧菜要讲营养和味道，教育尤其是对小学生的教育更要讲营养和味道，我们的拍手歌小学生为什么喜欢，就是营养和味道俱佳。

(4) 用小学生可学、可比、可亲的身边例子、身边人物教育学生往往能起到事半功倍的效果。

(5) 学校无小事，事事都育人；教师无小节，事事都示范；学生无好坏，个个是生命。

(6) 教育的每一天都阳光灿烂，学生的每一天都快乐健康。

四、课堂教学：因材施教是最有效的教学，授人以渔是最有用的教学

(1) 教师专业发展的主阵地在课堂，教师职业生命的价值在课堂。

(2) 课堂最能锻炼教师的水平，课堂最能提高教师的水平，课堂最能说明教师的水平。

(3) 用心聚焦课堂，用情聚焦课堂，用智聚焦课堂。

(4) 三步实践课是教师能力展示的最好舞台，平时家常课是教师工作态度的最亮镜子。

(5) 创英语特色，让农村孩子的英语水平也能像城区孩子一样好。

五、文化校园：文化是比制度更自觉更自然的规范

1. 文化氛围

学校的一切都是文化，学校的一切都是课程，学校的一切都是为了开启学生的智慧和润泽学生的生命。让学生闻到的是浓厚的文化气息，看到的是深厚的文化积淀，听到的是优美的文化旋律，悟到的是深远的文化启迪。

2. 校园环境

美丽的校园让你更可爱，可爱的你让校园更美丽。每处景点都是一件朴素的精品，每处景观都有一个动人的故事。

3. 校树校花

雪松：象征无论严寒酷暑永远天天向上的进取精神。

太阳花：象征小学生五彩缤纷的生活和阳光灿烂的笑容。

4. 廊小魅力

传统魅力：一张老照片、一间老房子、一块旧石碑、一棵大树、一批名人、一个教育理念（开启智慧，报效社会），这旧"六个一"就是百年廊小的传统魅力所在。

现代魅力：一个花园式校园、一门特色学科、一项特色品牌、一批特色教师、一个校本研修模式、一种办学思想，这新"六个一"就是百年廊小的现代魅力所在。

校园魅力：廊小是一首诗，深沉而悠远；廊小是一幅画，古朴而典雅；廊小是一首歌，欢快而悠扬；廊小是一曲舞，优美而多姿。这"诗画歌舞"就是百年廊小的校园魅力所在。

情感魅力：一日廊小人，一世廊小情。

5. 文化特色

文渊德厚、魅力四射、富有特色的一校六品（打莲湘、拍手歌、十景点、学鲜军、百年史、书香苑）是廊小六张闪亮的德育名片，是廊小校园文化的最大亮点。

6. 崇尚读书

读书让教师更智慧，读书让学生更聪明，读书让校园更书香。让读书成为教师的生活方式，让读书成为学生的第一爱好，让读书成为学校的亮丽风景。

六、校长追求：做一个对得起历史和现实的廊小人

(1) 办学有思想，工作有激情，管理有智慧，立校有特色，心中有师生。

(2) 远离荣誉，淡泊名利，以他人的成就作为自己的成就，以他人的成长作为自己的成长。

(3) 校长永远是学校矛盾的焦点和汇合点，对这些矛盾，校长不能推辞也无法推辞，不能回避也无法回避，而只能去面对，去沟通，去交流，以得到教师和班子人员的理解、支持和配合，合理地去妥善解决。通过沟通，能起到这样一个作用：想法不同的通过沟通能达成共识，想法相同的通过沟通能达成共鸣。有了共识，有了共鸣，

有了真诚,还有什么疙瘩不能解开?还有什么误解不能消除?

(4) 调动每个教师的工作积极性是校长最大的责任。

(5) 得到全体教师的真诚理解和支持是校长最大的幸福。

(6) 培养一支师德高、学业精的智慧型教师队伍特别是一支在区内外有影响的骨干教师队伍是校长最大的贡献。

(7) 创建一所风气正、有特色的具有浓厚百年文化积淀的新农村素质教育实验学校是校长最大的成功。

(8) 办学也好,做校长也好,“最好”是一时的标志,“更好”是永恒的追求。

上述六个方面提纲挈领的教育观,没有充分地展开,不作过度的铺陈,但每一条都来自于我和几代廊小人的思考和实践;以上朴实无华的教育观,没有深奥的理论,也缺少系统的序列,但每一项都是我们真心的独白和不懈的追求。

我的教育观,也是我们廊小的教育观。我要努力让我的教育观成为我校每个教师、每个学生所追求的目标和行动。

开启智慧　润泽生命

——一所百年乡镇小学的校园文化追寻和践行

上海市金山区廊下小学

东海之滨，蓝色的杭州湾旁有块金土地，富饶的金土地上有条绿长廊。古朴而美丽的百年老校——上海市金山区廊下小学，就坐落在这片充满诗情画意的上海市新农村示范区——廊下镇上。

百年廊小，非凡春秋。始建于 1904 年的廊下小学，历经百余年的前赴后继和励精图治，浸沉感染了浓郁的乡土气息与多彩的民俗文化，也积淀形成了优良的办学传统和独特的人文精神。这种文化和精神既是廊小生生不息、兢兢业业的传承血脉和力量源泉，更是廊小与时俱进、不断发展的坚实基础。走进今天的廊下小学，处处看到的是深厚的文化积淀，时时听到的是优美的文化旋律，每每闻到的是浓郁的文化气息，常常悟到的是久远的文化启迪。

校园文化是以学校为载体，通过历届师生员工的传承和创新，在长期办学实践中逐步积累起来的物质与精神成果的总和，是新时期先进文化的重要组成部分。它既包括环境层面的校园建筑设施等物质文化，也包括人文层面的观念、制度、行为等精神文化。前者是校园文化的物质载体，是校园文化的外显标志；后者是校园文化的精神体现，是校园文化内含的价值意义，是校园文化建设的根本目的。建设优良的校园文化，对于培养高素质人才，创建和谐文明校园，繁荣发展先进文化，具有十分重要的时代意义。

一、廊小的校园文化建设，以历史文化传承为基础

历史是一部厚厚的书，它积淀了人类的全部精华和智慧。学校长达一个多世纪的发展历程，饱含着无数仁人志士的善心、爱心、心血、智慧和理想，它是廊小最宝贵的精神财富，也是学校建设校园文化最坚实的人文基础。多年前，为纪念学校百年

校庆，我们下决心重修校史。在廊小 1983 年版的《廊小校史》基础上，广泛发动，四方征集，想方设法收集到了许多珍贵而富有教育价值的校史资料，经过整理精选，汇编成一本图文并茂的百年校庆纪念册《百年廊小》。全书分为“百年廊小不凡春秋”、“爱我廊小以心育人”、“塑我廊小求真务实”、“兴我廊小开拓创新”等四大篇章，系统而详实地介绍了学校历史和沿革，丰富而全面地阐述了廊小的办学思想和特色，多彩而生动地展示了校友、师生的精神风貌。《百年廊小》成了学校开展爱国主义教育、民族精神教育和实施素质教育的最真实、最生动的教材。校长朱保良在校庆庆典时动情地说：“小学教育是人一生中的启蒙教育，它为人的一生发展打下了非常关键的基础。一个人一生中最快乐、最纯真的童年时光就是在小学度过的，它会给人的一生留下许多难以磨灭的美好回忆。因此，廊小一百年的风雨历程，是每一个师生最值得欣喜、值得回忆、值得庆贺的一件大事。遥想当年，师恩难忘，学友意长；回望历史，故土情深，成绩斐然。这是学校一份宝贵的精神财富，是促进学校新一轮发展的坚实基础，更是廊下镇教育发展史上的里程碑，是全体廊下人民的骄傲。站在新百年的起点上，廊小人将进一步弘扬学校优良传统，坚持我们的办学思想和特色，最大限度地为农村孩子提供优质教育，力争为廊下教育谱写更绚丽的篇章，为廊下父老培养更多优秀的儿女，为现代化农业园区建设提供更多的高素质人才。”

百年庆典结束后，学校就申报了区级科研课题《利用校史文化，对学生进行传统美德教育的实践》开展研究，让这些丰富的历史资源，有计划、有步骤、有实效地渗透到学校的日常教育教学活动中去，复活在每个孩子的身上和心中。

在校园里，学校先后建起了廊小创始人纪念碑、革命烈士张鲜军雕像、百年庆典纪念碑、书香苑捐资者名录；保护修缮了老房子校舍、创办人纪念堂遗址、三块柱石遗迹；还别具匠心地设计了新校门、开智石、书山有路雕塑、围墙画廊、走廊古诗、花坛名言等人文景观，让孩子们一走进校园，就能时时处处感受到历史的熏陶、文化的感染和时代的激励。

学校还经常和关心、支持学校改革和发展的教育专家、社会各界人士，以及活跃在全国各地、各行各业的历届校友保持密切的联系，他们是廊小沟通历史和现实的思想桥梁，是学校接触社会、联系民众的最好纽带，正是他们一如既往的关爱和支持，才使廊小这所百年老校，不断与时俱进萌发出一季又一季的新蕾。

二、廊小的校园文化建设，以环境文化营造为抓手

环境是一种有形的文化，一种无声的教育。小学生生活其中的学校环境，更是一个极为重要的教育因素，为此廊小的几代领导，付出了自己不懈的努力和智慧，融入了无数师生及校友共同的寄托和梦想。尤其是借百年校庆东风，在社会各方的支持下，廊小彻底改建了旧校园，让土墙变绿树，让瓦砾变草坪，花坛上盛开鲜花，遗迹处发人深思。资源变成了文化，文化融入了生活，师生们徜徉在雅致宁静的校园里，目光所至，文化所在，景景有文，物物可思，既是一种赏心悦目的享受，又是一次润物无声的教育。

在廊小不大的校园里，有着师生们共同构想、建设的“十大人文景点”——“新校门”、“书香苑”、“老房子”、“开智石”、“何朱两先生纪念堂遗址”、“鲜军雕像”、“百年庆典纪念碑”、“书山有路雕塑”、“围墙画廊”和“思源园”。这些在外人看来并不轩然壮观的“景点”，每一个都蕴含着丰富深刻的教育含义，可以使人感受到教育者志向高远、胸怀宽广、充满智慧的教育理念。在这样的人文环境里耳濡目染，孩子们会由热爱学校、热爱家乡到热爱上海、热爱中国，以致深深热爱今天的生活和世界。在这种深厚的文化情感下成长起来的学生，一定是健康、阳光、快乐而充满活力的。

从来到廊下小学面对校门的那一刻开始，你就会感受到规划者良苦的教育用心。学校的老校门原来紧靠车水马龙的漕廊公路，孩子们上学存在安全隐患。2006年，镇政府和学校决定在校园西侧建造新校门。新校门的设计既漂亮又气派，且寓意深刻。大门右侧是由一根笔挺的圆柱和三块依次重叠相连的弧形围墙组成，那根圆柱既形似一支笔，又象征一根栋梁；三叠弧形围墙，恰形似三本大书，又象征书海万卷，寓意了唐代大诗人杜甫“读书破万卷，下笔如有神”的诗意。大门两旁，颜色鲜艳的花树把校门点缀得生机盎然，富有朝气，红花象征着红领巾如火如荼，绿树象征着绿领巾郁郁葱葱。新校门体现了百年廊小浓厚的文化积淀和美好的理想追求，展示了廊小培养的学生“人人要写好字，人人要读好书，长大了人人要做祖国栋梁之材”的办学理念。

在校园曲径蜿蜒处，坐落着百年庆典纪念碑、烈士鲜军雕像、学校创始人纪念堂遗址，安放着具有现代艺术风格的“书山有路”雕塑，以及以小见大的“开智”、“思源”石刻，这些人文景点的自然错落呈现，对师生们感悟学校和人生的发展历程有着见微知著的不凡效果。而作为图书阅览室的“书香苑”，则是学子们的阅览殿堂，学校创始人何静渊的后裔、我国著名雕塑家何鄂女士的贺词：“书，给你一片阳光；书，给你一片蓝天；书，给你一片大海”，已经成为许多学生好好学习的座右铭。还有在操场边，以“美好家园”、“纯朴民风”、“未来畅想”和“快乐校园”四大主题布置的22幅金山廊下农民画作的围墙画廊，给人带来浓烈的乡土气息和亲切的生活感受。最耐人寻味的是校园南面的一处上世纪30年代的“老房子”，以及屋旁桃李果园里的三块旧柱石，与前面的新景形成了强烈的对比。原来，老房子是当年廊下镇的警察所，1937年，廊小校舍被日寇全部烧毁，孩子们没有地方读书，镇上的有识之士便借用了这房子做校舍，而小果园里残留的三块旧柱石，就是日寇当年烧毁学校的铁证。如今，看到老房子，你就会想起廊小饱经沧桑的苦难历程；看到三柱石，你会联想到日寇残忍的侵略行径；看到屋旁芬芳的桃李，你更会感慨百年廊小桃李满天下，硕果累累。

中央教科院学术委员会主任程方平博士在考察了廊小的校园文化建设后说：“我走过无数国内外城市和乡间的学校，见过无数标新立异的校本教材，给我感受最深的，是廊下小学这立体的、系统的、有历史纵深感和鲜活生命信息的‘校本教材’，它已经超出了通常我们思想中认识的‘校本教材’的作用和功效，使‘润物细无声’的环境熏陶、‘睹物思情’的历史浸染、‘英雄贤达’的言行引导、‘名言古训’的暗示和启迪等等，能与学校的日常教育教学水乳交融地结合在一起，构成学校教育的有机整体。”

饮水而“思源”，求学以“开智”。我们坚信不管是现在的还是将来的廊小人，都会在轻轻漫步走过这些朴实而美丽的校园景点时，由此及彼地想起一些人、一些事，油然而生一种光荣、一种自豪、一种独特的感悟，并能将学校师生勤劳与智慧、严谨与淳朴、可爱与文明的精神代代相传下去。

三、廊小的校园文化建设，以思想道德教育为引领

少年儿童健康的思想、性格，优良的道德、品行，是在一切时空环境潜移默化的

过程中逐渐形成和发展的。因此,我们的校园文化建设必须以思想道德教育为引领,时刻关注孩子们的思想意识、人生态度、价值取向、心理素质、精神风貌,而这种教育又是无声地渗透在校园的一草一木、一砖一瓦之中,融合在学生喜闻乐见的日常教育活动之中的。它应该是校园文化建设的灵魂。

学校的小花园里,安放着一座精美的雕像,花岗石的底座上镌刻着五个红色大字:勇敢的鲜军。这雕像是学校创始人后裔、全国著名雕塑家何鄂女士百年校庆时赠送学校的。鲜军姓张,1975 年出生于廊下镇勇敢村的一个农民家庭,上世纪 80 年代就读于廊下小学。1996 年中专毕业后,鲜军成为廊下建筑工程公司的一名员工。1997 年 8 月 1 日下午 2 时左右,他在金山石化城戚家墩海滩边为抢救三名落水儿童而光荣牺牲,当年就被上海市有关领导部门分别授予"见义勇为好职工"、"上海市新长征突击手"、"革命烈士"等荣誉称号,同时被上海市委追认为中共党员。

英雄就在身边,英雄应永远活在我们心中。学校发掘整理了鲜军在校、在家的事迹材料,他一二年级时的班主任说:鲜军是个懂事、守纪律、爱同学、尊老师的好学生;他三四年级时的班主任说:鲜军是个有理想、爱集体、讲节俭、善助人的好队员;他五、六年级时的班主任说:鲜军是个爱读书、勤劳动、讲风格、负责任的好队长。张鲜军在家里又是个好孩子,他母亲告诉我们:鲜军从小很懂事,对父母非常孝敬;他生活节俭,从不乱花一分钱;他酷爱读书,拥有的最大"财产"就是书籍和报刊。

为了让英雄的精神代代相传,多年来学校坚持不懈地开展以"学鲜军,扬中华传统美德,做可爱廊小人"为主题的系列活动,并予以制度化、常规化。学校每年的入团、入队仪式,清明扫墓活动,总要在鲜军雕像前庄严举行;每月学校要进行"鲜军式好少年"的评选,能评上"鲜军式好少年"是廊小学生最大的光荣。"学鲜军"已经成为孩子们的一种自觉行动,"鲜军精神"成为廊下小学的一笔永恒的精神财富。2012 年,学校请著名的作词家陈念祖和作曲家左翼建联袂创作了新校歌《做鲜军式的好少年》,让学生在抒情而激越的歌曲声中进行传唱,从而将烈士助人为乐、无私奉献、敬老爱幼、诚实守信、勤奋好学、自强乐观的精神代代相传下去。

学校的运动场边,长达百米的围墙画廊,是廊小又一道亮丽的风景线。洁白的墙面上,22 幅廊下农民画,色彩斑斓,栩栩如生。"美好家园"、"纯朴民风"、"未来畅想"和"快乐校园"四个主题,将家园和校园、今天和未来、传统和现代,紧紧地联系在一起，让学生们耳濡目染常常能看到美好的家园、美好的未来，时时牢记自己的责任、自己的理想。你看，廊下作为上海市级现代农业园区和上海新农村示范区，那美丽的田园风光，那丰收的欢庆和甜蜜，多富有诗情画意；你看，廊下的民风淳朴，民居的厨具独特，元宵的汤圆有滋有味，乡间的莲湘载歌载舞，我们的家乡多么美好；你看，新世纪的新少年，创意无穷，能和太阳握手，能把月亮当船，能在天空遨游，远大的理想要靠不懈的努力；你看，校园是学生的乐园，游戏是儿童的天性，各式各样的活动，装点了如梦的童年。

无声的围墙，变成了有形的画卷，那里面有可爱的家乡，有可敬的父辈，有自己的身影，有共同的梦想，它会潜移默化地培养孩子的审美情趣，随时随地陶冶学生的思想情操。这样的校园文化建设才不是为美化而装饰，为炫耀而展示，才能真正体现文化的内涵，真正实现建设的意义。

四、廊小的校园文化建设，以民俗活动创新为发展

农村学校的校园文化离不开传统的乡土文化、民俗活动，它是我们的根，是廊下的脉，也是校园文化建设不竭的灵感源泉。廊小的校园文化建设有六张亮丽的“名片”：“百年史”、“十景点”、“书香苑”、“学鲜军”、“拍手歌”和“打莲湘”，这后两张就是从传统的民俗活动的继承和创新中发展而来的。

廊小校本教材里有本《我爱廊小拍手歌》，全书收编了校长朱保良亲手为学生撰写的拍手歌30首，内容涉及爱学校、爱学习、讲文明、练身体、创未来等许多方面。全国少先队工作学会名誉副会长段镇称赞它：“廊小拍手歌贴近生活，节奏欢快，富有童趣，具有生命活力和发展前途，很有教育意义，可能成为基础德育的一朵新花。”

说起朱校长写拍手歌，却是缘起一次无意的邂逅。那天，朱校长在校园巡视，看到树荫下几个小朋友正在边拍手边唱童谣：“一、二、三，我们都是木头人，不许讲话，不许动！”校长被孩子们欢快的游戏深深吸引了，不由自主和学生一起拍唱起来。回到办公室，刚才孩子们快乐的神情还印在他的脑海里，他忽发奇想：我们为什么不把学校的日常教育要求和培养目标，融化在学生喜欢的儿歌中，让大家在玩玩、唱唱中，学知识、学道理、学做人呢？

当夜，朱校长就根据正在开展的安全教育，试写了廊小的第一首拍手歌《安全旋律》。“你拍一，我拍一，人的生命最宝贵；你拍二，我拍二，安全第一要牢记；你拍三，我拍三，上下楼梯靠右边；你拍四，我拍四，大追大吵须禁止；你拍五，我拍五，红灯绿灯看清楚；你拍六，我拍六，横道线上慢慢走；你拍七，我拍七，摊贩食品不能吃；你拍八，我拍八，水塘河边别玩耍；你拍九，我拍九，遵纪守法一路走；你拍十，我拍十，安全快乐不出事。”第二天一早，朱校长就请教导处把这首新的拍手歌发给全校学生试唱。结果，学生们在拍拍唱唱中，不仅背熟了歌词，而且记住了安全要求。老师也都反映这唱歌的教育效果比听报告好多了。

朱校长初战告捷，顺势而为。他广泛听取了师生的意见，把学校平时对学生的要求，分门别类写进一首首拍手歌中。短短两个月时间，竟一连写了30首，很快这些又新鲜又通俗的拍手歌，就在学校的早晨、课间、午后唱响；那清脆的掌声伴着明快的歌声，在走廊、草坪、花园里回荡，拍手歌成了廊下小学最有童趣的一项特色教育，成为廊小学生最喜欢的一种课余游戏。

然而，朱校长还不满足，他觉得拍手歌还有发展空间。他开始把拍手歌的形式和“八荣八耻”、“环境保护”、“百年校庆”、“农村新天地”等各类教育活动相结合，尝试让老师和学生一起来创作新的拍手歌，还选择了一部分拍手歌配上了不同的乐曲。学生们又拍又唱，能歌能舞，学得更加津津有味了。如今，廊小的拍手歌已经增加到60首，还先后荣获金山区童谣创作一等奖、全国第五届小公民道德建设一等奖和上海市中小学德育优秀项目奖。

“打莲湘”是历史上江南民间的一种娱乐活动，廊下则是金山“莲湘”的发源地。廊小从1989年起，就把打莲湘作为一个乡土特色项目编入学校的兴趣活动系列。经过20多年的传承，现今它已成为学校的一门特色课程，编写出版了教材《民间艺术打莲湘》，排入学校拓展型课程表中，普及推广，做到凡是廊小毕业的学生人人都会打莲湘。在普及的基础上，再搞提高，通过“天天有莲湘操、周周有莲湘课、月月有莲湘赛、年年有莲湘节”和“人人有莲湘棒、班班有莲湘队”的组织，来营造浓郁的莲湘文化氛围；以“说莲湘、玩莲湘、打莲湘、传莲湘、画莲湘、写莲湘”来突显莲湘健身、莲湘娱乐、莲湘怡情、莲湘益智、莲湘育人的功效。

莲湘中有乡音、有乡情，莲湘中有文化、有智慧。阵阵莲湘声，打出了少年儿童的活泼和天真，传递了廊小学子的快乐和心声。学校的莲湘舞相继获得上海市小学生表演舞二等奖、上海市教育系统校园文化优秀项目、第五届全国儿童艺术展演金奖，连续三届荣获金山区艺术节小学生舞蹈比赛一等奖，还在上海旅游节开幕式、上海世博会、上海国际艺术节上巡演，中央电视台少儿频道播演。

注重内涵的校园文化建设，给廊小带来了可喜的变化。师生体验到的是文化的气息，领略到的是生命的色彩，品味到的是心灵的呵护，享受到的是成长的快乐。学校先后被评为全国中小学思想道德建设实践创新活动先进单位、全国艺术教育先进单位、上海市行为规范示范校、上海市花园单位、上海市平安单位、上海市红旗大队、上海市爱国卫生先进集体、上海市中小学图书馆工作先进集体、金山区素质教育实验学校等诸多荣誉称号。

中央教科所研究员程方平说得好："一所成功的学校不在她有多少豪华的建筑和耀人眼目的条件设备，而在其是否拥有丰富的精神文化内涵和全体师生对学校教育教学理念的认同。对一所乡村小学来说，在经济条件方面可能与城市的学校无法相比，但在精神和文化方面，不仅不会逊色，还可能有更多创新和改革的探索空间。关键是教育者能否有这样的理念、胆识和智慧，有没有用心去培育我们的事业。"

在金山区廊下小学，我们感受到的正是这种宝贵的精神、文化和火热的心。这就是农村教育的希望和潜力，这就是中国教育最应该倡导的思想和品质。

（撰文　晨旭）

每天进步一点点

上海市松江区泗泾第二小学校长　陆建国

泗泾二小坐落于松江泗泾大型居住区——新凯家园，其前身是泗联小学，是一所有近百年历史，办学规模有20个班的农村中心小学。近年来，学校招收的学生99%以上是外来务工随迁子女。2011年8月，学校整体搬迁，华丽转身更名为泗泾二小。

学校发展抓住“二大二新”(大型居住区、学校规模扩大、新学校、上海市新优质学校项目推进)机遇，围绕“每天进步一点点”的核心办学理念，关注每个学生成长需求，育智塑才，和谐成长，快乐生活，为学生未来人生奠基，办人民满意的教育，实现学校优质均衡发展。

一、确立一个核心理念

办学理念是学校整体发展的价值追求和理性认识，它指导学校的办学方向，定位学校的品牌形象。在“四新”(新背景、新学校、新理念、新实践)条件下，以“上海市新优质学校”推进项目为抓手，创新驱动，转型发展，实现学校新的进步。我们确立学校发展的核心办学理念为:每天进步一点点。

“每天进步一点点”是学校近年来创立的核心价值取向，它是一支根脉，是一项传承，是一种文化积淀，是一个永恒的目标。“每天进步一点点”的核心是发展，是超越，超越自己的昨天和今天，不断地发展，实现的是教育的超越性品格。

二、围绕两个发展目标

面对学校新一轮的发展，上海市新优质学校项目的推进，我们紧紧围绕这两个发展目标，以目标明确学校发展方向，以目标凝聚人心，以目标激励泗泾二小人努力奋进。

学校发展目标——“四个和谐统一”：办成一所“师德敬业团队精神与师能专业发展提升相统一、依法治校与和谐建校相统一、学生素质全面发展与个性特长见长相统一、教育质量优良与特色教育品牌相统一”，为“新泗泾人”子女提供优质教育资源的，在市内有一定影响的松江区同类学校中的先进小学。

培养目标：培养学生“明礼仪、善沟通、勤学习、爱锻炼、懂生活、学做人”，为学生的终身发展奠基。

三、实现三个超越突破

1. 文化引领：让学校成为富有向心力的“文化场”，在校园文化建设上有所超越突破

一所好的学校，必然是一个好的“文化场”，通过“场”的引力凝聚智慧、约束行为、激励师生、促进师生发展。

学校文化是一所学校在长期的教育实践过程中积淀和创造出来的，是其成员认识和遵循的价值观念体系、行为规范准则和物化环境风貌的一种整合和结晶，表现为学校的“综合个性”。它包括学校组织中文化的各个层面，即学校的环境文化、制度文化、行为文化、精神文化等，具体表现为学校所拥有的办学理念、制度、管理、行为、校训、校风、教风、学风等。

(1) 系统设计学校行为文化。核心办学理念：每天进步一点点。校训：育智塑才。校风：严谨、和谐、勤奋、进取。教风：敬业、爱生、合作、创新。学风：乐学、善思、自律、互动。

(2) 努力构建“严谨和谐”的学校管理制度文化。从精细化管理走向精致文化管理。

(3) 积极营造“敬业乐群”精神文化。倡导在敬业中铸师魂，在乐群中凝智慧，在争鸣中展风流，在团队中创和谐。

(4) 精心设计与建设学校环境文化。用文字、雕塑、符号、图画、景点、建筑等从形象方面宣示学校对教育的理解，凸显环境教育与影响之功能，注重主题文化墙、走

廊文化、班级文化建设。

我们将学校文化春风化雨般地“化入”校园环境中，“化入”管理细节中，“化入”师生心田中，组成学校发展的灵魂，凸现学校的个性。让学校的文化建设激发起学校中每一个人的生命活力，共同营造一个温馨的精神家园，从而促进每一个师生生命的发展。

2. 管理创新：让学校成为教师发展的乐园，在师资队伍建设上有所超越突破

管理重在做事，把事做对，关注效率，着眼现实，建立制度；而领导重在做人，做对的事，重视效果，致力变革，培植文化。管理=管好+理顺，领导=带领+指导。

领导通过管理实现目标。管理是一种方法，是一种程序，领导驾驭管理，管理是领导实现目标、计划、成效的渠道，通过管理可以更好地实现生产运作的程序化和效率化。

一个宽松、愉快的工作环境可以使员工热情高涨、精神振奋。在这样一个环境中员工的积极性得到充分的调动，他们的工作效率会更高，成绩会更好。

学校发展，师资是关键。树立“优师强校，科研兴校”之意识，创新校本研训模式，建立师资培养新机制，完善学校骨干教师队伍梯队坡度，切实提高学校师资的整体水平，努力建设一支师德高尚、业务精湛、结构合理、敬业乐群的教师队伍。

在超越教育理念下，积极实施“教学主张——教师专业成长之道”项目。具体措施为：文化引领，促进教师专业成长；名师带教，引领教师专业成长；项目驱动，推动教师专业成长；自主阅读探究，实现教师专业自主成长。积极倡导教师在走向专业道路上做“博学型教师”、“敢于挑战权威型教师”、“研究型教师”。

尊重教师的教学主张，让教师充满智慧地进行挑战。以理论扩展视野，靠实践增长智慧，超越自我，教师因“教学主张”而走向专业，走向卓越。

3. 超越学习：让学校成为学生成长的乐园，在课程、课堂、教材、评价等方面有所突破

在“每天进步一点点”的核心理念下，我们围绕培养目标，相信每个孩子有充分发展的潜能，不断自我超越，育智塑才，使每一个孩子内在的禀赋得到充分的发展，尊重他们的生命，张扬他们的个性，发挥他们的特长，激发他们的动机，培养他们的能力，从而实现和谐成长、快乐生活。

（1）课程统整，有效教学。“以校为本、以师为本、以发展为本”，加强对课程的领导力，面向全体学生的全面发展，关注学生的个性发展、特长培养，充分挖掘学校资源，充分发挥师生优势智能，在“超越学习”、“课程统整”理念下，努力构建“符合学生特点，发挥教师优势，体现学校特色”的校本课程体系，全面落实课程“三维目标”。积极开展“基于超越教育理念下学科课程统整的实践研究”。继续做好学校区级重点课题“素质教育背景下德育课程资源统整的有效性实践研究”。

我们现在使用的教材，很大程度上决定了教师的教和学生的学。对学生学习来说，基础型课程光凭一本书（教材）是远远不能满足学生发展需求的，必须超越教材，也就是“基于教材，而又不囿于教材”。教师教学以“活力课堂，有效教学”为主题，开展“基于超于教育理念下高效课堂构建的实践研究”。努力实践与构建好“十大和谐关系”：一是教学主张与教学方式；二是课堂时间与教学容量；三是组织形式与教学内容；四是教学预设与问题生成；五是师生互动与思维对话；六是知识掌握与能力发展；七是学生学习与教师讲解；八是分层达标与共同提高；九是课程理念与教学行为；十是学习借鉴与批判超越。

（2）多元课堂，培育特色。信息时代，社会发展日新月异。学生获取知识，课堂已不是唯一渠道。“课堂小天地，天地大课堂。”学校教育更加开放，教育要适应学生的学习需求，为学生终身发展奠基。课堂教学追求学生多元发展、生动发展和可持续发展，以之构成学生终身学习的方向。在全面推进素质教育的今天，注重学生综合素质能力的培养，基础型课程课堂教学已不能满足学生学习的需求和知识结构的形成，我们依据学校的师资特点和办学特色，开设各类拓展型和研究型课程，以此满足学生的学习需求，培养兴趣特长，进行艺术熏陶。建立和完善符合学校实际和特色品牌的校本课程，重点探索实践有学校特色的课程，如《儿童面塑》、《美育课程》、《儿童社会学》。

（3）绿色评价，关注成长。学校教育，育人为本，学校教育要适应学生的成长需求。学生取得学习成功与进步，关键是教师的引领与点化，教育学生学会学习、学会思考、学会质疑、学会批判，让学生成为学习的主人。激励学生，树立远大的理想，解放学生的灵魂，开掘学生的智慧与潜能，让每个学生找到自己成功之处和闪光点，让学生把学习作为终身追求。只有每天进步，才能到达胜利的彼岸。引导学生自我超越，注重学力、兴趣的养成，注重拓展阅读、快乐阅读。要改变单一的分数评价标准，积极探索实践学生学业质量绿色评价方式，追求学生可持续发展，关注学生生命质量，为学生终身发展奠基。

努力构建生活化、情趣化的课堂教学环境，设置实践化、综合化的校本课程，开展多样化、社会化的课外活动。倡导教师用心智呵护童真，用理智激发童趣，用睿智放飞童心，让学校真正成为学生成长的乐园。

提高十度：学校持续发展的阶梯

上海市松江区泗泾第二小学

近年来，学校在“每天进步一点点”核心理念的引领下，围绕学校“四个和谐统一”（师德敬业团队精神与师能专业发展提升相统一、依法治校与和谐建校相统一、学生素质全面发展与个性特长见长相统一、教育质量优良与特色教育品牌相统一）办学目标，积极实施“提高十度”策略，促进了学校各项工作的展开，实现了学校跨越式发展，办学质量得到了提高，办学品牌特色凸现，综合办学水平得到了提升，得到社会、家长、学生高度的认可，学校由一般的农村小学步入了上海市新优质学校的行列。

一、在教育理念上，树立全新高度

课程改革的基点与归宿是“一切为了学生”，学生是国家与民族的未来，学生工作容不得半点的懈怠与虚饰。新课程改革所带来的一切转变、转型需要我们的学生能够接受、适应并能向积极的方向发展才行。自主、探究、合作、民主、开放、生成是这次改革的关键词，这对于学生情感的培养、创造力的激发、完善人格的形成等都有着积极的促进作用。因而，在教育理念上，我们要树立全新思想，摒弃陈旧的教育理念，即，没有教师对知识的传授，学生就很难学到知识；教师是课堂的主宰者，学生是知识的被动接受者。教师的主导代替了学生的主动，教学就是教师教学生学的过程。

《国家中长期教育改革和发展规划纲要（2010—2020 年）》中指出：“把育人为本作为教育工作的根本要求。”明确了未来中国教育发展要确立“育人为本”的教育观。教师不应该用僵化的教育形式作用于学生，用预先设定的目标机械地规定学生、限定学生，教师应该引导学生自由、自主地生成和发展，把个体精神发展的主动权还给学生，并用动态的观点看待课堂。教学不是教师教学生学、教师传授学生接受的过程，而是教与学交往、互动的过程。在这个过程中师生分享彼此的思考、经验和知识，交流彼此的情感、体验与观念，丰富教学内容，求得新的发展，让教学成为一个发展的、增值的、生成的过程。近年来，学校牢牢把握“育人为本”、“为了每一个学生的终身发展”核心理念的内涵实质，明确学校办学目标与方向，结合学校实际，确立了“每天进步一点点”的办学理念，坚持育人为本，努力把这个核心办学理念贯穿于学校教育改革发展的全过程中，全面推进素质教育。

二、在师德教育上，营造道德纯度

当今教师职业道德、职业精神有些匮乏，敬业、奉献精神不足，追求名利、有偿家教的现象广泛存在，教师职业道德的诚信度、纯洁度大打折扣，因而，加强教师职业道德建设就显得尤为重要。温家宝总理强调指出：“教育是国家发展的基石，教师就是奠基者。有好的教师，才可能有好的教育。”“教师应该成为传道、授业、解惑者，成为具有教育智慧的学者，成为人格修养的楷模。”师德是魂，校长的重点工作之一就是如何提高教师的师德水平。

于是，我们以学习型组织、和谐校园文化创建为抓手，围绕“新形势背景下教师职业道德”这一主题，开展形式多样的师德学习、讨论活动。积极开展德育大讨论、向优秀教师学习、师德征文、师德专题讲座、文明示范职工评选、“育才之星”评选等活动，进一步规范教师道德行为，崇尚关爱、责任、奉献之心，并坚持开展每月一次“学思沙龙”活动。

我们也坚持师德师风与师能建设并举，深化学校“敬业乐群”之精神文化，积极倡导教师要关爱学生、严谨笃学、淡泊名利、自尊自律，以自己的人格魅力和学识魅力教育感染学生，做学生健康成长的指导者和引路人。

三、在依法治校上，增强法制强度

依法治校是21世纪学校管理的必然选择，法制将在学校的内部管理和外部保障中，发挥其重要的作用。在探究依法治校的过程中建立和健全相关的学校管理制度是很重要的。为此，我们全面贯彻落实校长负责制“1 + 3”文件精神，进一步建立健全各项管理制度和明确岗位职责，进一步完善治校方略，明确学校各部门的管理职责，使管理工作做到有章可循，有法可依，努力构建现代学校管理制度。

建立制度，是指学校在实施素质教育的过程中，逐步建立起充满活力和生机的现代学校管理制度。旨在将学校办成具有现代化学习机制，拥有良好的学习氛围、先进的教学措施，校风朴实，教风严谨，学风踏实，高质量的学校；培养学生具有良好的思想道德素质、身体心理素质、科学文化素质和劳动技能素质；建设一支具有高尚师德、严谨教风、精于教书、乐于育人、创新求索、重视科研的师资队伍。

我们积极探索实践、建立和完善运行机制——校长负责与民主参与；实施机制——分工负责与协作推进；发展机制——评价反馈与激励完善；动力机制——常规保证与研究创新。全面落实校长负责制，努力构建现代学校管理制度。

四、在和谐建校上，注入情感温度

在具体的学习生活中，教师和学生是富有生命活力的个体，都有着自己的情感、需要、价值观与信仰等，学校管理都在与每一位个体发生密切的关系。因此，学校管理不可能游离于人而存在。从本质上讲，学校管理就是人的管理。

近年来学校坚持“以人为本、以校为本、以发展为本”理念，以“三个为本”思想为引领，加强和谐校园文化建设。坚持“依法治校”与“以德立校”相结合，实施和谐管理，充分发扬民主，激发教师参与学校管理的热情，树立“学校是我家，发展靠大家”的意识，积极实施校务公开制度，增强校务、行政的透明度，积极倡导“敬业乐群”之氛围，营造和谐的校园文化气氛。

以关注教师身心健康为前提，注重人文关怀，开展形式多样的关爱、娱乐等活动，使教师在校工作有张有弛，不断提高教师的工作、生活质量。

以情感人，以情励人，以情动人，这是管理的最高境界，也是和谐校园建设的关键所在。校长积极倡导和营造这样的氛围：要有一颗真诚的心，待人要真心，做事要真心，要真心爱护教师、学生，真诚待人，诚实守信，以诚相待。校长时刻关心教师的生命质量，注重人文关怀，营造和谐的校园文化，搭建教师成长的舞台，丰富教师的精神世界，让教师从职业生涯中活得快乐，充实人生，实现自我，感受自由，体验创造。树立“成就学生成功才能成就教师成功，成就教师成功才能成就学校发展”的理念，帮助教师走向成功。

五、在常规管理上，构建精细长度

现在有一种观点：提倡校长课程领导，应该淡化管理。作为一所农村小学，我们不敢苟同，我们认为不但要加强管理，而且还要精细化管理。正如《细节决定成败》一书中所谈到的：把简单的事情做好，就是不简单，简单的招数练到极致就是绝招。精细化管理是课程执行力的制度保证。近年来，学校坚持常规建校，贯彻“每事做实、小事做细、细事做精”的原则，进一步完善学校教育教学常规制度和工作要求，加强常规的督查，细化各项工作，落实到各个细节。从管理思想、管理理念、管理措施、管理手段和管理方法等方面入手，构建学校精细化管理的“长度”（长效机制），以追求管理效益最大化，促进全体教师共同成长，全面提高学校教学质量。

（1）课堂教学，细化教学五环节。围绕教学精细化管理目标，我们细化教学五环节的具体目标要求和操作规范，促进教师向规范、精细求质量。我们关注教学细节，注重过程管理，聚焦课堂教学。重点围绕教学五环节，开展对教师各项教学常规工作的检查与督促，制定教师教学常规工作考核指标体系，把考核结果纳入教师绩效考核之中。

（2）落实减负，推进教师作业本工程。我们不断加强课后反馈，开展命题研究，积极探索教师作业本工程，确实减轻学生课业负担，注重有效教学。

（3）活力课堂，实施有效教学。我们围绕“五课”教学基本规范，开展课堂教学的研究，切实提高课堂教学效率，实施有效教学。首先我们加强教研组建设，开展“学习—研究—实践—反思—提升”的教研活动，加强课题教学研究力度，落实教学五环节，积极倡导团结协作、资源共享、同伴互助、共同提高的教研氛围，形成一个相互交流切磋、相互帮助促进、相互关心爱护的教研团队文化。其次，立足课堂，围绕问题和课题，开展教学研讨，不断提高教学效益。其三，搭建平台，开展教学评比活动。

（4）探索实践综合平台，全面提高教学质量。我们积极探索各类课程的评价体系，制定课程的评价方案与实施意见，实践探索学生综合素质评价方案，不断推进素质教育。同时我们又加强各学科阶段性的质量检测之后的质量分析，并制定好相应的措施，落实好整改方案和帮教措施，激发学生学习动机，以促进教学质量全面提高。近年来学校的教学质量一直位于全区前列。

教师的职业是一个特殊的职业。我们想通过精细化管理，让教师从内心深处对事业有执著的热情，从灵魂深处对学生有诚挚的关爱。

六、在课程领导上，加大执行力度

课程领导不完全等同于课程管理、课程统领、教学领导，也不是简单地强调课程的开发和建设，以及教师的专业发展。课程领导不仅仅是个人领导的概念，它是基于民主决策基础上的团体领导的概念，强调课程参与者之间的交流、沟通和协调。课程领导崇尚一种平等的、互动的、协商式的领导形态，注重学校愿景的作用。

“以校为本、以师为本、以发展为本”，加强对课程的领导力，面向全体学生的全面发展，关注学生的个性发展、特长培养，充分挖掘学校资源、充分发挥师生优势智能，围绕课程标准和学校培养目标，努力构建“符合学生特点，发挥教师优势，体现学校特色”的校本课程体系，全面落实“三维目标”，建立和健全促进学校和谐发展的校本课程体系。

（1）严格执行课程计划。我们认真贯彻执行市教委课程计划，科学编制学校课程计划，按规定开设课程、安排课时，制定好基础型课程、拓展型课程（活动类课程）、探究型课程实施计划。坚持依法执教，严格执行课程计划，按照规定开齐上足，做到专科专用，做到学生、教师、教室、教导处的课表一致。拓展型课程的开设，纳入学校课程统一管理，学校要确保拓展型课程每周不少于一课时，校本课程每周不少于两课时的教学时间，增强课程对学校和学生的适应性。学校公布拓展型计划，打破班级、年级界限，让学生根据自己的特长和优势自主选择。

（2）加大课程执行督查力度。我们加强对课程的领导与监督，建立和健全学校课程管理组织体系和管理制度，以及学校三类课程的实施意见和实施方案，常对课程计划执行、课堂教学落实进行定期（或不定期）的检查，从而提高教师对课程的执行力。

（3）积极探索实践五大课程体系。围绕《学校新四年发展规划》课程建设目标，我们加强对三类课程的教学研究，以课题为引领，落实减负增效，切实提高课程教学的有效性。积极探索实践，努力构建“五个课程体系”（体验型德育课程体系，主体型基础课程体系，兴趣型拓展课程体系，主题型探究课程体系，特色型校本课程体系）。

七、在师资培养上，完善梯队坡度

办好一所学校，师资是关键，它关系到教学质量和学校的办学水平。但是，建立一支优秀的师资队伍并不是一朝一夕的事。提升教师的师德、师能是学校工作的重中之重。以创建学习型组织为载体，以校本研训为抓手，以“规划”为引领，以教研组（备课组）为营地，以课堂为阵地，树立“优师强校，科研兴校”之意识，创新校本研训模式，建立“一二三”师资培养机制，切实提高学校师资的整体水平，努力建设一支师德高尚、业务精湛、结构合理、敬业乐群的教师队伍。

（1）健全研训体系。构建校本研训组织网络体系，建立、健全校本研训各项制度，全面实施新四年师资队伍建设发展规划。完善“一二三”师资队伍培养机制，继续搭建好教师成长的“三个平台”：学习平台、帮教平台、展示平台。保障“三个经费”：培养经费、骨干教师奖励经费、成果奖励经费。

（2）结对帮教指导。积极实施结对帮教工程，建立专家引领、名师指导、师徒结对、自主发展的师资队伍培养机制，全面推进《青年教师培养规划》和《分块实施、分级培养、分层推进，三分合一，促整体发展》校本研训发展项目。邀请市特级教师每周一天来校指导，区小学语文名师指导团两周一次进行帮教、指导。实施区学科名师、镇学科名师、学科带头人与青年教师结对带教工作，加大指导力度，加强过程监管，全面实施《师徒结对培养计划》，通过专家、名师的专业引领，不断提升青年教师的专业化水平。

（3）专业成长展示。学校创设一切机会，提供专业成长展示与锻炼的舞台给教师。宣传好、组织好、开展好各级各类的教学技能评比活动。评比活动力求有成效、力求有提高、力求有收获、力求有感悟、力求创佳绩。举办“校本研训综合技能大赛”，评选校本研训先进个人。

（4）提高研训效能。树立“科研兴校、科研提能”意识，以教学中的问题为课题，在专家、名师的指导下，以课堂教学为阵地，以案例研究为载体，进行校本研训活动。每次活动做到“定主题、定内容、定主持人”，采取定期与不定期研训相结合方式，每位教师要通过课题研究与实践，以此提升自己的专业能力。校本研训以教研组（备课组）为营地，形成课题研究、集体备课制度、课堂教学研讨制度、学习制度、反思制度等。切实做好市、区、校课题的立项、研究、实施、资料累计、成果总结等工作。

八、在强化德育上，统整资源力度

围绕“明礼仪、善沟通、懂生活、学做人”的培养目标，以学生行为规范养成、文明礼仪、基础道德教育为抓手，积极开展实践体验活动，从而提高学生的道德认识和文明素养。

（1）努力构建社会化大德育工作体系。建立健全德育工作管理网络，完善德育工作常规和管理制度，以及考核评价制度。进一步完善细化学校班主任的岗位职责和工作规范，形成全员、全程、全方位的学校德育工作管理体系，切实做到教书育人、管理育人、服务育人、环境育人。

（2）降重心，强化学生行为规范的养成教育。围绕“养成一个好习惯，改掉一个坏习惯”这一主题，我们加强学生行为规范的养成教育。通过入队训练、文明礼仪之星评选、一日常规评比、礼仪教育等教育活动，积极开展“区行为规范示范学校”争创活动，从而进一步推动学生养成的文明行为习惯。

（3）开展实践体验活动。积极探索实践与构建体验型德育课程体系，开展主题教育实践体验活动。近年来我们积极开展了“与文明同行，创文明之星”、“我微笑，我捡起”的实践体验活动，开展了主题教育活动。

（4）探索班队文化建设。以“温馨教室”创建为抓手，发挥少先队组织自主管理、自主教育功能，积极开展班队文化建设。充分利用文化的激励导向作用，以班队文化建设为载体，积极营造积极向上、乐于进取、团结协作、勤奋学习的班队文化，充分利用好宣传阵地，引导学生树立以勤奋学习为荣，以懒惰不学为耻的荣辱观，形成你追我赶、不甘落后的班队和谐文化氛围。

（5）开展德育课题研究。围绕“降重心、求实效”工作目标，充分利用各种教育资源，开展德育课题研究。积极开展学科教学与德育渗透的研究，开展《语文学科贯彻民族精神教育的实践研究》；利用各种教育资源，开展《素质教育背景下德育课程统整的有效性研究》，积极探索构建学校、家庭、社会三位一体的育人机制；发挥心理健康教育之功能，积极开展心理健康教育，提高学生的心理素质，培养健全的人格。

九、在学校特色上，巩固发展亮度

坚持特色亮校，以内涵建设、特色品牌创建为抓手，不断充实、完善、巩固、提高，全力打造区艺术教育特色学校，努力形成内涵丰富、外延广博、持续发展的艺术教育特色学校，积极争创市级艺术教育特色项目学校，形成学校特色品牌。

（1）面塑教育品牌。学校面塑特色教育至今已走过了 14 个春秋，也已走出松江、走出上海，走进教育博览会，走向国外交流，举行过多次的展示、交流活动，面塑已经成为学校一道亮丽的风景线。近年来学校持之以恒，坚持不懈地巩固好、建设好、发展好、创建好面塑教育这块品牌。积极开展面塑教育与弘扬民族精神教育相结合，加强面塑课堂教学的实践研究。加强对面塑创造班特长学生创作能力的培养与指导，开展丰富多彩的主题创作活动，出新品，出精品，每年参加市里的展览。同时不断完善面塑教育的课程体系，重新编制出版《少儿面塑》校本教材。

（2）艺教特色建设。坚持艺术特色建设，加强学校艺术教育，形成艺术教育文化氛围，激发学生对艺术的兴趣，对学生进行艺术熏陶，培养学生艺术之长。规划好学校艺术教育活动方案，组织好、开展好各类艺术教育活动。每年举办学校艺术节，开设好艺术类拓展型课程，辅导教师精心指导，多出节目与作品。学校特色打击乐队“四物乐”已形成，学校艺术教育成果显著，在舞蹈、乐队、表演、朗诵、校园情景剧等比赛中崭露头角，我校学生代表松江参加市级各类比赛，获得一、二等奖好成绩。

十、在区域交流合作上，加强资源共享浓度

以五校发展共同体项目牵头单位（松江区实验小学）制定的《基于课程统整，培育学校特色》这一五校发展共同体实施方案为指导，结合本校实际，努力实践我校“每天进步一点点”的核心办学理念。依据五校发展共同体研究课题，结合学校实际，寻找本校课程建设中所需解决的关键问题，制定学校研究课题，围绕课题开展研究，解决实际问题。让教师在实施课程统整的过程中扮演正确的课程角色，形成适应素质教育、课程改革要求与学生发展需要的新观念，努力实现学校“明礼仪、善沟通、勤学习、爱锻炼、懂生活、学做人”的培养目标。通过校际交流，实现资源共享，合作共赢，提高学校管理效能，促进师生健康发展。

我们坚持育人为本的教育理念，围绕学校“每天进步一点点”的核心理念，坚持改革创新，不断拓展“十度”内涵，促进了学校又好又快的发展，实现了学校优质、均衡发展，为学校持续发展奠定了扎实的基础。

厚德日新：百年市南的坚守与追求

上海市市南中学校长　潘文光

作为一所有着150多年文化积淀的学校，在多年的办学实践中，我们始终坚持在感恩历史、尊重历史以及解读历史中来寻求办学的规律，坚持在把握当下时代特征的基础上进行改革与创新，以使我们的学校教育更好地面向未来，更好地“让学生为成为一个完整的人而学习”。

一、“三会”理念，以德为先——传承百年的教育追求

创办于1860年（清咸丰十年）的市南中学，经历了从娄离华学堂、清心书院、清心中学到今日市南的150多年历史，培养了难以胜数的经世致用的人才，如商务印书馆创办人夏瑞芳、被称为“中国现代大学之父”的教育家郭秉文、“大世界”创办者实业家黄楚九、著名漫画家丁聪、诺贝尔物理学奖获得者李政道等等。在与民族共命运的150年里，市南人爱国奉献，从未借着宗教的外衣，寻求个人的“诺亚方舟”，而是为声援“一二·九”北京学生运动举行“请愿大游行”，“打响了上海中学生抗日救亡运动的第一炮”，投笔从戎，奋战沙场。为了新中国的建设，一批又一批的市南人又毅然奔赴祖国的四面八方，从南下服务团到西南服务团，援藏援滇援疆。在每一个历史年代，在祖国最需要的地方，到处都有市南人不畏艰难、无私奉献的身影。

每一代市南人，不仅传承前辈之优良品德，更以自身实践与成就，不断使“德为上”更加厚重。这正是市南中学历经150年生生不息的根本原因。150年的办学历史，积淀了深厚的文化底蕴，逐渐形成了以“厚德”育人为核心的价值观。“厚德”是人之所以为人的根本，是一种文化，更是一座精神的丰碑。

改革开放以来，中国进入了全面复兴的历史时期，教育也迎来了新的春天。面对着新的发展机遇，市南中学以自己100多年的历史定位，确立了基于“厚德”的“三会”办学理念：学会做人，学会做事，学会求知。立足培养德才兼备之人才。“三会”

教育之第一要务为“学会做人”，这正与学校之“传统”内核是一脉相承的，是“厚德”之日新的当代表达。

二、三爱教育，校本节日——历史内涵的现代彰显

今天的市南中学是上海市爱国主义教育基地、上海市中学行为规范示范学校、上海市学校德育工作先进集体、全国和上海市的优秀家长学校。其以爱国、爱校、爱家的“三爱”教育和四个校本节日构建起来的德育框架体系，正是架构在厚德基础上的日新。

1935年北平“一二·九”学生运动掀起后，上海各中学的学生也迅速参加到抗日爱国运动中来。为声援北平学生的爱国壮举，1935年12月20日，清心学生率先行动，汇合全市各大中学学生声援“一二·九”运动，揭开了清心中学学运史上的新篇章。这一天就被定为了学校的“爱国日”。

1937年“八一三”事变后，日军占领上海，清心中学被迫迁入租界。在“学协”领导下，1938年2月28日，清心中学“全福读书会”正式成立，他们高呼口号，抵制敌伪奴化教育，在全市引起连锁反应。一场震惊上海的护校斗争终于爆发了，清心中学打响了上海中学生抗日救亡运动的第一炮！为继承和发扬光荣传统，学校将这一天定为“2·28爱校日”。

革命烈士陈仲信，在清心中学读书时就积极参加学生运动。1949年任人民保安队第一指挥部第二大队大队长，同年5月25日因筹建区人民保安队总指挥部赴圣约翰大学，途中遭国民党残军枪击，成为解放前夕我地下党最后一名牺牲的同志，牺牲时年仅20岁。这一天就是学校的“烈士纪念日”。

立足于校史资源，感动于爱国传统凝炼而成的“三爱”教育和校本节日，经过了近20年的实践和探究，成果丰硕，爱国主义教育已成为市南中学德育活动的经典节目，它是满足师生道德与责任内需的源头活水。

三、课程建设，教师激励——厚德日新的发扬光大

理念需要坚守，教育需要践行。如何把我们的“厚德日新”落到实处，把“三会”

理念化为教育的现实？课程建设与队伍建设是关键。

1. **课程建设的基础思路**

我校课程建设的基本思路可以归结为：坚持一个理念、关注两个主体、做到三个结合、落实四个关键。

坚持一个理念：坚持“人才从市南走出”的学校课程理念。课程是实现我们培养目标的载体，我们学校的培养目标是“把学生培养成有道德、有能力、有知识的合格公民，并具有可持续发展学力的人才”。

关注两个主体：两个主体即“学生”和“教师”，课程建设的出发点和归宿点都离不开学生成长和教师发展，让师生在课程中共同成长是学校课程建设的价值所在。关注学生需求，创学生喜欢的课程，让每个学生在适合他们的课程中愉快学习、健康成长、幸福生活是学校承担的重要责任。而教师则是教育可持续发展的根本动力和重要保障，学生喜欢的教师，才是真正能激发学生学习潜能、引领他们健康成长的人生导师。

做到三个结合：体现国家意志与切合学校实际相结合；夯实共同基础与提供多样选择相结合；满足共同性学力需求与引导个性化发展需求相结合。

落实四个关键：课程开发、课程实施、课程管理与课程评价。在课程开发过程中，我们立足校本重需求；在课程实施中，我们以学定教重有效；在课程管理中，我们保障质量重规范；在课程评价中，我们强调发展重激励。

2. **教师激励的主要做法**

长期以来，我们学校在教师激励过程中，已经形成了较好的伦理激励传统，其中最本质的表现就是：关注并承认教职员工的个体差异，并努力将这种差异转化为组织增强自身力量的源泉。

当今社会，人与人之间智能的多元、性情的差异、成就动机的强弱已越来越得到尊重和认可。因为我们平等，所以我们可以与众不同，这也是“厚德”文化的精髓。本着这样的认识，我们以为，对于教师的伦理激励应该首先基于以下三个方面。

一是基于事实的沟通：在学校管理中，领导者和成员间的沟通都是不可缺少的重要激励手段，但是在现实生活中，不乏无效沟通、消极沟通，不但起不到激励作用，反而会引起矛盾和误会，增长不良情绪和影响工作积极性。所以，我们倡导基于事实的沟通，就事论事，实事求是。它有助于沟通者之间以平等的姿态对话，理性对待问题，并且在共同寻求解决问题的途径时产生积极的情感。

二是基于绩效的奖励：学校对教职员工的奖励手段和方式多种多样，目的和效果可能也各有不同，而我们近年来积极探索基于绩效的奖励，将目标、过程和结果联系起来，对教师团队和个人的业绩进行定量评估，实施相应奖励。由于目标设定趋近于教情学情，过程管理权限下放，所以绩效呈逐年提升的态势，这种成果通过绩效奖励的形式与教师分享，多劳多得，优质优酬，体现分配的公平合理，教师的成就得到认可，价值得以体现，伦理激励的目的也就不难达到了。

三是基于能力的授权：我们的教师除了在学科专业知识和教学技能上受过专门的训练以外，在管理方面并没有更多的培训机会，事实上我们也发现，每个教师通过各种机会自觉不自觉地表现出来的管理思想和能力是有明显差异的。所以，我们观察并选择有管理能力和公信力的教师担任学校中层管理、年级组、教研组和班级管理职务，把最合适的人放到最合适的岗位上，并充分授权，使各个层次广泛分担决策责任和执行责任，这是建立在相互信任、共同协商、信息共享、彼此依赖基础上的可持久的激励。

如果说，厚德的文化传统是教师激励的内在德行因素的话，那么作为教师伦理激励的外在因素的组织环境也需要不断地发展创新，这也就是我们在学校组织文化中不断融入“日新”的动力元素的原因所在，因为作为领导者，可能没有能力改变个人的内在驱动力和动机因素，但是一定有空间可以改变组织环境。我们把教师作为学校发展的主体，让规范成为教师共同的行为规则，并努力使学校愿景成为教师共同的职业追求。我们关注并承认教职员工的个体差异，并努力将这种差异转化为教师增强团队合力和学校增强发展动力的源泉。我们抓住课改契机，鼓励教师在课改实践中丰富教育智慧，引导教师在发展学生中获得职业幸福，携手教师在提升自我中实现共同愿景。

上海的基础教育已处在了一个新的转型期，这种转型对每一所学校来说，既意味着机遇又意味着挑战。要能成功转型，找到转型过程的立足点，也即办学的基点是必需的，而“厚德日新”就是我们的坚守与追求。

构建学校内教学质量保障体系的实践研究

上海市市南中学

为扎实有效地推进学校建设，根据学校发展的现状，以及办学生喜欢的学校的诉求，我校于2010年开始了“构建学校内教学质量保障体系”的研究，并在学校内部各层面积极实践，取得了一定的成果和经验。

在两年的实践研究过程中，我们坚持以提升学校教育教学质量为中心，以“学校管理为基本保障、课程建设为资源保障、教师发展为内涵保障”的三个保障维度，积极构建学校内部的教学质量保障体系，从而使学校的整体教育教学质量有了较为明显的提升。我们认为，学校教学质量保障体系的构建，赢在管理，重在课程，成在教师。

一、基本保障：以人为本的学校管理

管理，是学校教育教学质量的基本保障，也是一所学校稳步发展的基础。根据对办学规律的认识，我们认为一所学校，“无常不稳，无精不实，无特不活”。为此，按照学校确立的“狠抓常规——逐步精细——形成特色”的发展策略，我们在学校的管理上逐步落实从规范管理走向精细管理和创新管理。

1. 夯实常规，规范管理

凭借150周年校庆的契机，根据学校发展的需要，我们在梳理学校原有的质量保障或者说是管理质量常规的基础上，编制并颁发了《市南中学管理手册》，对其中核心的质量管理常规进行了修订完善，对教师和学生管理、课程和教学管理等方面都做出了明确的规定，力求对各项工作都有具体的要求，使之既具有科学性，又具有明确的导向性和可操作性，从而服务于学校的教育、教学和管理，为提高学校的教育教学质量提供基础的制度保证。

同时，根据制度规定的相关要求，我们规范了管理，强化了教学管理部门定期对实施情况的了解、检查、诊断、反馈和跟踪，使制度能得以严格执行、规范落实，从而有效保障。

2. 落实细节，精细管理

在夯实常规的基础上落实细节，把常规性的质量保障做精做细，以精细化管理提高学校教育教学与管理的有效性，保证教学质量的持续提升。我们通过关注教学常规中的细节，特别是教学质量跟踪反馈和教学策略改进的环节，以寻求质量保障的长效机制。

从 2008 年开始，学校对于教学管理的一项常规性措施——教学质量监控环节提出了更精细化的管理要求，特别是对于阶段性学业水平考试，即期中、期末考试，和终结性学业考试，即中考和高考的考情分析予以了高度重视，希望通过对权威考试的情况分析来发现学科教学中值得推广的经验和需要改进的问题，更加有针对性地调整学校教学管理策略和提升教师教学专业水平。

3. 做实特色，创新管理

作为一所百年老校，市南一直秉承并发展着以“厚德日新”为内涵的学校文化。学校在各项管理的规范化和精细化措施落实的同时，越来越重视对教师的伦理激励。我们坚持“制度的刚性规范与实施过程的人文关怀相结合”的思想，树立以“尊重人、信任人、激励人、发展人”为出发点和落脚点的人本管理理念，把促进师生成长作为根本目标，把落实制度的过程升华为师生自我学习、自我反思、自我提高的内在驱动过程。在管理实施过程中，我们倡导“眼中有人、心中有爱”，以宽容、尊重、理解、信任、引导、对话、支持和激励等人性化的柔性管理手段，创造具有亲和力和共同价值取向的学校人文环境。人文关怀与制度管理的有机结合、刚柔并济，是我们学校管理创新的价值导向，也是制度设计背后的伦理思考。“厚德日新”的市南文化的特质的形成，为促进学校和谐发展和教育教学质量的稳步提升营造了有利环境，奠定了基础。

二、资源保障：立足校本的课程建设

课程是学校实现教育教学目标的重要载体和基本途径。为学生发展提供丰富的、可供选择的课程资源，是提高学生学习能力和学业质量的重要保障。如何构建适合我校学生发展的课程？如何依托学校的百年文化历史底蕴、结合当下课改的趋势，凝炼、探寻引领我校的课程建设理念？如何通过合理有效的课程管理整合学校资源，保障教育教学质量？带着对这些问题的思考，我们开展了立足校本的课程建设的实践研究，力求使课程成为教学质量持续提升的资源依托和保障。

1. 凝炼“人才从市南走出”的学校课程建设理念

我们立足于百年办学的历史积淀，立足于市南办学的当下现状以及学生发展的客观需求，立足于已经确立的“学会做人、学会做事、学会求知”的办学理念，“校本化”地理解“以学生的发展为本”的二期课改理念，把丁聪先生为母校的题词“人才从市南走出”作为我们的课程理念，希望通过行之有效的课程建设和相关措施实施，满足不同学生的多种需求，为造就具有健康人格和服务社会能力的建设者和接班人打下扎实基础。

2. 建构“协调发展、递进互补”的学校课程体系

根据课改要求，一方面，我们结合学校性质、学校文化传统、教师与学生的特点，对国家课程进行校本化实施，使课程更好地适合我们的学生；另一方面，我们也根据本校所具有的各种课程资源，积极开发具有市南中学特点的校本课程，建构具有市南中学特点的学校课程体系。通过清晰定位三类课程、合理规划课程设置、积极探索课程整合，本着“面向全体学生的全面发展，做强基础型课程；满足学生个性化发展需求，做活拓展型课程；优化学生学习方式方法，做优研究型（探究型）课程”的课程建设目标定位，推动基础型、拓展型和研究型三类课程的协调发展和递进互补，着力完善学生学习方式，拓展学生学习空间，提供给学生多样选择，提升学生综合素养，培养学生的实践能力和创新精神。

3. 以点带面，推进基础型课程的校本化实施

在基础教育新课程改革的课程体系里，国家课程，即基础型课程仍然占据着主体地位。它时间占比高，基础性强，是国家意志的集中体现，同时也是衡量教育质量的重要标志。为了使课程更适合本校学生的学习，基础型课程的校本化实施就成为我们思考学校课程建设和质量保障的重中之重。

为此，我们从了解并满足学生的需求出发，把“以点带面，推进基础型课程校本

化实施”纳入学校课程方案，作为课程实施的三大策略之一。我们以教研组课题研究、团队合作的方式，推进并开发符合学科特点、年段特点，体现学生特点、教师特点的课程资源建设，体现基础型课程的校本、整合和多元的统一；探索基础型课程，特别是核心课程校本化实施的方法、途径和策略，逐步形成符合校情、学情和教情的学校课程体系，包括课程资源的开发与设置、课程实施方略与管理保障等。通过课程的校本化实施，提高教学的针对性和有效性，使减轻学生过重的课业负担和提高教育教学质量并重成为可能。

（1）课程标准细化和资源配置。上海市教委颁发的学科课程标准作为基础型课程各学科教学的纲领性文件，明确了各学科的总体定位和总体教学目标。它既有量的规定，又有质的考量，是我们实施和评价教学的重要依据。但是在实际的教学过程中，由于校情不同，学生的学习习惯、学习基础、学习能力存在较大差异，可能造成需要完成教学目标的课时数不同，且每一课时的具体教学目标也不同。与此同时，与教材配套的练习册在使用上也存在着许多局限性：或者是与课时不配套、或者是知识内容细化不够、或者是题量不适切。针对这些教学中存在的实际问题，如果盲目采用参考书或教辅材料，无疑会降低教学的针对性和有效性，也必然增加学生不必要的学业负担。为此，我们在基础型课程校本化实施过程中，以部分学科为试点，以团队合作的方式，基于我校学生的学情，利用现有资源，尝试将基础型课程教学目标按课程标准进行分解实施，分解到每个年级、每个阶段、甚至每个课时的教学目标中，并规定相应的训练量。与此配套，设计出适合教师有效教学的教学资源（教师版），如课件、教学拓展材料、课堂反馈练习、课后练习、阶段测试，以及适合学生有效学习的学习资源（学生版），如预习作业、校本作业、校本实验工作单等。至 2009 年 8 月，我校的高中英语、初高中物理以及初三化学学科初步编制完成了基于我校特点的各年级的课程细化目标以及配套的校本教材、校本资源库、校本作业等课程教学资源。在此基础上，我们开始在其他学科中逐步推进课程标准的细化和资源配置。目前，高中生物的实验课程、初中语文的写作序列教学以及初中数学的课堂练习等课程资源正在逐步建立。

（2）校本教学资源的运用和优化。校本课程教学资源边设计边使用边完善，是试点学科教师在实践和研究过程中产生的共识。第一轮创建校本教学资源的教师必须承担编制、使用、反馈、修改、整合的全程职责，再交由下个年级在新学年试用，并作适合学情的调整。在校本教学资源使用的过程中，我们引导教师在不断关注学生需求基础上，及时调整教学资源的配置和分层次、差异性地使用，适时引导并最终满足学生的学习和发展需求。教学资源的形成过程，其实是产生、运用、整合、再运用、再优化的不断发展的过程。如物理学科，第一轮编制完成的校本作业学生版和教师版的不同之处只有“学生订正”和“教学目标”这两个版块，在使用的过程中，我们又增加了“学生提问”和“教师手记”两个版块，希望通过学生作业反馈，教师在“教学手记”中分析学生作业情况，对“教学目标”是否达成做出判断，具体细致地分析错题与预测的差距，找出原因，总结积累经验，更好地减少盲目的教学和无效的学习，以便调整后续教学的设计，为提高教学质量提供有效而持续的保障。

此外，校本教学资源在运用过程中，还会不断激发教师产生新的教学智慧，形成新的教学策略改进的增长点，从而进一步优化校本课程资源。如，高中英语校本资源库在第一轮使用后，教师们发现，配套的课后练习这一教学资源的使用，确实能及时检测并反馈出学生对于课堂内容学习的情况，以便教师适时调整下一步教学策略，但是单纯的课后检测并不能从根本上改变学生被动学习的学习方式。我校学生基础薄弱，自主性差，学生仍然希望老师能够帮助他们梳理好重点知识、一点一滴地反复“喂”给他们。鉴于此，教研组有了进一步优化教学资源的设想，即在校本资源库里增加语言点预习作业设计的板块，针对普通高中学生的语言点预习作业的设计进行一些探索和实践，从而改变学生当前预习效率不高的现状，提高学生预习的积极性，让学生的预习过程得以真正优化，使“先学后教”落到实处，并以此促进学生学习方式的转变，从根本上提高英语教学质量。

(3) 课程资源的整合和保障性论证。整个课程教学资源的建设是个螺旋式上升、发展的过程，各学科从各年段相对独立的资源配置，到兼顾各年段之间相互衔接的阶梯式的资源整合，再到涵盖整个学段的序列化的课程方案的形成，逐步实现课程资源的横向优化、纵向整合。例如初中语文教研组，围绕学校“基础型课程校本化”的研究课题，最初设想以“描写”为训练点，通过在六七年级开展写作过程指导的实践研究，改变以往写作指导时教师笼统地提要求、抽象地作指导的现状，设计一级级台阶，引导学生进行一系列具体的训练，最终找到一条具体的教学途径，使学生对描写的认识，由“不知”到“知”；描写的水平，由“不会”到“会”，由“会”到“通”。随着实践研究的深化，教学资源的积累和实践经验的丰富，教研组有了进一步在八九年级中确立新的写作教学课题的设想，并且开始着手编订《描写的奥秘》校本教材，期望校本教材的编订能让教师更深入地理解教育教学的本质，从而帮助其确定初中各年段写作教学的主要教学内容，提供有效的教学环节与作业设计，使写作教学更有序、有效。如今，这本校本教材的雏形已初露端倪。

随着校本化实施的研究和实践的深入，以及各学科校本教学资源建设的不断完善，学校管理部门开始关注其对于学校教学质量保障的真正意义和现实价值。为此，我们要求各教研组利用主题式教研活动，对各阶段形成的课程资源通过公开教学、专题研讨、专家评价等方式进行保障性论证。通过保障性论证，力求使校本课程资源既符合学科课程标准，具有科学性，又有利于提高课堂教学效益，增强有效性。同时符合学生现状和未来发展要求，能切实减轻学生课业负担，提高学习兴趣和学习效率，突出人本性。

三、内涵保障：基于团队的教师专业发展

“兴教之道在于师”，高素质的教师队伍是提高教育教学质量的先决条件。因此，在构建学校教学质量保障体系的实践研究中，我们加强教师队伍的建设和管理，努力建设一支结构合理、师德厚重、师能高超、师识广博的市南师资队伍。我们认为，基于团队合作的教师专业发展是促进教师发展的最优路径，也是提升教学质量的内涵保障。

1. *以学校文化激励教师发展*

师德、师风建设是学校整体精神面貌的重要组成部分，在“学会做人，学会做事，学会求知”的办学理念的引领下，我们强调，要把学生培养成有道德、有能力、有知识的人，首先教师要做一个有道德的人、有能力的人，有知识的人，以此来激励教师的专业发展和实践创新，使我们的教师“德”更厚、“能”更高、“识”更广。

同时，学校积极探索优化教师评价的考核机制，以综合全面的发展性、激励性评价逐步取代以往单一的以成绩排名评价教师工作的做法。一是对教师实行基本素

质评价，从师德修养、工作态度、业务水平、工作能力和团队合作五个方面进行量化打分，以此来评价每个教师的基本素质。二是让学生参与评议教师的教学工作，我们采用两种方式：一是每学期期中考试后召开座谈会，听取学生对教师的意见，另一种方式是学期末采取问卷打分的形式，进行学生满意度测评。两种方式结合，综合后反馈给教师本人。除此以外，再结合常规检查和教学质量的提升和进步幅度，综合起来评价教师的工作。这样，德、能、勤、绩诸方面全部体现，有利于全面评价教师工作，也有助于转变过去单纯"盯分数、看排名"的结果性评价为更加注重提高教师自身发展的过程性评价。实践证明，这种关注教师过程付出、过程成效、过程指导的激励性评价引导了教师向上的心理需求，激发了教师工作的积极性和发展内驱力。

2. 以教学研究推动教师发展

开展以校为本的教学研究，通过自我反思、同伴互助、专业引领，强化教学研究意识。让每个教师都能主动思考、积极参与、自觉探索和解决自身教学实践中存在的问题，在实践中学习、思考和研究，在反思和研究中实践，不断提高教师的教学水平和教育教学质量，更重要的是提升教师的教育智慧。在自我反思的同时，开放自己，加强教师之间以及在课程实施等教学活动上的专业切磋、协调合作，共同分享经验，互相学习，彼此支持，共同成长。此外，积极邀请名师、教研员来校做学术专题报告，参与教学现场指导，与教师共同备课（设计）、听课（观察）、评课（总结）等，专业的引领对教师帮助很大。

与此同时，以课题为任务驱动，开展有效的教学研究，建立"以研促教"的科研保障机制。本着"问题即课题，教学即研究，成长即成果"的指导思想，鼓励教师走"问题——设计——行动——反思……"的行动研究之路。学校出台了《校级课题管理办法》，成立了学校学术专业委员会，都是旨在加强学术研究，强化学术管理，为教师的专业发展和内涵发展提供载体和平台。

3. 以团队建设助力教师发展

加强备课组和教研组建设，保障"研究"与"行动"的有机结合：教研组重在"研究"，备课组重在"行动"，即教研组建设要着眼于能够及时对教学规律与教师教学过程中出现的问题加强研究，而备课组则要及时地将研究的成果落实到备课中。近年来，我们尤其强调通过主题式教研活动提高校本研修的实效。每学期开学初，教研组制定教研活动计划，明确活动主题、活动形式、活动内容以及活动安排。每次教研活动定时间、定课题、定中心发言人，教研内容紧紧围绕课堂教学、课程建设和课题研究来进行；集中备课、讲课、评课，每一次教研都有专题，抓住重点问题，研究问题，探索教法，总结经验，完善过程；针对教学、教材、教法、学生活动等情况，提出教学实际存在的问题，分散研究，集中研讨，以“提出问题——集体备课——公开研讨——教后反思”为主要形式，真正探究教学实际问题，全员参与，立足课堂，互听、互评、互教、互学，共同提高。学期结束后，教研组在总结本学期教研工作的基础上提出下学期研修主题。教研活动的系列化、主题化，有利于教研活动持续开展。教师通过参加这样的研讨，有助于引发教师的思考，提升教师的教学研究能力，从而将思考转化为有形的教学行为。

两年的实践研究过程，使我们深深体会到：学校管理是学校质量保障的底线，同时，教育质量的提升，必须要有丰富多样的课程资源的保障，而教育质量的保障，归根结底，是要保障人，即师生的共同发展。

追求优质、个性、幸福的学校

上海市三林中学北校校长　杨正家

长期以来，教育从不缺少十分先进的甚至超越现实的理念。而我们立足一所学校，更需要实践智慧，能够实践先进理念的智慧和具有理论价值的实践智慧。三林北校专心安心做教育实验，走不同于寻常的办学之路，致力学生的健康成长，全校师生做到了可贵的坚持。

一所竭尽全力追求让老师学生幸福的学校，一定会产生个性化的特征，我们姑且从学校文化元素的角度作一归纳。

一、学校底子不错

在浦东，学校名称里带有东南西北字样的学校一般都是从示范性中学分离出来的初级中学，都是比较优质的学校。我们学校就是1995年从三林中学分离出来的。

我们学校底子比较好，主要有两层意思，一大批资深教师保持了三林中学教师的工作认真、勤奋苦干的优良传统；全校教师对教师职业都十分敬业。其实我们的生源和兄弟学校一样，都是就近入学，主要由三部分组成：本地居民、动迁居民和外省市农民工随迁子女，其中主要是本地就近居民子女。

二、质量稳步提高

学校每年寒、暑假都有一次专题研讨会，每次研讨都有一个主题。就教学工作，我们不空谈提高课堂有效性、减轻学生学业负担等口号，但是我们都确定一个具体的问题来全校讨论尝试改进。比如一堂优质复习课的基本特征；确定一个要素进行课堂评价或课堂设计（课堂的饱和度、课堂张力、课堂节奏等，我们并不去套用现成的课堂教学评价表）；全效学习方案研究实践（尝试探究式教学方法、尝试学习方案设计）；课堂灵魂目标的设计与达成(布鲁姆教育目标分类学的学习实践);探索解决学生课堂低迷状态的对策;学生课堂练习系统的设计与反响(研究有效练习,区别于技能操练)等等。

我们正在作《学业质量“绿色指标”评价系统》校本化尝试。通过这样的努力,老师们的教学水平不断提高,提高教学水平的追求目标也不断提高。在全效学习方案项目全国展示活动中,我们有10位老师向来自全国的400多位同行作了成功的教学展示。为了全校老师能够有一个地方经常展开教学的观察、实验和讨论,我们建立了一个金碧辉煌的现代化听课教室,把它叫做“金色大厅”。

义务教育中均衡发展作为第一要义,首先需要培养合格毕业生。我们学校除了完成这一使命,还坚持努力关注学生特长发展,绝不仅为学业合格而使有个性有能力的学生变成死读书的解题机器,为了表面的合格率和平均分而丧失学生的个性和灵感。事实上,我们加强对各种类型、各层次学生的指导,不仅取得大面积合格的成绩,而且还培养了大量优秀有个性的毕业生。

我们的努力得到一个经验回报:全面关心老师的提高,可以转化为老师对学生的针对性指导,最后取得老师和学生自由协同的发展。

三、归纳文化符号

学校发展不能总是一路向前冲,需要有提炼和归纳才会更有后劲。我们适度追求分数和名次,却无限追求师生多元持续成长。经过全校老师长期努力,结合学校和地区文化特点,我们归纳提炼出一些促进师生发展的文化符号。

(1)学校精神。三林北校的办学精神可以用一段话来叙述:三林北校旨在创建全校师生共同的精神家园,不断克服困难,积累成功,提升学校的专业品格。耐挫折,修韧度,坚持不放弃,具有稳定的科学目标坚定性。立愿景,重细节,获取期望与实践的最大一致性。逐步形成达观、诚信的校园人文内核,着力推进学校教育内涵的合理生长。

这段话可以概括为三个词:秉持、精益、达信。这三个词已经深入全校师生的内心。实际上这三个词是什么已经变得不重要,而大家能够有一些共同的教育理想和追求,遇到困难的时候能够产生共同的勇气才是真正有意义的精神。我们把这三个词放进我们自己设计的学校标志中,使之更加形象生动,符号化的学校精神更加大了对师生人格培育的影响力。

(2) 办学目标。办学目标实际上就是我们的学校形象:全校师生醉心于教育和学习的个性探索,以精益达信的境界促进学校教育在我们的手上取得持续进步。我们的办学目标可以概括为两句话:专心安心成就本色,精益达信继往开来。

(3) 培养目标。三林北校立志培养基础扎实,有教养、有国际视野的学生。谦和的态度,执著的品质,厚积的知识,探索思考(简称"索考")的能力。作为培养目标的这段文字,概括起来就是:谦和而执著,厚积而索考。

(4) 庄严承诺。三林北校全体教职工以自己对教育的热爱、对学校的忠诚和对学生负责的精神,向社会作出庄严承诺:把三林北校办成一所优质的学校,有影响的学校,有个性的学校,社会满意的学校。

四、探索突破方略

我们不满足于学校只有量的进步积累,我们还不断探索质的突破跨越。比如学校德育工作要回归学生品性培养的本原,比如寻求真实有效提高教师研究水平的教师研修方法。

(1) 突破方略之一:BAS(Bitingual, Activity, Science)德育课程。我们把学生的品性教育放在德育的首位,而不是用所谓行为规范教育来约束学生行为,这实际上是限制学生的舒展成长。我们尝试培养自信而谦和的学生,不是培养虽守纪但胆怯的学生。其实我们的内心十分明白,养兔子养鸟养动物,饱含生命教育要素。种菜种瓜果,饱含劳动与责任要素。社会调查,将学生与社会联系起来,使学生学会关注与关爱,等等。弱化教条,丰富体验,不仅使学生品性得到呵护,而且老师学生都十分喜爱这样的教育方式。我们把这样的品性教育提炼成《双语科普实践活动课程》(BAS课程),这门课程获批为浦东新区首批特色校本课程。课程包含三个实践要素:双语环境、科普活动、品格锻炼。我们希望用全校师生的双手,自己创造出三林北校学生老师的幸福校园生活。目前,虽然还谈不上幸福,但是一定是在走向幸福的路上。

(2) 突破方略之二:微论文。学校的教师研修方式通常大同小异,收效甚微。教师进行理论研究既有困难又十分重要。中学教师擅长实践教学，却不擅长理论研究。以往教科研部门培训的方法使得老师们花大量时间学习撰写课题报告，很多老师因为惧怕而被拦在研究大门之外，误认为自己不会研究，老师们经常在作研究形式的研究，效果不理想。经过摸索，我们学校提出微论文尝试。去除长篇论文的格式外衣，直接写出自己面临的困难、采取的对策、产生的效果，最后将自己的尝试反思改进。一篇微论文，不超过2 000字，却可以流畅地说清楚自己的一个故事，解决一个问题。这是一种去形式化的实质研究，每个老师都做得到。对教师来讲微研究不仅有自身价值，而且对研究能力的发展有基础价值。我们摸索着教师研修途径的新突破，而且把老师引向关注教育教学真问题、真困难、真实践和真思考的方向上来。

五、几点感想

三林北校的发展，一直在自问中前行。比如，如何突破从而可以发展得快一点？如何入手可使目标最大化地达成？从哪里开始可以使得我们的努力更有价值？

(1) 追求有效学校特征。学校在不断进步，老师们时刻都想着要取得进步，这是学校进步的最可贵财富。没有人会认为我们已经够好了，保持就可以了。人人都在想着还可以改进一点，这已成为我们学校的价值共识。

(2) 探索国际化教育形态。我们尝试引进综合科学全英文课程，中外教师合作教学受到师生欢迎。一所初级中学，本来也未必要去尝试国际化的理想，最多有一些创新就可以。但是我们认为教育行为需要具有可解释性，优质的教育行为本身就是国际化的。全校师生兴奋地一起包饺子、蒸馒头、煮汤圆来欢度圣诞节，在比较、互鉴中促进我们教育的优质化探索才是我们的本意。

(3)《国家中长期教育改革与发展规划纲要(2010—2020 年)》提出两句话，“为每个学生提供适合的教育”和“着力提高学生的创新能力”。我们学校一直在这两个原则的平衡之间探索，希望能够寻求到最适合、最有创意的教学方案。三林北校是一所朴素又创新，为学生、老师和学校发展痴迷的学校。我们在坚持中探索，在探索中坚持。渐渐地，探索已成为一种习惯，坚持已成为一种品格。

办学方略二则

上海市三林中学北校

方略一、微论文提高教师教学研究水平

1. 现状

我们学校老师工作专心踏实、对学生认真负责，教师对自身专业发展的要求比较强烈。教学策略却不够丰富，教学设计和研究的理论能力有所不足。对于课题申报、论文撰写等有胆怯心理。

帮助教师克服研究瓶颈，若走寻常路，则要对全体教师进行教科研培训，这通常都要从填写课题研究申报表开始(比如确定课题)，从论文书写的格式开始。然后很规范地实施研究，比如案例研究、叙事研究和行动研究。比如论证课题价值、撰写开题报告、设计调查问卷。实际上对于老师来讲，研究的形式已经大过于研究的内容了，老师们在作研究的研究，却还没有触及教育教学实际问题的研究，这种研究所产生的困难又把老师们拦在研究大门之外，致使老师们更相信自己不会研究。

事实上，真正在教育教学中的困难、值得研究的问题，老师们心里很清楚，却没有机会让他们自然地表达出来。

2. 对策

近6年来，我们不断尝试，摸索教师自我研习、不断提高的蹊径。仔细分析教师案例研究、行动研究和叙事研究的实质，它们都与教师的实践相关联，都是源于教师所遇到的困难的应对研究，都是研究提高实践水平的方法。而老师们虽然不擅长研究，却擅长教学实践。因此，分析教师研究的实质过程，结合教师的优势，杨正家校长提出，我们的研究从问题出发、从实际出发、从需要出发，采取扬长避短的方法，不走寻常路，可以探索微论文方法，突破形式束缚，凸显内容核心。

微论文，伴随老师突破研究的困难，提高研究水平，自然地说出一个个教育教学的故事。

微论文帮助老师不拘泥于研究形式，直面教育教学困难，尝试最佳的解决方法和策略。突破教育教学的难点，提高教育教学能力。

微论文，就是一事一议一谋一得，写下来一气呵成。微论文形微神聚，微言大义。

微论文，顾名思义，就是非常短小的论文。基于老师自己的经验和来自教育教学工作的实际问题，老师说出自己的做法和成效，也可以写出自己的思考和困惑，这实际上是一篇直接表达解决困难最核心思想或方法的短文，是一篇去形式化的论文。微论文使老师们突破了研究形式的束缚，直接指向最实质的策略、尝试和思考。我们平心而论，教师的研究应该以内容为重，内容一定要大于形式才好。

我们这么做，老师们虽然不一定能够头头是道说出很多理论依据，却能够非常自如地将自己的实践经验融入其中。事实上，十分奏效的实践经验往往是符合理论依据的。更何况，微论文经常在做实践归纳，而不是用实践去探究可能的理论依据，更无意去挑战理论依据的存在性和真理性。

3. 效果

和预期一样，经过这样有效的研究，更多的教师学会了理性思考。微论文撰写的成功，使我们仿佛看到了老师们在未来专业发展旅程中有了创新助跑器。

一些年轻教师通过微论文撰写，感悟到文章的素材源自每天的课堂，那些生动鲜活的事例就来自自己的真实教学情境。那些解决问题的实际方法，来自教师教学智慧的集中展示，来自教学经验的直观体现，教师潜下心自己琢磨和推敲，发现个中原委都是有据可依有章可循的。比如《面对初三英语学困生怎么办?》、《我们的作文教学该怎么办?》、《以实验的方式探究一支黄花对上海地区的植被的影响》等等。老师们学会认真捕捉问题，理性思考问题。

我们独辟蹊径为教师推开了一扇边门，引领教师从论文写作的门外进到门内，他们将教学实践和教学研究联系起来，将实践探索和理性思考联系起来。

微论文是我们学校在实践中摸索得到的一条教师专业进步的自培途径，已逐步成为我们学校教师自我研修的方法。

微论文可以引导老师学会研究。以研究的方式促进教育教学工作。研究成为教育教学的有益助手而不是拦路虎,也不是功利手段。

通过构想、归纳、撰写,全校老师终于能够很自如地说出自己遇到的困惑、采取相应的方法,归纳实践以后的体会和思考。微论文不受形式的限制,原本望而生畏的论文撰写,觉得有一点眉目了,感觉通透了。

微论文是我们学校在实践中摸索的产物,这种教师培育方法直接成为两座桥梁:连接教育教学实践和教育教学研究的桥梁,连接实践研究和理性教育科研的桥梁。以此可以培育教师和学校的教研文化。

4. 反思

我们不太强调微论文写成什么样子,注重内容、解决问题、淡化形式。只要能够说出遇到的困难,或需要解决的问题,提出采取的方法措施,产生的效果即可。但是为了更便于写作,我们也提出一个供参考的框架意见,比如存在的问题、对策设计、实际效果、启发反思,等等。

尝试开展微论文研究写作活动进入常规,对于老师来讲可以天天写发生的事情,学校每年组织一次微论文研讨会,而且提供论坛的平台让老师进行研讨交流。教师的这种自我研修形式,已渗入到日常的教育教学过程中,微论文写作正是希望将老师既从抽象的课题研究格式中解放出来,又能够经历案例、叙事、行动研究等各种研究方式的核心过程,同时丝毫不减弱教师理性思考的要求,用微论文激发老师逐步实现教育的理想,使教师在专业上变得更加成熟理性,使之成为教师进行研究的核心基础。

我们努力提倡老师撰写微论文,用微论文作为教师提高教学研究水平的校本研修通道。实际上是希望能够为老师提供一个从教学实践经验走向理性教学研究的最可行的情境。通过微论文研究写作,至少可以产生三方面直接的积极促进,一是微论文直接促进老师们现有的教育教学水平的改进,二是学然后知不足,直接促进老师们去进一步地学习提高,三是以微论文为基础,直接促进老师们去思考研究更复杂的课题,进行设计研究。希望老师们通过自我学习,逐步自我提升,最终成为一名理性的、个性化的、优秀的教师。

(撰文　王自蓉)

方略二、创新德育课程，培育学生品格

这个时代，效率至上。学校德育也赶潮流，越来越看重结果而忽略过程的体验。为了德育效果立竿见影，行为教育逐渐取代品格教育。通过行为约束，短时间使学生在校守规矩，学生行为被高度约束形成了学生校园生活的表面和谐。

行为教育取代品格教育之后，德育方式简单化。学生受环境约束，校园内遵守行为规范，却少有道德、品格的提升。学生在被教育、被约束的状态下成长起来，他表面遵从，内心抗拒。导致的结果是：学校德育未能触及学生的灵魂，德育目标未能成为学生的自我追求，德育活动未能创造学生校园生活的幸福感。

我们学校经历同样的困顿之后，认识到德育是默化、持恒的过程，决定守住德育的育人之根，尝试探索德育创新课程，培养学生真人格。

我们需要在德育中注入更多柔性的力量，默默影响学生品格，建立学生道德理性；我们希望德育扭转学生的内心反叛心理，满足学生的内心需求，引导学生逐渐专注于所追求的健康事物；我们希望德育过程成为学生生活的主动音符；我们希望师生凝结形成德育合力，共同成长。

就这样，我们设计了学校德育 BAS 课程，即“双语科普实践活动”课程。将双语、科普、实践活动等元素有机结合，促进学生活动主题化、课程化。课程的核心是关注学生发展，学习内容为学生的健康个性发展服务。通过这一课程，关注学生品格培育而不仅是强制约束学生的行为。关注学生实践而不执行僵化的教条。关注爱、生命和责任，努力克服城市儿童“自然缺失症”，学校与社会、自然、生活相结合。这一学校特色德育课程，旨在创造全校师生的校园幸福生活。本课程实施内容包括五大主题模块及目标。

主题模块一：“人与植物”和谐活动，关注“科学与勤劳”目标。

以蔬菜瓜果、花卉种植为实践活动内容，利用校园绿化地块，让学生参与劳动，体验种植、收获的过程，获取种植植物的知识和乐趣，在实践中培养学生关注自然、生态和环保，感受“人与植物”的和谐。

“亲青园”、“shining garden”、“绿茵阁”，每个菜园的名字都凝聚着同学们的美好

心愿。在班主任带领下，同学们开垦荒田、播种育苗、浇水除草，笨手笨脚却又一本正经。以往只在书本上的植物知识，如今可以亲眼目睹，亲手尝试，汗流浃背之际顿悟“粒粒皆辛苦”。以往师生之间交流的话题是学习、作业、考试、分数，如今加入了南瓜、蚯蚓、土地、阳光。因为劳动，同学们更贴近自然，师生更亲密，同学们更明白万事皆辛苦，一切要珍惜。

各班菜园的番茄、萝卜、鸡毛菜喜获丰收，黄瓜、刀豆、丝瓜、南瓜、冬瓜等茁壮成长，同学们一边体会丰收的快乐，一边期待新的果实成熟，紧张的校园学习生活多了一份田园情趣。

主题模块二：“人与动物”和谐活动，关注“爱与生命”目标。

以动物饲养为实践活动内容，建立学校的动物王国，学生从中体验动物饲养过程的喜怒哀乐，获取动物饲养的知识和乐趣。在实践中滋生责任心、爱心，关注生命教育和爱的情怀，感受“人与动物”的和谐。

目前学校共有20多只可爱的小兔子，每只小兔子都有自己独特的名字：coffee、可乐、大黑豆、小黑豆……平时，同学们为小兔子准备饲料、清理兔房、精心照顾。阳光灿烂的日子，同学们和小兔子一起玩耍嬉戏。预备七班的“兔妈”吴弘，无论刮风下雨，每天早晨上学路上，她总要去菜场给小兔子拣菜叶，在她的BAS课程记录本上，喜怒哀乐真情表达，读来不亚于一本精彩的动物童话故事；预备四班的“兔爸爸们”最了不起，无论是小鸟还是小兔子，每一只小动物都可以在他们的精心照顾下健康成长。当然也有难过的时候，2011年10月，预备六班饲养的小鸟发生了意外，同学们难过落泪，为小鸟举行“葬礼”，在感叹脆弱小生命的同时，更加学会了珍惜生命。动物王国每天都有趣事发生，预备三班的灰兔可以三级跳越过栅栏，跑出去偷吃菜叶。原以为是怀孕了的兔妈妈却不曾想只是吃胖了，害得同学们白开心一场。同学们在趣事中学习观察、记录，探索生命、科学的奥秘，培养综合学习素养。

主题模块三：“人与环境”和谐活动，关注“创新与求真”目标。

以“奇异帽子节”、“相框制作”、“树叶制作”等为主题，开展环保教育活动，传递环保知识，培养动手能力，在DIY动手实践中尝试小制作、小发明的创作灵感，感受“人与环境”的和谐。

在外教Tim带领下，同学们利用废旧材料制作创意帽子，走上街头，宣传环保知识。同学们制作的环保相框和环保树叶汇聚成了中国版图和家庭树陈列到了外教活动室的墙壁上，学生的作品或许不是那么完美，但是活动给学生带来了深刻印象，同学们在家长开放日上说道：我们的学校就像一棵大树，校长就是我们的根，老师就是大树的枝桠，我们就像一片片嫩绿的树叶，今天我们从他们那里获取养分，明天我们就把养分传播给全世界。我们期待学生具备环保意识的同时还能拥有健康的理想信念，爱家人、爱学校、爱祖国、爱地球。

主题模块四："人与社会"和谐活动，关注"责任与担当"目标。

以"关爱社会，奉献社会"等为主题，利用假日小队、春秋游、爱心义卖活动等，开展校内外社会实践活动，培养学生利他意识，提高社会交流能力，促进学生家庭幸福感，感受"人与社会"的和谐。

本来，每年清明节祭扫烈士陵园的传统教育已经淡化成了一种仪式，很难对学生产生深刻的心灵触动。但是，我们事先组织学生进行主题学习，了解三林烈士陵园，同学们发现，这里埋葬的烈士就曾生活在自己的周围，他们的后人就在我们的身边。烈士不再是遥不可及的画像，而有了心与心的碰撞。这块土地上孕育了光荣的革命先辈，孕育了优秀的传统文化舞狮刺绣，感动骄傲之余，民族自豪感油然而生。清明节那天，老师和同学们一起，来回两个多小时列队打着校旗步行去烈士陵园，700多人的队伍气势庄严，我们用自己的行为向社会庄严宣告：我们不是温室里的花朵，如果祖国需要，我们一样可以站在最前列！用心设计教育活动，才会产生深刻的教育效果。

学校举办家长开放日活动的开幕式上，预备年级的同学用双语主持，各个班级也派代表展示班级风采，同学们自始至终流露出的集体荣誉感和自豪感让我们感到欣慰和感动，他们的能力也让家长惊讶，活动结束后一位父亲感动得紧紧拥抱上台展示的儿子，这个温暖场面让我们流下喜悦的泪水。我们就是要实践这样的德育。孩子们的每一个细微进步和变化都牵扯着一个家庭的幸福，我们必须用心，再用心！

主题模块五："人与人"的和谐活动，关注"善良与合作"目标。

以"成长"、"诚信"、"民主"等人类优秀传统文化为主题，开展教育交流活动，了解世界各国文化概况，开阔学生国际视野，组织学生出境游学，培养国际公民意识，感受“人与人”的和谐。

我们所处的信息时代让我们在家就可以畅游世界，但是如潮流般涌入的信息也会迷惑很多人的眼睛。我们希望我们的学生既拥有中国传统文化的根，又具备放眼世界和未来的少年胆气。

我们以“分享礼物，分享友谊”为主题来组织圣诞节活动，倡导同学之间学会宽恕、学会包容、学会分享。与此同时，我们又组织各班同学学包饺子，学做馒头，把圣诞节过得像中国传统的春节一样。植根传统，海纳百川，做一个地球公民是我们对孩子们的期待。远远看去，全校的老师和同学在一起热气腾腾、喜气洋洋，又像圣诞又像春节的景象，真是充满一个和谐大家庭的气氛。

BAS课程经过近两轮的试验，我们积累了一些经验，逐步编写了校本BAS教材，如“人与植物”校本教材《Veggie Garden》、“人与动物”校本教材《Animal Kingdom》、“人与环境”校本教材《Funny Hat》等。在此基础上，我们还申报了浦东新区创新德育特色课程、上海市科技教育项目、上海市创新德育实验室，正在申报全国校本课程。德育成了师生校园生活的幸福音符，在活动中师生共同体验快乐、收获知识、培养品格。

但是，我们依然面临巨大的困难和挑战：学生在积极参与BAS课程的同时，是否会影响其对基础学科的兴趣和精力，它们对学生的品格塑造和身心健康作用究竟有多大也有待我们进一步研究。我们既要关心学生的学业水平，又要关注学生为学业水平所付出的各种代价，学生的身心健康和品格高尚更是我们关注的焦点。遵循教育的规律，符合学生的身心发展要求，创建学生幸福成长的环境，培养学生真诚善良美好的人格，是我们永远的追求！

（撰文　张蓓芬）

在教育的“道”与“术”中追寻

上海市中远实验学校校长　陈　婷

中国的文化思想中，“道”是十分重要的概念，其要义为，道是本原、是规律、是法则。老子指出，“道者万物之奥”，道是万事万物运动的规律；“大道泛兮”，道存在于一切事物之中，贯穿于一切事物发展过程的始终，“故从事于道者，道者同于道”，人们要坚持、遵循道的法则。“道术贯通、以道御术”，在遵循规律的基础上，还要讲求方法方能取得成效。

作为一个站在基础教育第一线的校长，对于教育之“道”与“术”的追问与探求，伴随着办学实践的每一天。

一、“道”——以学生发展为本

柳宗元的散文《种树郭橐驼传》，用寓言的形式讲述了一个深刻的道理：养人如种树，要顺木之天，以致其性。种树要顺应树的天性，树木才能长得高大茂盛。育人亦如此，要顺应受教育者的天性，方能使其得到更好的成长。

对于一个学校而言，核心价值追求是灵魂，这也体现了学校教育对于教育之“道”的认识。教育是遵从知识本位、社会本位抑或是学生本位，随着时代的发展，社会的进步，答案越益明晰了。“面向全体学生，促进学生全面发展”、“为了每一个学生的终身发展”、“为了每个孩子的健康快乐成长”，从国家的教育规划纲要到上海的规划纲要、“十二五”规划，都把立足点放在了以学生为本的教育本原上，也为我们指明了教育之“道”。

基于教育应以学生发展为本的认知，我所在的中远实验学校自 2002 年创建之初，就开始了构建学校精神文化体系的思考与实践。十年一剑，当学校走到发展的第十个年头，我们开始了第三轮规划的推进发展，在把学校办成一所理念先进、管理高效、队伍精良、质量均衡、环境优美、特色鲜明的市、区素质教育示范校的发展目标引领下，学校精神文化体系的构建也在实践中不断明晰与完善。

我校的办学理念是：让每一位学生在喜悦中获得成功，在夯实基础上得到卓越的发展。这是"为了每一个学生的终身发展"教育理念的具体化。其中，"喜悦"和"成功"是指：努力提升每个学生的学习、生活品质，让每个学生都能有成功的体验，使学生在愉悦的体验中喜欢学习、热爱生活、喜爱学校。"基础"和"发展"是指：努力为每个学生打好"学会做人，学会学习"的基础，开发每个学生的潜能，发展个性，培育其终身发展的能力。

我校的校训为：好学求真，追求卓越。这是学校文化之魂。其中，好学是乐学、勤学、会学，做学相融，知行一致，具有终身好学不倦的品质与能力。求真是说真话，办真事，求真知，做真人。追求卓越是不断超越、追求一流。

在办学理念和校训的引领下，我校明确了学校的育人目标：培养人格健全、学力厚实、身心健康、情智皆优、德智体美全面和谐发展、有个性特长的学生。这样的目标表现为具有良好的"三品"、"三雅"、"三基"、"三力"。其中，"三品"是精神品质、道德品质、意志品质；"三雅"是举止文雅、气质优雅、品位高雅；"三基"是基础知识、基本方法、基本技能；"三力"是实践能力、创新能力、发展能力。具体表现为"六个较强"：有较强的诚信、爱心、责任心；有较强的书面和口头表达能力；有较强的运算与逻辑思维能力；有较强的艺术素养；有较强的身体、心理素质；有较强的生活自理与实践创新能力。

与此同时，学校明确了教育教学的质量目标：我们追求的教育教学质量目标是满足社会发展需求的质量、满足学生个体需求的质量、符合全面均衡发展要求的质量。学校要不懈努力的是如何使教育教学质量从现状出发，在遵循教育规律，不断追求科学发展的螺旋上升的过程中，实现人的全面发展，使学校承担起育人的社会责任。

二、"术"——以情智育人成长

"在教育的神殿里，我觉得寒气逼人，冰冷彻骨。为什么里面像死一般无声无息？为什么里面只有老师一人踱来踱去？为什么在这个四季如春的教育花园里一年到头都是严冬？鸟儿、花儿、儿童在那里。”

——前苏联教育学家阿默纳什维利

基于对教育之“道”的认知，学校有了明确的价值追求，但要将价值追求落到实处，产生实效，改革传统教育的积弊，需要以“道”御“术”，核心价值指向的是每一个学生，关键在于教师，学生健全人格的形成关键在于教师自身的情感质量，而教师教育智慧决定着教师教学工作的状态、质量和水平，进而深刻地影响着育人的质量。唯有以情方能育情，以智方能启智，教育者以情智育人，才能达成“道”“术”贯通，为学生全面终身发展奠定基础。

在核心价值引领下，我校将“情智育人，卓越发展”作为学校办学的基本策略，努力做到以教师发展为根，提升教师的育人情感和教育智慧；以学生发展为本，培育学生的健全情操与全面智能；以卓越发展为追求，使教师有特点，学生有特长，学校有特色。

以教师专业成长为例，学校将教师专业成长与师德建设、课程推进、教学改革、科研项目推进等工作紧密结合，通过四大平台建设，促进教师教育情感与教育智慧的不断提升，从而达成学生的全面成长。

建设师德创建平台，提升教师素养。师德是教师应有的道德规范和行为准则，以及与之相适应的道德观念、情操和品质。学校以“师爱为魂，学高为师，身正为范”作为师德建设内涵。通过各种途径引导教师自觉遵守教师职业道德，以自身优良的道德观念、行为素养成为学生道德修养成长的楷模，努力成为具有高尚情操、渊博学识和人格魅力的教师。

建设校本课程平台，提升教师能力。学生在校的全部生活是课程。教师的教育智慧，必须要与学校的课程建设共成长，使学校教育在有限的时间和空间内为学生创设无限的学习体验，学校将教师专业成长与课程建设紧密整合起来，在促进学校国家课程校本化、校本课程特色化、特色课程精品化的过程中，促使教师自身的专业素养、教育智慧得以不断提升。

建设校本教学平台，促进教师成长。教师情智成长的主阵地在课堂。教学能力的提升是教师专业成长的核心领域，学校明确提出校本教学目的：“以学生发展为本，夯实基础、激发潜能、发展个性”，教学方针：“激发需求，自主探求，点拨思维，做学相融”，教学方式：“实施开放教学，丰富学习体验，探求构建新知”。促使教师在专业成长和校本研训过程中聚焦智慧教学，不断思考教什么、学什么、怎样教、怎样学、教好吗、学好吗的问题，以提升专业能力，提高教学实效。

建设校本科研平台，促使教师转型。要促进教师情智成长，就要促进教师向研究型教师转变，学校从科研制度建设、科研网络建构、科研课题管理与推进、学术氛围营造、科研成果推广等方面，扎实有效地开展科研工作，依靠科研提高教育教学质量，依靠科研推动学校的整体发展，也依靠科研促使教师以情智育人。

以生活教育为思想精髓的著名教育家陶行知先生，因为信仰王阳明知行合一的心学学说，先后两次改名。1911 年，陶先生在南京金陵大学求学时，改名为陶知行，书写：“知是行之始，行是知之成。”1934 年，陶知行正式改名为陶行知，书写：“行是知之始，知是行之成。”两次改名，是陶先生对王阳明知行合一理解的不断深入，最终达成理论和实践的辩证统一。无论是陶先生所伏首的知行合一，还是传统文化的道术贯通，都在哲学层面上揭开了智慧女神的神秘面纱，也让站在基础教育一线的教育者和实践者，不断意识到自身肩负的使命，执著前行。

用情感和智慧育人　让品质和成效彰显

上海市中远实验学校

2002年，在上海市、区领导的直接关心下，上海市中远实验学校于该年秋季创办。在10年发展的过程中，学校全体师生员工凝心聚力，遵循教育规律，以高目标、高标准、高要求夯实学校规范和科学发展的基础，初步积淀了良好的教风、学风、校风，在较短的时间内获得了良好的办学成效，学校办学总体水平得到了社会的广泛认可与肯定。

一、核心价值导航，学校发展有引领

学校教育的目的是帮助学生形成终身发展所需要的价值观念、科学知识、学习能力与生活方式，为学生的终身发展奠基。要实现这样的教育目的，要求学校要遵循教育的内在规律，用先进的办学理念引领学校教育的发展。学校创办伊始就确立了清晰的办学理念和明确的办学目标，且一以贯之，坚持不懈，逐步完善，形成了比较完整的学校文化价值体系，得到了全体师生、家长及社会的普遍认可，引领了学校发展的方向。

（1）办学理念：让每一位学生在喜悦中获得成功，在夯实基础上得到卓越的发展。这是"为了每一个学生的终身发展"教育理念的具体化。

（2）学校校训：好学求真，追求卓越。这是学校文化之魂。

（3）发展目标：把学校办成一所理念先进、管理高效、队伍精良、质量均衡、环境优美、特色鲜明的上海市、区素质教育示范校。

（4）育人目标：培育人格健全，学力厚实，身心健康，德智体美全面和谐发展，有个性特长的学生。

（5）质量目标：我们追求的教育教学质量目标是满足社会标准的质量、满足个体需求的质量、符合全面发展要求的质量。

根据学校发展远景与发展目标，学校在创办以来的10年发展中，分阶段制定了切合学校实际、促进学校可持续发展的规划，第一阶段（2002—2005年）为学校初创奠基的规范发展阶段，第二阶段（2005—2009年）为多元发展、形成特色的精细发展阶段，第三阶段（2010—2014年）为情智育人、有效发展、创精品优质教育阶段。明晰的价值追求、准确的发展定位、切实的发展举措有效引领了学校整体工作的全面发展。

二、育人模式架构，立德树人有特色

学校教育要帮助学生形成健全的人格，需要为学生提供丰富多样的体验，使学生在有效的育德活动中，逐步形成良好的情感道德、树立正确的价值观念、养成良好的行为习惯、具备健全的公民人格，这既是学生成长的需要，也对学生的的成长起到潜移默化的作用。

我校的德育工作紧紧立足于地域特点。学校地处苏州河畔的中远两湾城，这里蕴含着极为丰富的教育资源。这是一片红色的土地，是近代沪西工人运动的发祥地，是震动上海、席卷全国的“五卅运动”的发源地，顾正红烈士牺牲后万人追悼会的遗址就在这里，学校左侧树立着庄严肃穆的沪西英魂纪念碑和上海总工会第四办事处旧址纪念碑这里是普陀区重要的爱国主义教育基地，有着对学生进行历史文化教育的宝贵资源。这里还是一片沧桑巨变的新热土。这里是上世纪上海最大的棚户简屋区潭子湾、潘家湾所在地，在改革开放的日子里，在推土机轰鸣声中棚户简屋不见了，拔地而起的是高楼林立的现代化美丽社区，这种沧桑巨变见证了改革开放的辉煌历程。这里是水文化探究的宝库。学校坐落在苏州河畔，为学生探究苏州河水文化、进行水质分析，了解苏州河由黑变清的历史，增强生态意识，提供了便利条件。

立足于地域特点，学校依托中远两湾城丰富的教育资源在师生中推进两纲教育。经过10年的实践探索，根据突出重点与有机渗透相结合的原则，初步架构了较有特色的育人模式。

学校的德育工作以培育学生良好的精神品质、道德品质、意志品质和良好的行为习惯为目标，以情感教育、养成教育、自我教育三位一体为途径，确立了学科教育、校园文化活动、探究活动、书海品读活动、修身育品活动和社会实践活动六个有效载体，并确定了“七个一”——一像（顾正红烈士塑像）、一碑（校内的上海总工会第四办事处遗址纪念碑）、一河（学校旁侧的苏州河）、一地（校内的服务基地）、一城（学校所处的中远两湾城）、一馆（博大精深的博物馆）、一库（学校为学生建立的资料库）——的德育教育基地。每一个基地又根据不同的教育内容和教育形式加以延伸，从而形成每位学生要寻访探究、体验感悟的系列，为学生的思想道德建设提供丰富的教育资源和可贵的精神财富。

如学校将学年的教育活动，以七大主题为内容，以“节”的形式，开展活动，它们分别是读书节、正红节、艺术节、人文节、体育节、英语节、科技节。七彩主题节活动紧紧围绕健全人格的培育，注意人人参与、生动有效。其中，五月正红节是以牺牲在这块红土地上的顾正红烈士的名字命名的，以此纪念那中国解放发展壮大历史上的一座座永远的丰碑。科技节注重学生实践创新能力的培养，学生关注生活，利用身边资源，开展多样科技创新活动和环保实践活动，如科技节开展“超级变变变”活动、开展节能减排探究活动。在主题节活动中，学校确立主题，制定活动方案，班级在学校整体活动方案的基础上开展特色活动，使学生在人人参与中感悟提升。又如学校的仪式教育，小学生的儿童团入团仪式，中学生在纪念碑前的入团仪式，七年级的领巾换戴仪式，八年级的14岁生日仪式，九年级在龙华烈士陵园的“继承先烈遗志，争做时代先锋”离队入团立志仪式，都给学生留下深刻而难忘的印象，切实发挥了育人的功能。再如学校的社会实践活动。学校先后与安徽石关希望小学、普陀区民工子弟学校、上海市盲童学校、云南澜沧民族中学结成友好学校，开展了多样的活动，与子弟学校学生通信千余份。在四川、甘肃地震、舟曲泥石流等各种灾难发生后，积极捐款捐物。同时，在宜川街道、中远社区、普陀区建立了敬老、爱幼、梦清园、民工学校、社区清扫等社区爱心服务基地，定期活动，使学生在活动中感悟两湾变迁，热爱中远社区，做社区好公民。丰富的活动，培育了学生良好的精神品质、道德品质、意志品质，也不断引导学生成为关爱社会、服务他人，具有强烈社会责任意识的社会人。

教育要无痕，但教育要在学生的心中留下痕迹。德育的有效性建立在学生的主体体验基础之上，只有入情入理地使学生在实践中体验，在体验中感悟，在感悟中升华，才能促进德育内化。为此，学校实践探索了形式多样、学生喜爱的活动形式，可以概括为以下15个字，读、看、赏、听、访、探、讲、创、唱、画、演、舞、行、习、礼。丰富多彩的教育实践活动，使得中远的学生具有较为良好的风气，学校也初步形成较有特色的校园文化，“丰碑教育”成为学校的特色德育品牌，学校被评为上海市民族教育试点校、上海市行为规范示范校，成为陈鹤琴教育思想研究会实验基地校。

三、多元课程构建，全面发展有保障

课程是学校培养和造就人才的重要载体，如何在有限的时间和空间内使学生拥有无限的学习体验，为学生的全面发展奠定基础，是保障学生全面发展的关键。学校在课程建设中坚持以学生发展为本，严格执行国家课程方案，通过进一步加强基础课程的校本化实施，加强校本课程的开发和建设，推进校本课程特色化、特色课程精品化工作，使学校课程规范丰富、多元有效。同时，在实施中加强对三类课程分类制定进行相应的管理、评价和展示工作，以促进三类课程的有效实施，为学生的全面发展提供坚实的课程保障。

我校的三类课程建设中，基础型课程立足于国家课程校本化实施，从单元有效设计、课程指南编订、学科教学内容与要求编订、校本作业设计、微短训练推进、课堂教学讲学稿实验等方面着手校本化实施。拓展类课程初步架构了具有中远校本特色的七大类课程框架（综合人文类、信息技术类、体育健身类、钢琴管乐类、科技创新类、陶艺美术类、社会生活类），探究类课程建设小学结合上海市探究学习包的学习，中学注重挖掘学科学习探究点，进行校本探究课程开发。我们初步实践了四大类探究主题（人文类、社会类、生命科学类、生活类），目前已自主编订实施的自主拓展探究类校本教材有六类28本，其中初步形成特色的有：特色微型课程（语文习字、英语口语、数学口算）、兴趣类拓展课程（科技类、艺术类、制作类）、陶艺美术类（陶艺、美术）、生命科学类（苏州河的水质分析，植物成长与栽培）、德育校本课程（如蒙学经典教育）、安全教育课程系列。

以学校艺术创意课程群建设为例，学校立足于校本课程特色化、特色课程精品化推进工作，以“艺术生活化、生活艺术化”为理念，在陶艺、美术、劳技以及信息等学科领域推进艺术创意课程实践，取得较好成效。

在陶艺教育方面，近三年来，学校举办市级陶艺现场会1次，市级陶艺竞赛1次，市、区级教学展示16次，市级交流讲座2次、区级交流讲座3次，历年来，教师指导学生获市学生艺术单项比赛金奖26项、银奖55项、铜奖42项，区级竞赛获奖50余项。

结合美术学科和美术拓展课程，教师以创意活动项目推进学科实践，学生参与的中英校际连线的川流五洲和社区点亮生活项目实践，在上海和北京进行了展示，学校每年开展美术课程的创意实践，如“心愿蛋”庆新年美术创意系列，兔年“话”兔创意系列，环保伞系列，名画新作系列——《一百年后的土地》，创意垃圾桶设计，《走进象形文字》甲骨随想创作系列等。我校艺术教育2011年5月进行了市艺术教育展示，我校教师赵宝仓获2010年上海市中青年教师评选艺术学科一等奖的课例还应邀参加了北京举行的全国美术教师大会的优质课展示。学生作品《甲骨随想》获得了2011上海国际少年儿童文化艺术节——“童”一个地球，我的低碳生活——少儿视觉艺术展一等奖。

劳技学科教师指导学生利用身边的资源，开展了易拉罐创意制作、中国结制作、剪纸创作、牙签创意制作、水仙花雕刻、插花花艺、布艺制作、石膏板雕刻、工艺木工制作等多样的创意制作活动，学生在上海市CAXA杯劳动技术、上海市水仙花雕刻竞赛等市区比赛中获奖约100多人次，学校被评为全国中小学劳动技术教育先进单位，教师获2012年上海市教师教学评优一等奖。

信息技术学科建设，着眼于信息技术与艺术课程的整合，学校自主开发了《闪客世界》信息科技类校本课程，开展了丰富多彩的信息类特色教学，培养了一批有信息科技学科特长、有信息专业素养的学生。近三年来，我校组织指导学生获全国、市区各类信息科技比赛600余项大奖。在参与“全国中小学电脑制作活动初中组电脑动画”、“全国中小学信息技术创新与实践活动”、全国信息学奥林匹克联赛、上海市青少年计算机应用操作竞赛动画制作类等比赛中多次荣获一等奖。2010年，上海市校外信息科技竞赛指导研讨活动在我校隆重举行，我校张薇轶老师和窦颖老师就信息技术课程教学与与会人员进行了经验交流。

学校还利用良好的硬件设施，重点打造了理化生实验室、创新劳技实验室，使得苏州河的水质分析、生活中的理化试验、植物生长与栽培等探究性课程初步形成特色。在植物生长与栽培课程中，学校建设了屋顶开心农场，利用探究课、社团活动，按不同季节种植了赤豆、棉花、西瓜、蚕豆、红薯、丝瓜、番茄、青菜、向日葵、玉米、黄瓜等多样农作物，针对九年一贯制的特点，对不同年级学生提出分层要求，进行探究、美术、信息的跨课程整合，学生种植的收获果实上了学生的画布，成了学生的信息创作灵感；上了学生的餐桌，成了学生乃至他校学生探究课探究的材料。学生开展了诸如香烟烟雾对植物生长的影响、光照对种子萌发率的影响、有色光对植物生长的影响、泥土的厚度对植物生长的影响、种植深度对植物生长的影响、二氧化碳与氧气对植物生长的影响等一系列的探究，在植物生长与探究课程中，屋顶农场成了学生接触自然、探究自然的开心乐园。这些课程，改变了学生学习的方式，丰富了学生的学习体验，使学生在关注社会、关注自然中学会了学习、学会了尊重。

在课程的实施上，学校确定了学校校本教学目的："以学生发展为本，夯实基础、激发潜能、发展个性"，教学方针："激发需求，自主探求，点拨思维，做学相融"，教学方式："实施开放教学，丰富学习体验，探求构建新知"。以国家课程校本化实施、校本课程开发与建设、特色课程精品化打造为手段，通过完善教学研究基本模式、推进多层次教学研究活动、加强多渠道教学质量监控等多样途径，要求教师不断思考教什么、学什么、怎样教、怎样学、教好吗、学好吗的问题，以聚焦课堂教学，积极开展教学实践，探索优质教学的模式和策略，使课堂教学呈现活力。同时，学校还高度重视学生学习习惯的培养，基于教学是教与学的双向互动，我校既做到重视要求教师以自身的规范严格培养学生的习惯，又不断研究学生学的习惯。我校编订了各学科教师教学与学生学习的规范要求，每学期举行多样学习、宣传、展示，将学生良好习惯的养成记入学生成长手册。

四、师资队伍建设，情智育人有成效

教师是进行教学活动的主导力量，要保障学生的有效发展，必须切实提高教师的师德、师能、师艺，让教师扎根在校园，扎根在课堂，扎根在学生中，扎根在与课程改革共同成长的过程中，从而不断提升教育情感质量和教育智慧水平，使教师更具人格魅力，使优良的教师文化在促使教育目标有效达成的同时，也对学生健康人格的培育产生有效影响，从而真正夯实学生发展的根基。

学校高度重视强化师德建设。学校以党支部创建学习型团队为先导，积极开展讲座培训、师德沙龙、教育论坛、中远讲坛、文明组室创建等师德建设活动，编订并完善落实《上海市中远实验学校师德规范条例》、《中远师德三字经》，开展爱事业、爱学校、爱学生的系列教育，提升教师的情感品质，以教师高尚的人格魅力来培养学生的健全人格。

学校制定教师专业化发展实施方案。学校以人本化和专业化相结合为原则，注重教师专业成长的过程管理，明确教师专业化发展的首要指标——精神风范、核心领域——课堂教学、实施途径——校本研训。要求教师制定并实施具有校本特征、讲求共性与个性相结合的发展规划，规划重教师专业成长的过程管理，旨在引导和激励教师的师德、师能、师艺的全面提升。

学校不断完善学校校本研训体系。对教学反思模式、课例跟进模式、课题研究模式、骨干帮带模式、同台竞艺模式、展示交流模式这六种校本教研基本模式展开探究。坚持校本研训一体化，每学期，各学科拟订专题研究的主题，在开放的课堂实践研究中逐步形成中远学科学习特点，不断提升教师对于教育教学工作的规律性把握、创造性驾驭和深刻洞悉、敏锐反应以及灵活机智应对的综合能力。同时，开展教师“人文素养提升工程”，通过“读书活动”、“文化沙龙”、“教师论坛”等多样形式，激发教师的职业认同感和提升事业幸福感。

苏霍姆林斯基说：“学校的任务，不仅在于传授学生必备的知识，而且也在于个人精神生活的幸福。”高品质的学生学习生活，要求学校教育不仅能够满足学生求知的需要，更能够促成学生学会做人、学会学习，并在个体多元化需求的满足过程中产生自由感、愉悦感以及成就感。这是学校教育厚重的责任。学校将坚持在传承的基础上，走内涵发展和特色发展之路，以学校发展为源，以学生发展为本，以教师发展为根，以精神文化培育为核心，以制度文化为保障，以质量文化为追求，坚持德育为核心，教学为中心，科研为先导，以务实、求实、扎实的作风，科学、严谨、优质的管理，通过全体师生充满情感与智慧的教育实践，不断追求卓越，进一步积淀具有中远特色的良好教育教学文化，切实提升每一个学生的学习生活品质，使师生在优良学风、教风、校风的和谐环境中健康活泼地成长。

传承背后的致远追求

上海市北京东路小学校长　王燕萍

北京东路小学创办于1920年，是一所有着优秀传统与丰富内涵的公办小学。多年来，我校始终坚持在实践中不断传承，在传承中不断创新。

1984年我校开展了以“乐、能、创”为主线的教育整体改革实验。1994年又在国内率先开创“小班化教育”实践研究，被誉为“教育领域的一场革命”。2004年，学校在20年“乐能创”教育和10年“小班化”实践的基础上，提出了“关注个体差异，提供导学服务”的办学策略，在发挥小班优势、满足差异发展上，尽力为每一个学生的成长提供优质的教育服务。“乐园式学校，小班化教育”已成为我们北小独具特色的名片。

作为前辈校长们的继任者，如何在“促进公平、追求卓越”的教育大背景下，坚守对“乐园式”学校的追求，并在内涵发展中不断引领与突破，在积淀中创新与发展，成了我们办学的使命！为此，进一步深化、精化、细化“乐园式学校，小班化教育”的组织形态（包括它的基本模式、策略、技术、手段、方法、环境、评价和管理），从而更好体现现代教育思想理念，成了我们前行的目标追求。

一、精化办学目标，提升教师教育境界

上世纪80年代初，张锦堂老校长一句“让每个孩子在学校都得到爱的满足，得到求知情感的满足”的朴素誓言，奠定了“把学校办成儿童求知长进的乐园”的办学目标。历经30多年的上下求索，我们认识到教师更好的发展自己，学生就能获得更好的发展，于是我们“把学校办成儿童求知长进的乐园”精化成了“把学校办成师生共同发展的乐园”。并把这作为学校的办学宗旨融入办学文化中。

瞧，学生们正忙着创建“温馨教室”，每位教师也都投入到营造温馨的办公文化的活动中。教室与办公室里一盆盆摆放有序的花卉、一扇扇擦得一尘不染的门窗、

一句句暖人心扉的话语、一张张笑脸就这样相互映衬着。学生们的红领巾图书角与教工的五彩泡泡吧，散发着同样的书香味道；小画家们的儿童画展与邵老爸(我们学校的美术老师，孩子们都亲昵地称他“邵老爸”)的水墨画展虽呈现的是完全不同的绘画技巧，但都让人啧啧称赞；教室里用五彩爱心或花朵粘贴而成的“情感沟通墙”与办公室用树叶装点而成的“书意育人，墨香沁人”版面有着异曲同工之妙；学生书写的“书山有路勤为径，学海无涯苦作舟”与老师们的“敬业爱岗、教书育人”、“有容乃大”的卷轴也各自抒发着追求……师生们就这样精心营造属于他们的共同港湾。教师们不再充当学生的“指导者”，更多的是“参与者”、“学习者”，更成为了润物无声的教育资源。

本学期，原来的学生阳光体育 60 分活动演变成师生阳光 60 分活动后，不仅让操场更沸腾、学生更兴奋、参与热情更高涨，且教师的意识也在悄悄地改变着。对于孙老师而言跳绳一直是自己的弱项，为了能完成师生同跳短绳项目，她与孩子们一起在早锻炼时间、体锻课里、下课休息时间坚持不懈地练习着。她的理由很简单，想与自己的学生“并肩作战”，就一定要“挑战自我”。小小的竞技场让更多教师明白，自己不再是“主导者”、“领导者”，以半分钟短绳组合跳成绩而言，教师组合成绩劣于师生组合，师生组合成绩又不如学生组合，确实让在场的教师意想不到。也正因如此，操场上不时爆发出阵阵呐喊声、欢笑声，不仅见证了师生同乐的场景，更让教师们体会到与学生们共同成长的意义所在。

以上所举的只是我们在努力传承与践行学校的“办学目标”过程中的小小场景，也是用“务实”行动尽可能实现与学校“理想”目标的对接。也就是在创建这样的“文化机制”的过程中，才能让师生们真实体验其核心价值，潜移默化地接受教育并浸润其中获得不竭的生命滋养。

二、深化课程建设，丰富学生学习经历

有人说课程是学生发展的“铺路石”，是学校发展的“蓝图”。正因如此，我校从上世纪 80 年代开始，一直孜孜以求地进行着课程改革与创新。当时，学校还是一周六天学习日，我们的张锦堂老校长就大胆实行“五天半学习”，留出半天时间开展了

独具特色的“休闲教育”，其目的是达到健身、益智、冶情的目标。自主编制的《休闲世界》一书成为最早的一本校本辅导教材。

随着二期课改与小班化教育的实施，通过对已有课程的反思与重建，我们把学校教育中课程建设的价值追求定位在“让课程适应学生的发展上”，并通过对“学生热点、师资特长和社区资源”的调查，在统整基础型课程、探究型课程、拓展型课程的基础上，形成了我校独具特色的课程框架：兴趣分类课程、能力分层课程和综合实践类课程。从中诞生了独具特色的“馨乐茶艺”、“创新建模”与“校本德育课程”等雏形，其实它们都源于“休闲教育”素材活动。

亲历了10年校本课程的创建与实施后，我们又产生了这样一种朴素的追求，那就是校本课程的教育价值应更多突显对学生的“生命关怀和（让学生）个性发展”。为此，我们进一步深化课程建设。例如，原先的“阅览课”成了“书香之旅”。学生们不必正襟危坐，我们尝试在有限的空间里，将学生心里的阅读时空放大。让教师们带同学们在宽阔的操场上，沐浴着温暖、柔和的阳光，以自己最舒适的姿势阅读；带领孩子们聆听悠扬、舒缓的音乐，让思绪在书中徜徉；当然学生们更可以坐在电脑前，搜寻自己感兴趣的内容，阅读文字、欣赏视频；学校还提供手捧电子书，让学生体验高科技带来的新型阅读方式；教师们更经常带领孩子们到图书馆中，坐在“儿童天地”的某个角落旁若无人地阅读，寻找到属于自己的一份静谧，而定期举行书市交换书活动、购书小达能竞赛以及与作家见面互动会更是吸引着孩子们的参与。而创新建模课程，最初从让学生动手制作“古代亭子”与“茅草屋”起步，实施了两年后，我们发现学校地处中心城区，不仅有现代化的摩天大楼，更保留了一幢幢别具一格的石库门建筑，于是我们带领孩子又走进了“石库门”建筑中，用他们一双双小手感受与传递着传统文化的内涵。目前，我们还积极与上海外滩美术馆合作，邀请荷兰儿童教育专家策划，共同开发了“模型都市”板块，鼓励学生大胆创新，用简易材料设计，搭建自己的城市梦想。从这一课程的发展中不难发现，我们不仅教会孩子们从单一的模仿制作到合作创意，更是有层次地引领孩子们，穿梭在传统与时尚交融的在地文化中，不断感悟与成长。而原本只是每学期开展一次的“校本德育课程”，成了每双周就进行的“实践之旅”后，我们更在不断地修改、完善，对一些细节进行深入讨论与设计。

只有真正地用心融入教育点，用情铺设各个环节，才能不断丰富学生学习体验经历，让课程使学生真正地“动心、动容、动行”。为此，我们还将不断深化和追求，焕发课程内容的“生命力”与“色彩”，使之能在学生们的脑海里留下有意义的“记忆”（哪怕只是10年后，能引发孩子会心微笑一刹那），那将是我们为之进行不懈努力的目标。

三、细化教学模式，提升学校办学品质

2010年，我校“小学生数学作业设计和评价的研究”课题成为“上海市提升中小学（幼儿园）学校课程领导力三年行动计划”的入围项目。欣喜之余，我们深知立项的成功得益于学校一贯坚持的教育改革，是教育改革使我们有意识与能力先行一步。我们更加深切领悟到这项研究是我校“小班化教育”从内涵发展到深化发展的有力助推剂，也是我校提升课程领导力、提高办学品质的重要抓手。

其实，学校在作业这一教学环节曾做过有益的尝试。2000年张锦堂校长在“小班化教育”课堂环节要求中明确提出作业要有分层练习、要有教师的面批；2006年张烨校长在此基础上进一步细化，在“十条导学建议中”提出作业练习提供套餐服务，即：分层设计；弹性和奖励；度身定做（为个别的走班学生设计不同质与量的作业练习）；长短期作业并用等。

为此，我们课题组一方面基于全市的“项目研究价值”去考量，另一方面基于小班教学的教学作业设计与评价的研究范畴努力前行。

在实践研究的基础上，我们提炼了作业设计的策略，提出作业设计应关注的三个“度”，即达成度、差异度、愉悦度，并形成了与之相对应的操作方法。其中达成度是基础，确保学科内容的科学性，差异度和愉悦度则更多是从孩子个性出发，体现因材施教的思想。

构建作业模板。为了便于教师设计作业样式，提高项目研究的可操作性，我们建立了作业设计模板，包含作业目标、设计说明、作业内容、作业评价、使用建议、智慧之源这六个方面，其中智慧之源可以是作业样式实施后学生的反应，可以是教师实践后的反思，也可以是其他相关研究成果的汇集等。

形成了三类作业样式，包括单课时作业样式，通过为学生提供跟进补偿的练习，注重达成度要求；单元课时作业样式，通过作业目标、学生自评、教师评价的方式，凸

显差异度的要求；综合活动型作业样式，与学校的课程结合，如快乐活动日、德育活动体验等，寓教于乐，体现愉悦度的要求。

课题组所呈现的作业设计攻略、作业设计模板及作业样式不是“重建再造”，而是在原有的“十大教学策略”以及“十条导学建议”的基础上“细化”而来。也就是在较为宏观的策略、建议中提供更为具体，可操作，并能体现为小班学生发展提供“差异发展”的要求，可以行动的“支架”。

本项目提出的作业设计与评价的攻略、模板等内容，也已经在我校语文学科的作业设计中进行辐射。目前语文学科从“识字与写字、阅读、写作、语文交际”这四个方面出发，针对课程标准梳理了一至五年级语文教材中出现的练习类型以及知识点说明，为针对性布置作业奠定基础。英语学科也启动了《提高小学五年级英语口头作业实效性的研究》的课题研究，从五年级英语口头作业内容和量的适切性出发促进对学生完成口头作业的方法指导。我们还对口头作业评价方法等方面开展研究。

细化的过程，让我们更加明白每所学校不仅有共性的教育“体”，更需要有个性的“魂”。没有了“魂”，就是一所没有“生命力”的学校。作为传承者也只有在“细化”中才能让学校特色更彰显与灵动！

作为一名青年校长，唯有在多元发展的环境中把握文化自觉，才有可能在教育领域转型性变革中正确地选择发展方向，才有可能成为变革的参与者、促进者与引领者。传承思辨，笃行致远！我将鞭策自己更好前行。

让需求在互动中找到答案
——家校互动工作的实践与思考

上海市北京东路小学

2004年，学校在原有基础上提出了“关注个体差异，提供导学服务”的办学方略，学校除了给学生、教师提供指导、辅导、引导等形式的导学外，还将“家长”纳入导学范畴，因为我们已经越来越清晰地意识到推动学校教育发展绝非教育部门和学校一己之力能够承担之事，它必须融合、凝聚家庭和社会各方资源、力量，家校必须形成互动。

但是，如何真正实现家校互动，进而形成合力推动教育发展呢？我们认为，学校所有的教育改革或是管理规范，都关系着一个群体，“学生-家长-教师”，也就是“人”的群体。学校只有根据家长群体、学生群体的需要，与他们达成共识，才能促进人与人之间的沟通，真正达到“家校互动”的目的。因此，在实践中，我们在学校“课程导学”、“评价导学”、“道德导学”等的基础上，以“基于学生、家长的合理需求”为核心，以“家校互动平台”、“家长学校”和“家委会”为载体，不断丰富家校互动的导学渠道，为学生、家长提供更个性化的教育服务。

一、家校互动平台：基于家长获取信息的需求

在传统的家校互动中，电话、备忘录、家长会等形式占据了主要地位，而这样的家校互动或多或少存在着一些局限。如由于时空限制，传递的信息有限且不及时；信息多是从学校向家长的单向传输，家长参与度不够；真正实现家校沟通的家长只有少量的一部分，相当一部分家长只能了解关于同年龄阶段孩子发展的共性信息，而了解自己孩子特点的信息渠道不畅；家校沟通一般进行的是简单的传递、反馈信息活动，对如何进行家庭教育，学校对家长缺乏有效的、有针对性的指导……有什么办法能打破这些局限，使家长获取更多信息呢？

2004年，一家信息技术公司向学校推荐了一套新开发的信息产品——"家校联"。这套信息产品让我们眼前一亮，仿佛看到了一缕曙光，我们设想能否以信息科技的力量作为支撑，跨时空进行及时交流，弥补传统家校互动方式的不足呢？

基于这样的思考，学校开始了"家校联"系统的建设和试运作。最初，这一平台的使用功能只是定位在为家长报告孩子进出校时间这一电子沟通工具的显性功能上，不过由于小学阶段的孩子进出校门主要依靠家长接送，实践下来，我们发现上述活动意义不大，并不能真正体现"信息化导学"的初衷。因此，我们着手对这一平台进行适当的调整，要求强化平台中的"信息及时互递、互动"功能，淡化或删去它原有的"报分数"、"考勤卡"等版块。2007年，该公司重新改良了这一信息产品，并更名为"家校互动平台"。我们学校经过七年的实践，结合学校的办学理念，在摒弃了这一平台浅层次工具性功能的基础上，对它进行了整体的规划和设计，把它作为学校为小班学生提供个性化"导学"服务的信息化新工具。

在实践操作中，我们把它定位在三个功能即开放、宣传和互动上。

"开放"主要指学校重要活动、班级集体建设、学生学习资源等方面大大小小信息的发布，这里的信息不仅仅是指学习信息，还包括六一庆祝活动、班级文化建设等信息。如元宵节那天，在学生们参加完活动后，班主任们立刻通过互动平台向家长传递了这样一条信息："今天是元宵节，学校开展了'猜灯谜'、'包汤圆'活动，同学们不但在活动中收获了快乐，更了解了中国传统的节日文化，回家后也请家长与孩子们一起享受团圆的愉悦！"

"宣传"是指学校向学生和家长宣传正确的教育理念，便于他们了解教育发展的动态和学校办学的情况。具有我校小班化特色的"导学服务"、"快乐活动日课程"也正是通过我们"家校互动平台"的宣传逐渐深入家长之心的。

在使用中，校方及时听取家委会意见，适时适量发送更多家长们关心的热点问题和相对专业的解决方案。家长们在闲暇之余，上上网、看看手机就能了解到更多教育信息和学校动态，对孩子在校情况有了更多了解，也从一开始的无所谓渐渐喜欢上了这样的互动形式。

"互动"功能使它的服务更个性化和人性化，尤其是对那些特殊孩子，我们对学生成长中的细节进行了特别的关注，如对突发事件的关注等。

每个班级都有一些特殊的孩子，他们的教育更需要老师和家长的互相配合，但这些学生往往不太愿意和老师多沟通，因为怕老师告状，见了面很尴尬。这一平台无需见面，起到了缓冲作用，老师通过平台在多体谅、多尊重、多鼓励孩子和家长的前提下，发送一些个性化的消息，如有学习方法指导的，有提供建议的等等，因人而异、因材施教，取得了较好的沟通效果。

对于孩子在成长中的细节，一经发现，老师可以通过平台与当事家长沟通。同时还能不提名地将情况发布在论坛上，与家长们共同探讨，并得到家长响应，家长也会在论坛里回复，有感同身受的，有出谋划策的，有自我反省的……互动中，家长和老师都调整了心态，明白了当鱼和熊掌不可兼得时，有什么比孩子健康快乐成长更重要的呢？老师调整了教育方法，发送信息也更人性化，家长因此更喜欢上这一平台，这里也不妨撷取部分教师发送的信息。

分享型：腊梅花开，带孩子去植物园体会一下“梅花香自苦寒来”的意境吧！

提示型：明天学生参加春季社会实践活动，请提醒您的孩子备好必需的食物，穿着轻便的鞋子。谢谢！

鼓励型：最近我欣喜地发现，您的孩子进步非常大，我在他本子上写了鼓励的话，这些与您的配合是分不开的。谢谢！

感谢型：今天学校开展了科技创意活动，班中很多同学带来了装饰材料，感谢家长的大力支持！

此外，还有要求型、建议性、服务性、分享型等。在各个平台上有节日的问候，有知心的闲聊，有中肯的建议，有意外的惊喜……家长们自然也不会怯于收到老师短信，因为老师都能体谅他们为孩子付出的努力，双方分享孩子进步的快乐，以孩子为最大的骄傲。

当然，除了家校互动平台外，信息化的沟通手段越来越多，MSN、QQ、飞信等，而我们仍坚持使用这个平台也正是基于我们面对的家长群体现状。我们学校地处市中心，由于中心城区实际居住人口的结构发生改变，大量外来从业人员家庭的加入，造成了一些差异。以一年级新生为例，有近 1/3 的家长不会使用电脑注册，需要在学校电脑房接受教师的帮助才能完成。他们根本不会自己去下载一个飞信、QQ 或 MSN 软件，更谈不上更换一部智能手机，用最新的信息沟通方式与老师进行互动了。因此在这样的情况下，只有根据我们家长的现状，选择最人文、最有利的“家校互动平台”方式才能保障“心信相连”，达到沟通无限的目的。根据我们的粗略统计，学校一名教师一学年通过家校互动平台沟通的平均信息量为400—700条，家长获取的信息量远高于传统的家访。

二、家长学校：基于学生获得发展的需求

随着教育改革的深化，家长要求“进入学校、了解学校”的愿望也越来越强烈，因此学校开放活动成了他们了解学校，获得导学指导的渠道。

最初，我们的家长学校只是定期或不定期地组织家长学习、培训、开设讲座、观看影像资料等，单向地向家长传递一些教育理念，实践下来，效果不甚理想，一些学历水平不高的家长甚至会在聆听讲座时小声议论或接听电话。

后来，随着上海二期课改的试行，家长们对学生的学习成绩、学校开设的课程关注度越来越高，因此基于家长的实际需要，我们将家长学校办成家长半日开放活动，让家长走进课堂，通过语、数、外课程的课堂展示，真正了解学校教学改革的情况。几年的开放活动，取得了一定的实效。

然而，教改不仅仅是听几堂课，传递语数外这些主课的信息，它要涵盖学生生活的方方面面。如今，我们的家长已不满足于到学校参观、听课，他们更想全面了解学生生活、学习、活动各方面的情况。以四年级(下)的浏河实践课程为例。每年春暖花开时节，学校四年级的同学就要参加“浏河三日营”实践课程。由于孩子要离开家独立生活三天，家长不放心，以至出发前，班主任就会不断接到家长的电话和短信，询问活动的有关事宜。可见，家长迫切地想了解有关“浏河”营地的一切情况。因此，基于四年级家长的实际需要，我们利用家长学校的机会，开展了“挑战自我，超越自我”——野外活动指导培训。首先，我们搜集前一年学生浏河活动的照片、录像等制作成VCR播放给家长看，让他们全面了解学生在营地吃饭、睡觉、活动、休闲时光安排等具体情况。接着，我们又将家长事前应该做些什么准备、孩子到营地后怎样与老师取得联系、如何利用这个千载难逢的机会给孩子们写一封家信、甚至该为孩子准备多少零钱、带几套衣服等等细小的问题，都详详细细告诉他们。当家长看到

屏幕上播放着孩子们在营地快乐活动的画面，了解到学校老师为学生做的细致准备，心里的石头终于落了下来。这样的家长学校指导活动受到了家长的欢迎，他们听得非常认真，会场上再也看不到他们交头接耳、窃窃私语的景象，听不到手机铃声了。

在浏河活动的启发下，基于家长想了解学生全方位成长的需求（关心的热点、困惑、急需了解的情况等），我们根据学生的年龄特点，有计划地、分年段、定主题开展家长学校教育指导活动。一至五年级分别定出不同的主题，横向涉及各方面内容，纵向有系列、有坡度、层层递进，满足了不同年段学生家长的实际需要。详见下表：

一年级	"我是小学生，快乐每一天"——入学准备期展示活动
二年级	主学科展示＋阳光体育活动； "帮孩子成为赢家"——好习惯养成指导活动
三年级	其他学科展示＋科技活动； "分享阅读"——亲子阅读技巧指导活动
四年级	"挑战自我·超越自我"——野外活动指导培训
五年级	"我长大了"——小升初指导活动； "告别母校，扬帆起航"——毕业典礼展示活动

如一年级学生刚进小学，要完成"角色"的转变，家长最希望了解的就是孩子入学后的学习、生活的情况。因此，我们开设了入学准备期展示活动；二年级学生，正处于低中年级的交界点上，除了保留语数外的课堂展示外，我们还通过家长沙龙指导他们如何培养良好的习惯；三年级的学生已经具备了一定的学习基础，在二年级开放主课课堂的基础上，我们为家长呈现了其他学科的课堂教学，包括音体美自然等，也包括拓展型课程，让家长对学校课程改革有全面了解，同时，学生升入中年级后，"阅读"很重要，需要指导家长如何开展亲子阅读；四年级学生要去浏河，所以安排了野外活动指导培训；五年级学生，面临毕业，家长特别想了解小升初的有关事情，因此，我们请中学老师为家长提供指导。

三、家委会：基于家校共同管理的需求

如果说，家长学校是面向全体家长的导学渠道，基于的是学生各方面成长的需

要，那么家委会就是依托部分家长代表进行互动的点上导学渠道，基于的是家长想参与学校管理的诉求。

从 2004 年开始，每年 10 月份是我们学校隆重召开“两会”（家委会和少代会）的时间。当时，我们学校召开两会也是基于这样的设想，一来通过“家委会”向家长宣传学校教育教学改革情况，二来是让他们通过实践——观摩学校的少代会，对家委会宣传理念有感性认识的同时，能得到这些代表对学校工作的支持和配合。应该说，刚开始时，由于家长感到比较新鲜，所以参加两会后，满意度非常高。

但是，随着他们孩子年级的升高，每年参加两会的新鲜度降低，他们对于仅仅参与一次会议感到不满足，也会在意见反馈单上留下些建议。因此，我们也转变观念，试图让这部分家长参与到学校的管理工作中，如我们制定了一系列原本学校没有或没想到的制度——《学校接受家长、学生反馈意见制度》、《北京东路小学帮困助学办法》、《北京东路小学学生免试、奖学金制》、《北京东路小学学生意外事故处理办法》等，在家委会召开时让家长表决通过，少代会上邀请家委会代表发言等。家长也很乐意在会上举手表决，捧着鲜花在少代会上表示祝贺，甚至在大队干部的改选中，进行提问。但无论怎样做，家长始终处于被动接受和认可的状态。

如今，这部分学历层次相对比较高端的家委会代表们越来越希望参与学校教育。作为学校教育管理体系的一部分，他们不仅是学校的协作者，也是学校的同盟军，他们需要有参与权、监督权和评价权，因此，家委会使家校互动的内涵更为丰富。

如 2010 年，我们召开了主题为“让书香飘进家庭”的家委会会议，这引起了他们的共鸣，都觉得阅读对家庭、学生会产生很重要的影响。有些家长马上提供了资源；有的提出建议，提供亲子阅读的书目；有的家长说：要让书香飘进家庭，更要让学校成为书香校园，并建议学校开设爱心书市、建设流动图书馆甚至是开设书香课程。在他们的建议和监督下，学校马上施行这些建议，如我们将学校原有的“爱心义卖”实践活动调整为“爱心换书”活动；每个班级下拨款项建立“流动图书馆”；市教委开设“快乐活动日”课程，我们马上想到了家长提出的“书香课程”并予以实践。又如 2011 年，我们召开了“快乐实践，让我们的童年更幸福”的会议，家长们纷纷对学校实践课程、科技节创意活动提出了自己的想法，建议在实践中让学生多体验、多探究、多感悟，把实践过程中学到的知识变成自己的实际行为，更为学校实践课程提供了相关的资源，如地铁变电站、电信科技馆等。部分家长也走进了学生实践的课堂，比如在一年级的学做家庭的小当家活动中，一些妈妈、奶奶也走进教室教孩子剥起蚕豆来……学校在与家长建立互相信任的情感基础上，使互动关系更进一步。

经过多年的实践，我们学校的家校互动工作获得了一些切实的成效。

首先，基于家长需求的互动，让教师真正走进了学生、家长的心里，树立了教师倾听心声的观念，并通过倾听反思和改进教育方式，建立根据学生感受而及时改善和调节教学行为的工作方法。

其次，良性的家校互动对教师的成长也有很大帮助，教师在经历与家长建立信任的锻炼后，将会对学生的关注更加敏感，对自身教育教学行为的评价更加精准，专业技能和专业境界会得到提升。他们与家长建立起的尊重、信任，绝非使用一种先进的工具、开放一个渠道所能获得的。

最后，基于家长需求的互动实践了学校的办学理念，更是一种改革行动，把“小班化”的“导学”服务变成可能，让学生享受到更充分、更精致、更优质、更人性化的服务。

现代教育传递出这样一种趋势：教育必须走向开放和互动。正如加拿大著名教育家迈克尔·富兰曾在《那里有什么值得为之奋斗》一书中说过的一句非常精辟的话：现在“校外”就是“校内”。可见，学校的边界变得更加模糊，也就是说，在现代社会，家校关系走向互动，是一种文明进步的体现，更是教育发展的必然。2011 年在上海市教育基础工作会议上明确了这样一个信息：“十二五”期间，本市将推进学校建立与家长、社区联系的责任人制度，健全联系沟通机制，通过设立热线电话、微博、虚拟社区、家长接待室等举措，传播学校的愿景和改革举措，即时向家长告知学生的在校表现，及时了解家长和社区对学校教育问题的建议和利益诉求。这与我们学校多年的实践是不谋而合的。但不管采用何种互动方式，我们都将智慧地创造，赋予它“导学”的意义，始终坚持以学生和家长的需求为导向，遵循“实践——反思——再实践——再反思”的原则，给予家长和孩子更多个性化、有针对性的指导和帮助，达成让学生、家长满意、喜爱学校的初衷。

三、新经验

一位校长的“教师生态”重建之路

——记山东省潍坊八中校长韩志亮

宋洪昌

做校长15年，韩志亮总结出一条经验，学校能否成为学生内心深处喜欢并渴望的场所，学生有没有感受到学校生活的幸福与快乐，这一切，主要取决于教师。教师只有具备温暖的人性、良好的心态和崇高的价值信仰，才能真正影响学生。

当今环境下教师为什么容易出现职业倦怠？为什么离学生越来越远？为什么难以体会到工作的快乐？在韩志亮看来，这些问题的出现虽然与工作压力、专业成长迟缓有关，但关键还在于教师精神价值的缺失。为此，学校必须对教师进行价值引领，建设良好的人文生态，重建教师精神价值。

一、让心灵先到达理想的地方

“一直以来，我有一种困惑：过去，教师虽然收入低，教师职业的社会认可度低，但是那时候的教师身上有一种精气神，敬业意识强，责任感强，争着多上课，很少有抱怨的。现在，教师的收入高了，社会认可度也提升了，可是为什么抱怨却多了，职业精神也弱化了呢？”

时下，教师职业倦怠几乎成为一种普遍现象，不管是身在乡村还是身在城市学校，不少教师都缺乏工作热情与激情，专业发展动力不足，职业追求模糊。为什么会这样？韩志亮认为，其原因不单单是外部的，更重要的是教师缺乏一种信仰，心灵缺少“阳光”的照射。

怎样消除教师的倦怠心理？韩志亮没有采用强制和说教的方式，而是将解决教师“心”的问题作为突破口。在他看来，良好教育的前提是首先让教师对自己的生存状态满意，对学校和工作满意，能够获得职业幸福感。“教师满意了，有幸福感了，心中就会充满阳光。心灵阳光的教师，即便是批评学生的时候，学生的心灵深处也会感受到阳光的照射。”

职称晋升是每位教师特别关注的一件事情，有的教师因为没有如愿晋升而有情绪，影响工作积极性。韩志亮就帮教师们“算账”：“人生就是一朵花。你一不开心，一个花瓣就落下来了。”他希望教师们能够以一种良好的心态面对职称评定——面对过程，尽力而为；面对结果，顺其自然。他请专家给全校教师作报告，上幸福课；与教师掏心窝子般地交流，建立与教师之间的信任关系……他努力用一种文化引领教师的精神。他说，他所做的就是在门外敲门，让里面的人把紧闭的门打开，走出来，走到阳光下。有的教师也许一时还不愿意完全把门打开，有人甚至就是不愿意开门，但他会一直敲下去，直到对方把门打开。他很看重教师的精神修炼，并将此视作对教师心灵的唤醒：“教师应该感觉做人是一件无比美好的事情，欣赏自己，也欣赏他人；信任自己，也信任他人；激励自己，也激励他人。深信他人与自己一样有价值，用真诚、友善、公平、信任、尊重、宽容、理解和热情，砌成自己心灵的安全大厦。”

面对那些习惯抱怨的教师，那些将每天上课看作负担的教师，韩志亮没有用“做蜡烛”、“讲奉献”等去要求他们，而是从以人为本的价值取向出发去关注教师们的内心需求，用人性的温情去滋润他们的心灵。他首先让教师们浮躁的心安静下来，让他们明白，即便是为了提升自己的生存质量和人生幸福，也要少一些厌倦，少一些消极的工作情绪。有一次去爬山，韩志亮无意间听到身边一位教师边攀登边感叹：“哎呀，怎么还没爬到顶！”爬山的目的是为了锻炼和快乐，可是怀着这样的心情爬山，又怎么能够享受到快乐呢？在他看来，这种感叹的背后，是一种消极的心态。面对任何事情，一旦以一种消极的心态去对待，就会成为一种沉重和负担。教师的工作也是这样，以消极的心态面对工作，收获的就不会是快乐，而是厌倦甚至痛苦。教师为什么会出现职业倦怠？是因为思维方式出了问题，信仰出了问题，逐渐将自己的内心封闭了起来，越来越远离了快乐，远离了学生。而作为教师，一旦远离了学生，缺少感情的投入、心情的投入，从学生那里获得的快乐就会越来越少。

所以，每次组织教师外出活动，韩志亮总忘不了提醒教师，不要怕累，要关注幸福和快乐。他提出“健康第一”理念，强调不仅要身体健康，更要保持心灵的健康，吃得下饭，睡得着觉，笑得出来。在他的倡导下，学校成立了“步行俱乐部”——“步行上下班，健康好生活”。于是，每到上下班时间，大家三五成群，有说有笑，徒步而行，其乐融融。

二、从改变关系开始

> “师生关系是否和谐融洽，成为影响教师职业幸福感的一个重要因素。教师越是对工作倦怠，离学生就越远；离学生越远，就越是感受不到与孩子在一起的乐趣。师生关系好了，老师舒服，学生舒服；老师能更多地体会到工作的快乐，学生能更多地体会到学习的快乐。”

韩志亮曾经作过一项师生幸福指数调查，调查的结果令他吃惊，全校两千多名师生，竟然有半数以上感觉自己的工作、学习“不幸福”或“不够幸福”。而不幸福的一个重要的原因是师生关系不融洽，教师感觉学生调皮、不懂事、难教育，学生感觉教师高高在上、盛气凌人、难以接近。症结在哪里？主要在师生关系不平等，教师离学生太远。“师生关系的主导权在教师，关键是教师用什么样的态度对待学生、教育学生。不少教师抱怨说时代变了，现在的学生不是过去的学生了，这是客观现实。但是，关键是教师如何改变，要学会站在学生的角度思考问题、处理问题。”

2011 年 9 月，韩志亮让学校工会组织了一次活动，首先是引导教师寻找“我眼里最好的学生”，改变传统的单纯以文化课学习情况评价学生的方式，而是用欣赏的眼光看学生，发现学生身上闪光的地方。于是，教师眼中的好学生一下子多了起来，“××同学乐观开朗”、“××同学关心同学”……那些原来在教师眼中没有优点，不怎么可爱的学生，如今也有了优点，变得可爱了。接下来，他又让学校德育处在学生中间开展了寻找“我心中最美的老师”的活动，引导学生通过某一件发生在自己身上的事，感受到教师的美。不少学生“发现”了教师对自己的关注，还有的学生感谢那种关爱式的批评，更多的学生开始感觉到了教师的宽容和信任。

教师喜欢学生，学生喜欢教师，这在韩志亮看来，应该是理想的教育田园美景。怎样让学生感受到校园的快乐？韩志亮认为，这迫切需要教师加强“修炼”——重视学生，喜欢学生，让学生因为喜欢教师而喜欢学校，喜欢学习。

韩志亮经常走进教师的课堂，听得多了，他就发现一种现象，如果整堂课上没有笑声，课堂就沉闷，学生学习状态也就不会好。为什么有的教师会板着面孔讲课，原因在哪里？因为教师没有底气，不敢以开放的姿态面对学生。为此，韩志亮提出“用欢笑声活跃我们的课堂”。课堂气氛变了，师生之间的感觉也跟着变了。教师感到离学生近了，学生感到教师比过去可亲了。

简单、真诚、善意、坦诚、没有修饰，这些“童心元素”让学生保持了童心童趣，同时也应该是教师理解学生、走近学生的通行证。韩志亮希望教师们回归童心，要有点孩子气，用童心解读童心，面对蹦蹦跳跳、天真、稚气的学生，教师应该变得真实起来，简单起来，快活起来。在他看来，只有获得职业幸福的教师，才有可能攀上教育的高峰，尽览教育的美景。他期望“教师应该是一个永远长不大的孩子，不要永远板着一副严肃的面孔。要有孩子气，要有欢快的脚步，要能够触动学生内心深处最敏感的神经，让他怀疑，让他冲动——只是不要让他平静得无动于衷。”

融洽师生关系重建的过程是缓慢的，但效果却是令人欣喜的。

不断地唤醒，不断地引领，韩志亮发现，渐渐地，活力和微笑悄悄“爬”上了老师们的脸庞。办公室里、教室里、校园里，欢笑声多了，师生在一起的气氛融洽了。

三、人文情怀应该是以一种价值期望去引领教师

> “教师为什么越来越远离学生？为什么难以从学生那里获得工作的满足与快乐？其中一个重要原因就是缺少人文情怀，缺少人性温情。从长远和根本来说，要解决教师的职业态度问题，需要重建教师的人本意识和人性情怀。”

“天地之性，人为贵。”韩志亮常用这句话要求教师。他说，一定要在内心深处将学生这个“人”放大，看重学生，尊重学生。

他坚持认为，教育是一种德性很高的事业，这种道德性突出的标志就是要关注人、重视人，从人性出发去感受人性。而作为教育工作者，必须具备三“心”——敬畏心、责任心和敬业心。比如，教师不体罚学生，因为一旦这样做了，就会影响声誉。因此，人性温情应该是教师职业素质的底线。“人性应该成为师德的核心，具体地

说，教师首先应该看重人的生命与尊严，这应该成为教师必须具备的精神'合格证'。一个人适合不适合做教师，具备不具备做教师的资格，首先应该看他是不是善良，是不是具有慈悲情怀，人性的发育是不是健全。可以肯定地说，以柔美的人性与深厚的温情作生命底色的教师，对学生注定有着满心的欢喜。当他看到学生的笑脸、听到学生的问候，无异于蝴蝶觅到花朵，鱼儿放归清湖，那欢喜还来不及，那享受还来不及，又怎么会轻视、怎么会漠然！"

"只有人性的东西才可能征服人心。"他语重心长地对教师们说，教学生3年，要给学生的心中种下温情，而不是敌视。

在潍坊八中，教师们都熟悉校长这样的一句话："教师的微笑，是孩子的春天。"韩志亮希望通过这句形象的话语，让教师们明白一个道理：教育需要微笑，而心灵的灿烂才能带来真挚的微笑。教师的微笑是教师教育平等、教育自信、教育艺术的外化，是对教育事业、对学生真挚情爱的自然流露与倾泻。当然，要让教师给学生以人性温情，学校首先要以人性的温情对待教师。韩志亮主张，人性情怀应该是以一种文化氛围、一种精神力量、一种价值期望去引领教师。而这种氛围和力量应该首先为教师创造一种心灵安全的环境。

清晨，有教师上班迟到了，校长看见了，应该怎样处理？韩志亮理解每一位教师，也体谅每一位教师。他觉得，每个人都有遇到特殊情况的时候，比如孩子生病了，比如路上堵车了，比如自行车坏了，这都很正常。对偶尔迟到的老师，他会谅解。但是，他也会温和地告诉教师，不要让迟到成为习惯。

教师们说，他们明显体会到了校长的坦诚、友善、真诚、包容和公平。让教师感到安全和满意，不憋屈，这是他追求的一种管理境界。他说，心灵的安全最重要，要让教师们在学校里有一种坦然，不必想着校长是不是对自己有看法，逢年过节的时候不用想着要不要给校长送礼。

学校制度公平公正，校长才会有真正的坦荡，教师也就会慢慢有了理解和接纳。每年的职称评定是关系到每位教师的大事，也是令校长挠头的一件事情。如何做才能够公平？才能让教师少些情绪？每一次，韩志亮都会与教师坦诚交流，最终达成一致意见。

新学年开始，韩志亮在学校推行"发现工作法"——用欣赏的目光发现教师身上和工作中值得肯定的点点滴滴，让教师们在这种肯定中获得投入工作的热情。后来，这种工作方法还延伸到了教师们中间，引导教师自我发现——发现自己的潜能，发现自己最佳的成长区域。

四、必须让教师对学校满意

> “要使学生、家长、社会对学校满意，首先要做到教师对自己的学校满意。如果一所学校连自己的老师都对他所从事的工作满是厌倦，满腹牢骚，这不顺眼那不顺气，心怀鄙夷，那么，这所学校怎么可能会有好的发展？怎么可能会培养出优秀的学生，怎么可能会赢得社会的赞誉？”

2012年元旦前夕，韩志亮策划了一个让人颇感新鲜的节日——同事节。在这个为期40天的节日里，教师们一起活动、一起交流情感、交流工作，加深了彼此了解，也活跃了校园气氛，体会到了在一起工作的快乐。韩志亮为同事节精心拟定了一句主题词，叫做“有声有色地工作，有滋有味地生活，有情有义地交往”。他的“校长寄语”张贴在每一个办公室里：“家里的兄弟姐妹，是父母为我们找来的朋友；学校里的同事，是我们自己找到的亲人——让我们的相处成为一种美好！”为了给教师创造交流沟通的机会，学校工会组织按工作性质和分工、工作地点等将全校教师划分为13个小组。小组内的教师一起参与体育活动，一起吃饭聊天，一起去看望组内年龄最长教师的父母，相互之间敞开心扉，彼此欣赏。有了沟通，就会有理解，也就会有关系的融洽。变化，在教师们身上悄然发生着。交流变得多了起来，原来很少参与校园活动的教师，现在愿意参加了，同事之间关爱、欣赏的氛围变浓了。

让教师对学校有认同感，尽可能多地感受到工作的愉快，这是韩志亮设立同事节的初衷。“人与人之间容易产生矛盾的地方，一是家庭内部，二是同事之间。同事之间的关系经营好了，教师心情就会愉快，工作就会快乐。教师的工资就这么多，作为校长，我不能多给，也不敢少给。我能做的就是尽可能地让教师不感到憋屈，尽可能地让教师对学校满意。教师只有对学校满意了，才会以良好状态投入工作，也才会有利于对学生的教育。”

或许我们对这样的场景并不陌生:还不到放学的时间,有的教师就早早地推出自行车,在大门口等着,待放学铃一响,校门一开,一秒钟也不想逗留,迅速“逃离”。透过现象看问题,韩志亮觉得,如果校园成为一名教师一心想要逃离的地方,待在学校成为他的一种无奈,那么,这对教师本人来说是一种不幸,对学生来说同样是一种不幸。

教师自身生命质量状况,注定会对学生起着至关重要的作用。只有当教师对自己的工作充满热爱,满怀情感,满心依恋的时候,这所学校才有可能是有活力的,才是有希望的。韩志亮说:“我做校长多年,当教师的时间也不短。我经常对自己提出这样一些问题:教师对自己的生存状态满意吗?他们的身心状况如何?他们有没有从自己的工作中感受到职业的乐趣与幸福?遗憾的是,我得到的回答往往是怀疑甚至否定的。我发现,教师感受更多的是沉重,发出的声音更多是抱怨、不满甚至痛苦。”因此,他提出,办让学生满意的学校、社会满意的学校,首先要办让老师满意的学校。

为了让教师感到来自学校的关心和重视,学校组织评选“月度人物”,参加全省实验教学创新大赛并获多项大奖的教师成为首届“月度人物”。中年教师处在特殊年龄段,保持和激发他们的工作激情是一个重要课题。韩志亮曾经策划组织过一个“中年教师节”,既体现对他们的理解,又注意挖掘这个群体中的优秀精神加以弘扬,让大家感受到来自学校的关注和关心。学校组织“工作模范”评选,那些虽然没有多少标志性成果,但却多年如一日默默无闻、兢兢业业、尽心尽力工作的教师成为被表彰的对象。

“让校园如家”,这是韩志亮勾画的一幅教师对学校满意的图画。他说,他并不期望这些努力能够收到立竿见影的效果,但他会让“做幸福教师,培育幸福学生”的愿望像空气一样弥漫在校园上空,弥漫在每一个人的心中。因为他坚信,每个人的心中都保留着一些柔软的温暖的东西,它们会像种子一样,随时会在某个春暖的时节,发芽、生长,结出硕果。

让“士兵”说话

——记黑龙江省哈尔滨市南马路小学的学习型组织

叶莎莎

理想中的学习型组织令人神往。

哈尔滨市南马路小学就是学习型组织的一个范例。他们的初衷并不是有意识地要“创建”学习型组织，而是在“让读书成为习惯”后的一种自然演进，是在学校宽松的氛围、和谐的关系中，多种因素共同作用的结果。在这所学校，“学习型组织”并非一个随意附着的标签，它不仅仅是一群人在一起学习和工作，而且是在共同的愿景之下，每个人都贡献出自己的智慧，把学习转化为创造力，携手进步。

南马路小学的学习型组织有着浓厚的原创性，因为学习型组织虽然是一种先进的理念，但是它的背后不过是一颗平常心。如果没有平常心，总怀有对速效、对立竿见影的期待，就难以获得长久的效果。

让学习型组织回归到最平常、最真实的状态上来，这就是南马路小学的故事。

一、从原点发力到节点发力

“学校要有读书风，教师要有书卷气。”这是黑龙江省哈尔滨市南马路小学校长赵翠娟一直倡导的。“一个小学教师，如果就知道教科书上那点知识，你可能变成一个有知识、没文化的人，甚至都算不上是有知识。”赵翠娟极力要让学校教师通过读书成为有“文化”、有后劲的人。

从1994年赵翠娟被任命为校长开始，读书就成了学校的头等大事。尽管现在流行“短平快”，尽管靠读书管理学校是明摆着的慢功夫，也不容易整出“动静”，但赵翠娟坚信：读书能够改变人心，改变人的生活态度，改变人的做事方式；人一旦通过读书收获了高素养，那么不管走到哪儿，不管从事什么工作，都如同握有了一把开启幸福之门的金钥匙。

赵翠娟不断地引导教师读书，由个人学习发展到团队学习，由自己写读书心得发展到相互交流。从1994年开始，历时六七年的时光，南马路小学教师队伍的精神风貌有了很大的变化，教师读书的积极性被普遍调动起来，教师们越来越添“书卷气”，越来越显“气自华”。

但是，再发展下去，进程就慢了下来。虽然教师之间仍经常有深度交流，但是赵翠娟敏锐地感觉到，教师在交流过程中自己被激发出来的积极性和创造性，要少于试图获得校长肯定的热情。教师读书的原动力似乎还是来自校长，即多数时候是靠校长推动而行的。同时，赵翠娟还发现，通过几年的读书、交流，教师已有了对话的习惯，同学年、同学科的教师承担同样的任务，面对同样的问题，于是就形成了自然的对话圈子。但是，这种即时发生的交流往往是松散的，由于没被组织起来，也就没有明确的议题，更不一定有明确的答案。即使有了答案，也没有深入的探究，更多的是灵光一闪，难有认识上的升华。

面对着校长的油加不上去，学校这部车就减速和教师的即时交流松散化这两种现象，赵翠娟陷入了困惑。

学校应该是由一个一个节点连缀而成的网络结构，而校长是学校的原点，仅有原点的发力，缺少节点的发力，学校就难以持续、稳定发展。如何才能变校长的个人发力为教师的共同发力，教师共同发力的最佳形式以及适宜的渠道又是什么，又如何将教师个人的发展和学校整体的发展融为一体……这些一直是赵校长心中的“结”。

为了解开这个“结”，赵翠娟查阅了大量资料。“未来的领导就是领导学习，未来最可靠的竞争优势就是克服障碍学习，最好的领导不是下达命令，而是建立让成员扩展能力的组织。”被称为数字经济之父的泰普斯科特说的这一段话点醒了赵翠娟。读了这么多年书的教师正是缺少扩展自己能力的组织，这样的组织，既可成为学校的节点，又可以使以往的原点发力转变为诸多的节点发力。

二、社团的力量超乎想象

学习型组织的建设早在多年前就进入了南马路小学教师的视野。“但是，读了书，也能头头是道地讲一些学习型组织的理儿，并不能取代我们对自身建设的研究。只有将这些理论运用到自己的学校，并真正萌发出生长点，那才是建设学习型学校的开始。”赵翠娟如是说。

其实，在南马路小学，伴随着教师读书而来的一种新型关系已经悄悄地建立：有着相同困惑的人，会不由自主地聚在一起“嘀咕”；而承担共同任务的人，也会凑在一块儿探讨。不知不觉中，学校出现了组织学习的端倪；零散的需求，也渐渐化为共同的愿望。同伴间在商讨解决问题的办法时，不断印证、肯定着自我；同时，也希望在问题解决中进一步展示自我、表现自我。这时，教师个人的学习已经变成了组织的学习、团队的学习。

于是，赵翠娟开始以最大的热情扶持它，引导这种新型关系，一个个各具特色、富有活力的教师社团应运而生。

2005 年 8 月，那是南马路小学特别值得纪念的一段日子。在那些日子里发生的事情，被南马路小学的教师们称为“058”现象，标志性的“事件”就是“三阳”社团的诞生。

“三阳”社团是由部分班主任组成的社团。社团三位召集人中，有两位姓“杨”，剩下的一位姓孙(sun)，英文是“太阳”的意思。“三阳”由此得名。他们为社团设计了标志，确定了明确的目标：以研究的态度和方式做好班主任工作。

不久，科任教师组成的“四海方舟”社团也诞生了。这两个社团还有自己的外围组织——“三阳拉拉队”和“推波助澜”社团。他们在支持前两个社团的同时，也独立地开展自己认为有价值的工作。

“新叶新枝”是以“以老带新，以新促老”为特点的社团，口号是“枝随叶长，叶随枝生”。“五连环”社团是由年级组长组成的，五人中有三位党员、两位积极分子。他们地位独特，在凝聚全体教师的工作中发挥着先锋模范作用。“鹅毛雪”社团则是以提供后勤保障、积极为大家服务为宗旨的社团。

在那段日子里，教师们纷纷行动起来，找同伴，为社团起名字、设计标志、确定宗旨……忙得不亦乐乎。每个人的好主意都在往外涌，他们的热情似乎找到了宣泄口。

教师社团的产生，基于对每一天平凡的教育琐事的思考。当他们满怀真诚去工作，就会感到教育中的困惑，即工作中许多棘手的难题，而把难题当作课题来研究，直面解决共同面对的问题，就更容易发现个人的力量是单薄的，集团作战才能攻坚。

各社团组织教师们带着问题去读书，用教育理论来审视工作中的问题，理论变得鲜活了。他们设计出解决问题的方案，再运用到实践中，才发现书真的不白读。因为有了思想的映照，班级里、课堂上，许许多多困惑也不再让人烦心。

在这样的过程中教师成长了、发展了，赵翠娟禁不住感慨："我们的老师进步太大了！"

三、为教师授权

完成由原点发力到节点发力，力量的分解往往也意味着权力的分解，意味着管理方式的不同，这与学习型组织层次扁平化、组织咨询化、系统开放化的要义不谋而合。而行动研究的核心目的就是参与和改进，要让教师成为参与者、研究者，让"士兵"说话也就是这其中的必然了。

让"士兵"说话就是在给教师授权，学校每月一次的"智慧泉"就是士兵说话的平台。

让"士兵"说话与提合理化建议不同。赵翠娟认为，提建议是仰视着管理者，采纳与否，取决于管理者。而"智慧泉"是在阳光下，在众目睽睽之下，教师们有权走上前来，表达他自以为正确的，可也许实际上并不完全正确或完全不正确的看法。

她相信，只有宽容错误，才能收获正确。而且，作为校长，"有的时候你认为错，其实也不一定是错。如果你只能听得进去正确的话，特别是你认为是正确的话，而定义正确的权力又在你身上，那么就等于你只能听到你想听的话，那么你所领导的学校就不可能成为学习型学校"。赵翠娟经常会用每个细节来告诉教师：你可以当众说话，你可以说错话，没有关系，对错误的争辩也可以引发正确。

在学习、研究、实践中，南马路小学教师创新的热情空前高涨，各种各样改善工作的好思路和好做法纷纷往外涌："绽放日月花"、"错中淘金"、"共饮一杯香茗"、"我对天空说"、"文思泉"、"樟树儿童读书奖"、"校园集体舞"……

各社团争相承办全校性的"智慧泉"活动，"微型智慧泉"在每学年进行，大家把思考汇集起来。在“智慧泉”上，“新叶新枝”社团的陈阳老师曾发自内心地对大家说：“我从来都不知道自己原来这么有水平。”是社团使教师有了这样的感慨，这句话也是全校教师的心声。

在“智慧泉”上，不断地产生着改善工作的好思想和好做法，虽然平凡却很有价值，“让思考产生碰撞，让碰撞擦出智慧的火花，让智慧形成高品质的工作，让高品质的工作成就教师们高品质的职业生涯，在高品质的职业生涯中，教师一定会有职业幸福感”。赵翠娟决定，用机制鼓励教师在教育形式方面的探索和创新，一定要让教师的智慧和碰撞后的火花有着落。

于是，在赵翠娟的主持下，学校大张旗鼓地鼓励教育创新，好创意被收入“南马路小学教师思想库”或“思想金库”。“思想库”的收录标准为：对教育教学及管理工作有意义、操作性强的创意。“思想金库”的收录标准为：在实践中获得了很好的效果，并可以在较长时间内被重复使用和借鉴的创意。比如，一年级新生通过“请来认识我”活动来识记同学名字中的汉字、具有惩戒作用的黄色警醒卡、把儿歌补充到拼音教学中等等，均进入“思想库”；而一些经典的“汉字早上好”和“我对天空说”，是经过全校教师认真讨论后，被正式收入“思想金库”的。

权利与责任本来就是对等的，当教师在学校里有了话语权、表达权、参与权时，就必然会激发教师们切实的责任感。想想看，自己创造的教育形式被固化为学校的一种传统，这对教师来说该是怎样的一种荣誉和奖励啊！有一天，可能教师已经退休离开了学校，而他曾经的思考和心血不会被浪费，后人还在应用，甚至会被永远记在心中。

四、用学习成就人生

寒来暑往，在南马路小学这一方小小的天地里，赵翠娟带领着教师们读书、思考、创新。教师在酣畅淋漓的工作中，体会着创造的愉悦，找到了归属感。更重要的是，学校里有一种氛围在弥漫，有一种精神在凝聚——“靠研究推动工作，用学习成就人生”。

“三阳”社团的杨真芬老师深有感触地说：“南马路小学不像学校，而像家；同事之间不像同事，而像兄弟姐妹。我们每个人在学校里工作，一方面自己成长，另一方面也为这个家作贡献。我原来是教美术的，后来我对班主任工作感兴趣，想转行。为了弥补语文、数学专业知识的不足，我决定竞聘学科‘登山队’员（‘登山队’是由在语文和数学教学方面愿意学习、研究的人组成的，就像攀登教学的山峰一样）。记得当时自己的脸皮特别厚地在台上说着自己的‘优势’：我是怎么在家读书和研究的，怎么借参考书、教学光碟的……结果，我真被聘上了。其实我知道自己不够那个水平，但是大家信任我，给我机会。我觉得在这所学校里特别幸福。学习既成就自己，也给大家带来力量。学习使我们深刻、有底气，学习也是我们参与管理的基础。”

从外校调来的李源老师说：“来这所学校前，别人曾告诉我这所学校有两个特点：一是教师爱看书，二是教师爱加班、不爱回家。来后我都证实了。刚开始，我还没那么高的觉悟，经常在办公室里闲谈，但后来我发现，他们每天每人都要读书，所有的教师在办公室里都会互相问：今天你看到哪儿了？这句话你怎么理解？这件事你怎么看？在这个氛围里，我觉得如果自己不读书就不是这个集体中的一员。后来，我才发自内心地想读书了。我觉得只有读了书才能和大家谈自己的观点，才有共同语言，才感到幸福。”“灯火”社团的赵明新老师也说：“我来校时间不长，但进步、成长非常快，因为大家都推着你走。这里的每一个领导、教师都在帮助你、关心你；不论你出现什么问题，只要提出来，就立刻会有人坐下来和你研讨，告诉你怎么做。研讨氛围特别浓。”

“四海方舟”的召集人安东来老师说：“过去，我从来不觉得自己这么有水平。但是，‘058’之后，我们信心十足，腰杆子非常硬。我们现在就是想着怎么把自己的特长发挥到极致。”

老教师张萍提到这样一件事：“曾经有几天，所有的领导都进京参加研讨会去了，校长把学校交给了我。我觉得责任特别重大。但就是在他们走的这几天，我真的体会到了学校因建设学习型组织而带来的变化。大家都特别自觉，没人‘放羊’，下班全不走，比校长在时还认真，都把学校当家。他们查访每一个教室，关灯、关门、送走每一位学生……非常让人感动。”

“四海方舟”的体育老师董云说：“学校的氛围特别好，老师们都争作贡献。有一次，我们发现有的班学生走后电源没关。我们计算了一下，发现一台已经关闭但不拔电源插头的电视10小时耗电0.06度。如果全校所有的电脑、电视都不及时拔掉电源插头的话，那么每月至少要浪费300余元的电费，非常可惜。于是，我们主动在电脑上设置了显示器30分钟自动关闭、主机两小时关闭的功能。之后，我们又主动找校长提议：全校教师行动起来解决这个问题。”

……

这些年，学校先后培养了14位省级骨干教师，其中4人入选国家级培训骨干教师。更有说服力的数据是：全校60多位教师中，有一半以上获得过省市级以上奖励，有2/3的教师获得过市级以上的教学奖。教师中的大多数人已经习惯了以学习作为自己的生活方式。对他们而言，工作不再是完成任务，而是研究、创造，因而乐趣无穷。

我们有理由相信，南马路小学是一所充满后劲的、极具发展潜力的学校，因为他们摸索并建立了一整套全校师生共同发力的学校管理制度和管理机制，更形成了“以研究推动工作，用学习成就人生”的校园文化。

让爱与成长伴随“每一个崇仁伙伴”

——记武汉市硚口区崇仁路小学校长张彦平

程　墨　王小占

走进深居武汉市硚口区一隅的崇仁路小学，看着孩子们课间嬉闹时仍不忘捡起地上的纸片；老师们匆忙进出教室，脸庞却洋溢着幸福的笑意；不论是教师、员工还是孩子们，碰到学校管理者并非敬而远之，而是自然地问好，聊天式交流。原来，他们在崇仁路小学都有一个共同的身份——“崇仁伙伴”。对于教育，最平常的生活场景或许就是最好的表达，胜过千言万语。

近年来，张彦平校长在传承学校办学理念的前提下，积极培育“立德树人、主体创造”的核心价值观，其办学实践在极具“思”、“创”个性的同时，又倾尽心血做好“人”与“爱”的文章，不断厚实了教育质量，带领学校迈上了品牌发展的快车道，让崇仁路小学拥有了基业常青、持续发展的后劲。崇仁路小学秉承“好习惯是学生第一成绩、好师德是教师第一财富、好文化是学校第一追求”的教育理想，致力于让爱与成长伴随每一个崇仁伙伴，走出了一条个性化实施素质教育的道路。

一、好习惯是学生的第一成绩

“教育是什么？往简单方面说，只需一句话，就是要养成良好习惯。”著名教育家叶圣陶先生在其论著中，涉及“习惯”的表述多达百余处。

叶老的教育智慧在崇仁路小学可谓得到细致、有效的呈现。用他们自己的话语，就是“好习惯是学生的第一成绩”。

一句很“草根”的名言展现出崇仁路小学以生为本的育人目标和教育情怀。张彦平说，当今时代，办教育到底是为了什么？学校应该培养什么样的人？不同的人可能观点不一。但崇仁路小学以小学生的学段定位和成长价值为追求，进行人才规格设计，确立了“爱学、会玩、好习惯”的育人目标，旨在突出对学习热情的保护和兴趣的焕发，重视动手实践和玩中的学习锻炼，并在教育的全程树立与贯通“好习惯是学生第一成绩”的育人理念。

在走访中笔者深切感受到，崇仁路小学的习惯养成教育不是写在文件、挂在嘴边的空话大话，而是“刻”在各项教学实践活动中的教育品格。

“他人讲，不打断，边听边想好习惯；普通话，坚持说，文明语，自觉用……”“你真棒！你进步了！要加油哦！”打开《新生入学手册》，“听、说、读、写、看、坐、立、走、吃、睡、做、备”12字行为规范条文及教师、家长的评语赫然在目。为真正让“好习惯”的种子在孩子心底生根发芽，学校采取四级分层培训的方式予以落实。即新生生活习惯教育培训，班主任及学科教师的“12字行为规范”的培训，家长迈好“九年义务教育第一步”的专题培训，新生入学适应性培训等。此外，手册中还分门别类地从“学习、生活、交往、安全”四个方面进行习惯界定，并对低、中、高三个年段学生的成“人”习惯进行开发，以此塑造学生良好的品行。

入学时有习惯养成手册，那么毕业时有什么呢？在崇仁路小学，笔者首次听说小学生毕业也可拿“双证”：学历毕业证+好习惯毕业证。小学六年，由班主任老师、科任老师、生活老师、家长和学生自己组成的“习惯观察团”，对学生的行为习惯进行常态化观测、提醒及矫正，引导学生巩固良好的行为习惯。毕业前夕，学校通过同学、家长评议、老师审核等给予综合评定，肯定学生在某一方面或多个习惯上的“出色之处”，由校长签署《好习惯毕业证书》，在毕业典礼上逐一发放。毕业的学生都珍藏着小学授予的“好习惯”证书，视为珍宝。

“学校的一切教育工作和各项德育活动，归根结底都要落脚到学生良好习惯的培养上，这应是全部教育工作的出发点和归宿。”张彦平说，正是基于这样的认识，我们面向学生、家长和教师大胆提出了“好习惯是学生第一成绩”的观点。

为避免孩子们在习惯培养中的“三分钟热度”现象，让好习惯的养成效果掷地有声，“学校从大处着眼，小处着手”。“十一五”课题中，该校创造性地把“成‘人’习惯养成”作为教师主体性发展和教育行为创新的重要内容，积极进行完善的目标定位和制度设计，并“大手笔”地进行校本教材和课程的开发，让好习惯走进教材、走进课堂。

学生发展是在点点滴滴的行为和活动中实现的，因此该校的好习惯养成教育的亮点，更多是在“小处着手”中绽放光彩的。对学生成人成才最为关切的张彦平，针对当下孩子沦为教育业绩中的“附产品”或“工具”等痛点问题，推动学校主动开放“教育期待”，在向师生、家长等进行问卷调查、访谈后，集中梳理提炼出“5565”学生成长愿景，旨在回归学生立场，为其迈向成功、幸福、精彩的人生引航铺路。

这套通过多方拟定“出炉”的“5565”学生成长愿景可具体阐发为幸福人生的“五阶梯”，即成绩（优良的学业成绩）→成才（有较强的综合能力）→成人（有良好的品德行为）→成就（工作上的出色）→成功（人生的幸福）；成长关键的“五能力”，即把控自我、他人与事情的“领导力”，善于转化与行动的“执行力”，终身求知进步的“学习力”，为人处世的“自信力”，敢于突破、改变世界的“创造力”。

“‘五阶梯’既体现了家校对学生终身发展的基本愿望，也是教育者对孩子们幸福人生的美好憧憬与设计；而‘五能力’则是基于愿景而提炼的学生综合素质所具备的能力要素，更是其学习、实践、创新能力的校本化、具体化与个性化呈现。”该校校长助理余国卿说，“两个五”就似我们的双手，相辅相成，使学校育人更具合力、更有方向和信心。

是去学轮滑还是去培优而“不输在起跑线上”？这成了正读一年级的刘书恒同学家长的烦恼，“不过学校替我解决了，学校布置的作业便是学会轮滑，每个周末我们带着孩子一起玩轮滑，全家都很开心”。

原来，该校针对不同年级学生的年龄特征，在各班开展涵盖衣食住行等六个方面的生存能力训练活动：一年级学生“滑轮滑板滑起来”，二年级学生“游泳游起来”，三年级学生“自行车骑起来”，四年级学生“锅碗瓢盆动起来”，五年级学生“美在家乡走武汉”，六年级学生“爱我中华九州行”，一个年级一主题，在生活中锻炼学生生活与自理能力。同时，小学六年间，该校还用心地做好“诚信利他、阅读思考、运动审美、计划执行、沟通合作”等“五项价值习惯的修炼”，让每一个孩子从合格走向优秀、为终身发展奠定良好的习惯基础。

对此，张彦平认为，当下我们处于“没有分数成绩过不好今天，只有分数成绩过不了明天”的发展时期。目前社会过于看重学生分数成绩，应试痕迹严重，而学生缺乏一些基本的习惯和生存能力，对于其成人成才极为不利。“相对于分数，我们更看重学生是否会基本的运动、使用交通工具，是否掌握了基本的生活、旅行及处理信息等生存技能。”因此，学校通过“五项习惯”与“六项生存技能”的训练等，使学生的“身心素质”在平常的生活学习中“日积月累”并“日臻强大”起来。这样，孩子们有了小学六年打下的坚实基础，未来的学习、生活和工作就有了“底气”和持续发展的后劲。

“5565”的每一个数字都直指学生发展，让家庭和学校的愿望、观念融通起来，并细致入微地将“愿景”实实在在地付诸教育实践活动，真正让教育回归学生立场，从而赢得了各方的理解、支持和好评。每年，学校利用运动会、元旦、好习惯节等提供展示平台，并评选创造之星、习惯之星、文学之星、数学之星、科技之星和动手之星等“校园小名星”，鼓励每一个学生养成习惯，各美其美。全校学生都有机会因好习惯或不同的“技能特长”获得奖励，从而体验到被肯定与被赞扬的喜悦。

“您作为小学校长，思考的却是学生的终身成长与幸福，确实让人敬佩。”笔者非常感慨。

“是的，学生的成长就好比‘跑步’：作为学校教育，我们的小学、中学和高等教育学校在学生的成长历程中，是个‘接力’的过程，每个环节都很重要。但对于学生，生命的全程绝不是‘直跑道’，而更像是‘马拉松’，一开始需要慢一点，需要积蓄能量，慢慢的就逐渐有了‘加速度’。若是一上场就冲刺，结果可想而知。因此，小学六年的学习和生活，我们期待每一个童真童趣的小精灵在校园里都能感受到爱的滋味和力量，让活泼烂漫的生命能在这方绿色的沃土上自由成长。”张校长深情地说。

二、好师德是教师的第一财富

“心怡，做穿刺了！”护士说道。五年级的心怡同学不幸患上了白血病，身体十分虚弱。

病床边，班主任王晓红老师每天放学后就守在那里。只见护士拿出了一根又粗又长的针，对准她的脊椎骨稳稳地扎了进去。孩子疼得抽动起来！

“心怡，别怕，老师和你在一起，坚持住！”王老师紧紧握住她的小手，心怡不喊了，也不叫了，不知道是汗水还是泪水，它们一并从她的脸上流了下来。

白天，王老师在学校上课，晚上她就带上几位同学来到医院，陪心怡说说话，鼓励心怡勇敢地和病魔做斗争。心怡的病情得到了控制，总算可以在家休养了。王老师知道她从小就有个当作家的梦想，便张罗着为她争取到了一张“楚才”作文参赛证。比赛那天，阳光下，伙伴们又看到了她那羞涩的笑容，宛如天边最美的彩虹。一个生命就是一个世界啊！哪怕是最脆弱的生命，老师们也要用自己的爱让孩子的世界绽放出绚丽的色彩！

良好的师德让校园的每个角落充满爱与阳光。张彦平说，一个好老师有很多好的素养，而好师德是教师的第一财富。学校里像王晓红这样师德高尚，以诚挚之心爱孩子的教师有很多。大家有一个共同的理念：成长大于成绩；让每一个学生获得爱与成长。

作为一所秉承“以德立校、全面育人”办学思想成长起来的学校，教师内心“爱”的火焰离不开学校尚“德”氛围的营造和构建。

“‘德’字可谓是崇仁路小学的灵魂之所在。”该校德育主任陶璐说，让每一位教师走近每个学生，了解他们的特点，把每个孩子当作伙伴，以诚挚的童心与学生交往，以超越母爱的“师爱”和“师德”去爱学生，是我校教师师德的基本特征。

学校无小事，处处是教育。在教育实践活动中，师德不仅是教师专业发展的基础，更与学校德育工作融为一体。尤其对于中小学生来说，教师良好的师德修养是任何力量都无法替代的最灿烂的阳光。那么，怎样锻造教师崇高的师德，在让德育工作落到实处的同时也为学校发展注入动力？

张彦平提出了“改变从心开始”、“回归学生天性”，倡导“情感—体验学习方式”等基本观点，架构了“感动德育”的理念。即教师应“先讲感情，再讲道理”，用鲜活的事实直抵学生心灵，触动心弦，以良好的师德行为影响学生、感染学生，让其在感动中悟德，以心动带行动。

张彦平结合学校“十一五”课题子课题“班级建设中的创造与教师主体性发展”的研究，针对全校性德育活动效果不佳的现象，积极倡导“班本实践”的德育，把学校统一的教育活动和班级自主的教育活动从内容和时间上按3∶7的比例划分，把育人的主动权还给教师、还给班级、还给学生。建构了“愿景（目标和内容）、机制（方法和途径）、绩效（评价和效果）”三维班本实践模式，让教师在“个性管理、特色兴班”的过程中，既彰显师德魅力，也着实提高学校德育工作的针对性和实效性。

“立德树人”是理念，更是学校与教职工的共同愿景和行动。学校严格执行《武汉市教师职业道德规范》，教职工言行风貌良好。学校完善名师与师德标兵的管理制度和奖励办法，激活了伙伴们创新的勇气和创优的锐气，进而引导教职工把个人愿景与学校共同愿景相结合、把身教与言教相结合、把情感理解沟通与制度管理约束相结合，逐步彰显“崇仁尚德，师德为先”品牌的内驱力和凝聚力。良好的师德也促进着教师教学能力和育人品位的提升，学校办学质量、社会和家长对学校的满意度不断提高。

良好的师德就是最好的财富与“营养”，在教书育人的过程中也反哺着教师和学校，促进着和谐、纯正校风的健康成长。学校先后荣获湖北省最佳文明单位、湖北省“五一劳动奖状”、湖北省模范职工之家、武汉市职业道德建设十佳集体等荣誉称号。

三、好文化是学校的第一追求

一年级语文公开课上，陈敏老师教完了《坐井观天》一文，也得出了众所周知的结论。临到下课，老师问，同学们明白了这个道理吗？学生都说知道了。这时一个小男生说：“我不认为青蛙只看到了井口大的天空。”大家都很奇怪，同学们也叽叽喳喳，老师起初也愣住了，然后笑了笑说，你说给我们听。小家伙说，据我了解，地球是会自转的，青蛙坐的井也会跟着转，这样，青蛙是可以看到N个井口的天空，不过它要有耐心，因为地球自转好慢好慢。在场的师生都笑了。老师赞扬了这个学生。接着又一个男生说，这两个说法都不对，我读过《十万个为什么》，上面说青蛙的眼睛很特殊，看动的东西很敏锐，看静的东西很迟钝，它坐在井底，根本看不到天空，除非小鸟飞过，白云飘过，它才看得见。老师没再说什么，她第一个鼓起掌来，然后教室里被掌声、笑声淹没……

张校长在评课时激动地说，两个六岁的孩子，彻底“颠覆”一个经典故事的结论。这个课堂给大家很多启示：一是相信学生的学习能力，同学之间交互与碰撞的学习是十分有效的；二是学生的鉴赏与批判能力也是十分积极的。他特别赞扬陈老师的“一愣”、“一笑”、“一鼓掌”——这才是我们真正追求的文化，一种流淌在师生心田、伴随智慧练达、充盈科学与想象、鼓励自由与创造的课堂文化。而这种课堂文化，正是学校文化的“动感地带”，是学校核心价值的“信念熔炉”。可见，张彦平校长对学校文化的追求有着其独到的思考和见地。

“知识在于认识，文化在于强化。”学校党总支书记鄢芳也认为，一所学校的文化是其发展的命脉和灵魂，对师生的人生观、价值观产生着潜移默化的影响，更是凝聚人心、提升办学品位和影响力的“无形推手”。因此，学校党政领导班子把先进的学习型组织理念引进年组，带进了课堂、班级和运动场。“学思悟行、持续创新”的融入，让“立德树人，主体创造”的核心价值焕发出勃勃的生机与活力。

“落实国家课程，盘活校本课程”是学校实施素质教育坚守的原则。对于当前社会尤为关注的教育质量问题，张彦平认为，把每个课程、每节课扎扎实实落实好，不走虚步，不在课程上“水土流失”，是保障教育质量的根本。在整体提高教育质量上，崇仁路小学把注意力放在对学生“学习活动”的研究上，积极探寻“为学而教”、“不教之教”的规律，从而让学习真正成为学生自己喜爱、自己要做、自己能做好的事。因此，我们提出——学习是学生的“职业”，上学即上岗，从小有责任。

在校本课程上，学校整体布设“晨读午写”课程，促进学生读好书，写好字；开设《成“人”习惯养成》系列课程，保障习惯教育成为“学校习惯”；外教英语课程的实验，大面积提高了学生英语学习的兴趣和水平。同时，开设文学、艺术、乒乓球、健身操、中华武术等 30 余个学生社团课程，供学生选学，鼓励学生在活动中自主组织、自我管理和自我评价。“更多选择、更多成长”的活动课程，让学生的个性特长在以长扬长、以优陶优的氛围中得到发展。

“百花争艳，各美其美”是学校倡导的“学生发展观”。对学生综合素质发展情有独钟的张彦平，不仅在课堂教学中鼓励师生自主创新、历练能力、培育心智，而且组织师生开展元旦好习惯节、“五一”师生同劳动、“雏鹰起飞”毕业典礼、“书香润校园，好书伴成长”等特色项目锻炼活动。孩子在乐在其中的同时，能力的长进也令人刮目相看。近五年来，学校在武汉国际楚才杯作文比赛中四获特等奖，677 名学生在此赛事中分获一二三等奖，数学、英语、劳动、信息技术及体艺特长生比例位居全市前茅。五届武汉市“十佳少年”评选中，崇仁学子均榜上有名。叶涵予同学代表中国在 CJ 国际电影节上获最佳演员奖，成为唯一的“中国少年奥斯卡影星”，中央电视台“银河之星”栏目专题报道茁壮成长的崇仁特长学生。各美其美的发展理念，让每一个独一无二的生命在成长过程中“发现并成为他自己”。平等、尊重、激励的崇仁文化，使得毕业了的众多学子对童年的崇仁校园生活仍然充满向往。

“以师为师，助师成事”是学校倡导的“教师发展观”。张彦平和伙伴们徜徉于“教师的创造是学校发展的动力”的管理文化之中，源源不断获取办学的智慧和动力。为此，他常常带头深入年组、课堂和班级，捕捉教育信息，解决育人问题。为营造教师主体性文化的浓厚氛围，他倡导“书香校园”、“书香班级”建设；编辑《伙伴崇仁》月刊，让身边人讲身边的事；开辟“尚创论坛”，让教师分享工作的快乐和育人心得。

“只有教师的精神和专业水平‘富’起来，才能带动学生知识和能力‘强’起来。”张彦平如是说。短短几年，该校“崇研尚创”的教师主体性文化之树可谓硕果累累。学校骨干教师研发编写的《成“人”基本习惯》校本课程以专著的形式公开发行；《以师为师，助师成事》的创争经验在中国教育学会中小学整体改革专业委员会上作交流，成为学会专项研究成果项目得到推广；省市区骨干教师比例由28%上升到58%，一大批教师在各级优质课、论文评比中获奖。

塑造文化，离不开办学理念的创新。学校管理倡导“崇文尚理”，追求科学与人文管理的有机结合；德育工作倡导“崇善尚行”，积极践行“好师德是教师第一财富，好习惯是学生第一成绩”的思想；课堂教学倡导“崇学尚练”，探索为学而教、以练促效的高效课堂。在人才规格上，确立了“爱学、会玩、好习惯”的育人目标。在成长方式上，推崇“百花争艳，各美其美”的多样、差异、优质化发展。办学理念的丰富与创新，引领崇仁团队在行动的方向上更加清晰与明了。

管理机制的创新，让学校文化在践行中更有责任感和成就感。学校实施“年级校长负责制”，让每个年组活起来；实施课题项目制，促进教师“自主自为，自研自创”能力的提升；实施“五星年组考核评价制”，为密切协作、共生共荣的团队文化提供土壤；班科联席制，开创了班主任首席、集体备课研究学生的新局面；“五·四”少年领导制，尝试了学生全员自主的班级管理；家校联合引水浇园制，600多位家长做“崇仁特邀教师”，给孩子们讲健康、讲军事、讲金融、讲消防等等，孩子们大开眼界，在幼小的心灵种下各行各业都有成就的种子，激发着学子们学习的责任感和积极进取的信心和动力。

“机制一活，人也就活跃了；文化氛围一好，学校发展的步伐自然就快了。”张彦平颇有感慨地说。

学习型组织文化创建的历程，实质上也是工作方式和工作关系不断改进与优化的过程。张彦平认为，“学校中的人，不论做什么事，都应该是‘伙伴’；伙伴之间是一种平等、亲切、互进的合作关系。在这里，工作有团队，学习无边界。”每年开学伊始，干部深入年组写计划、问询教师做安排，让“行于基层”的工作原则落在实处；“上午不坐办公室，白天不写大文章”的日常工作要求，促进干部和教师想在一起、干在一起、研在一起，不仅关系极为融洽，而且大大提高了工作的效能。快乐的校园生活、丰厚的工作业绩也让崇仁伙伴拥有了事业的成就感和职业的幸福感。

“没有完美的个人，只有完美的团队。相互补台，好戏连台；一人登台，全家候台。崇仁伙伴坚守‘一家人、一条心、一个目标、一股劲’的信念永不动摇。”张彦平谈及学校“家”文化时，欣喜之情溢于言表。深入崇仁路小学几日，这些崇仁伙伴们自说自创的、独特的“崇仁语言”蕴含着朴实的哲理，让人倍感亲切与振奋。

文化的精髓是精神，塑造“崇仁”文化品牌，更离不开精神的引领和支撑。最近正忙着全面规划学校新的发展图景的张彦平表示，学校发展的内涵是丰富的，未来的崇仁路小学既要有精神文化的厚重感，更要有不断超越自我、与时俱进、走上现代化与国际化轨道的使命感。

“打造一个将艰苦奋斗的创业精神、协作增效的团队精神、敢为人先的创新精神、任劳任怨的乐观精神、饮水思源的感恩精神、闻过则喜的超越精神融为一体的‘精神崇仁’，不仅是学校可持续发展的核心竞争力，更是所有‘崇仁伙伴’孜孜以求的理想与信念！”张校长掷地有声地告诉我们。

“您觉得成功的教育最需要的是什么呢?”走访接近尾声，笔者探寻地向张彦平问道。

张校长沉思片刻，“我认为——是爱，是真诚的爱。因为有爱才会迸发出教育的激情和智慧，有爱才能真正办好一所学校，有爱才能让每一个师生真实地感受到成长的滋味和幸福。”

是啊！爱就是成长，爱更是责任。脚立这方神圣的教育沃土，张彦平和他的崇仁伙伴肩负着沉甸甸的教育责任，奔忙在广袤而充满希望的田野上。

教育家办学：让梦想照进现实

——深圳市第二外国语学校办学记实

房超平

短短八年时间，深圳市南山区第二外国语学校就形成了令人称奇的“二外现象”：学校、学生、家长、社区相互协同，实现了100%的家长自愿参加学校义工服务，100%的学生参加社会实践活动，学区内100%的社区共同参与“家校社”共建，100%的教师有教学论文发表或获奖，100%的学生有各类专长和获奖。南山二外的教师、家长乃至社区，何以如此协力，能够用教育家办学的要求和境界努力关注每个学生的成长，以主人翁的姿态出现在学校教育实践的每一个环节中？答案也许就在学校办学的每一个细节当中。

一、一招一式都在培养教育家型教师

2012年4月24日，南山二外举行了一场别开生面的理论与实践对话。对话的主题是“两岸三地基于课堂文化建设的思维碰撞”，对话活动的参与者既有南山二外的部分教师，更有来自北京、台湾、香港等地的教育理论专家。下面是对话活动中部分教师的发言。

语文学科孙老师：我对这节语文课的观察角度是学生活动。我先说一组数据，学生自由朗读用时4分29秒，背诵课文用时33秒，拓展、写画3分05秒，学生主动发言达到56人次，占学生总人数的53.5%，其中只有1人是被动发言，师生交流共8次，小组汇报达到7次。这些数据充分说明，教师能充分调动学生自主学习的积极性，每一个孩子的思维都处于一个非常活跃的状态。

德育主任欧阳老师：我对班会活动的观察角度是主题设计。我觉得，这堂班会活动课主要体现在“四美”上。首先是立意美。“扩充你的舒适地带”，能够帮助孩子缓解学习压力。其次是内容美。活动的主题贴近学生实际，素材取材于本班同学的

生活经历。再次是趣味美。班会有情景剧、舒适图,也有学生辩论、有嘉宾讲解,更有游戏以及头脑风暴等,感染力非常强。第四是教育美。这个活动无论是对学生的情感还是意志,或是道德品质都有教育意义。

团委书记肖老师:我就“音乐主张”社团活动的发展历程进行说明。我认为,社团活动是实现学校办学理念的重要抓手。这个社团给我留下两点特别深的印象:一是自主创新是社团的灵魂。这些平均年龄不到 14 岁的孩子,共同创作了很多脍炙人口的歌曲,即便唱别人的歌时,也要加入自己的元素以及对音乐的理解。二是精神团结是学生社团的内核。不管成员加入时间多长,他们总是很快磨合好,一起演出,一起排练。这样的团队精神让“音乐主张”社团始终能够以自信的姿态走在众人面前。

叶延武校长告诉记者,以往专家到学校做报告、开讲座,与教师的教育教学联系不大,老师们感觉收效不佳。对话活动的目的,就是希望专家们能够近距离与老师们就共同的话题进行沟通、交流,这样的对话才能让教育理论更切近教师,更切近教育教学实际,才能启发教师的理性思维,也才能为培养教育家型教师创造良好的条件。专家们的评价无疑是对这番认识最好的注脚。香港教育学院的罗厚辉博士从专业角度评价道:世界著名的教育家麦克说,学校是一个学习的团体,共享的团体,创造知识的团体。我到过日本、韩国、新加坡等国家和地区的很多学校,能够实现上述理想的学校非常少。特别是,每个老师能够对课堂进行深入分析,有独到的想法,有一个规模的框架去理解、去分析,然后去共享,这在其他国家和地区很少有。而来自台湾台南大学的林进财教授则这样说:今天看了你们的教学之后,我忍不住要称赞你们,你们非常了不起。特别是看到南山二外的教学改革,我觉得,西方国家应该把子女送到我们中国接受教育才对。

南山二外教师与专家的对话为什么具有如此之高的水准,为什么会受到专家如此高的评价。看看南山二外的教师标准,以及他们开展的相关活动,我们就会恍然大悟。在南山二外的教师标准中,叶延武校长把教师分为四种类型:入职型、经验型、专家型、教育家型。每一个类型的教师都有内驱力、思想力、行动力和辐射力 4 个一级标准和 22 个二级要求。其中,关于内驱力标准,主要是从主动发展、师德师风、示范创新以及理论学习四个维度来界定的;关于思想力标准,主要是从教育观念、方案设计、学生研究以及策略运用等七个维度来界定的;关于行动力标准,主要是从案例研究、教学风格、学习评估以及社团开发等八个维度来界定的;关于辐射力标准,主要是从示范区域、成果呈现以及校内影响等三个维度来界定的。为了使上述标准逐步在实践中落到实处,南山二外开展了多种形式的教学改革活动。

构建“两心一线”的思维课堂模式,即以学生为中心,以思维为核心,以活动为主线,形成了思维预热课、思维建构课、思维拓展课、思维体验课等多元课型,要求老师们通过辨思、拓思、反思、悦思启迪思维,建构思维,实现知识问题化、问题思维化、思维活动化,着力培养学生的自主思维、批判精神和创新意识。为此,学校组织老师研发了思维预热学习单,思维建构学习单,思维拓展学习单,并以此为支持工具开展课堂深度变革。

加强专业的课堂教学观察与评价活动,要求教师把每一节课当做案例研究,按照学校设计的思维课堂观察框架进行课堂观察,使课堂的观察与评价超越传统的听评课,也成为开展“教育家办学:理论与实践的对话”活动的重要基础。

建立积分制研修机制,成立“明天教育家网上工作室”,选择 11 个优秀老师担当主持人,每名老师帮带五至六名老师,通过微博、微信等现代手段,开展经典文献阅读、网上读书沙龙活动,建立读书沙龙网,以点带面,开展教学交流和研讨,推动教师队伍素质的整体提升。

形成嵌入型专家引领思路,先后邀请中国教育研究院、教育部课程教材研究所、清华大学教育研究院、华南师大等高校或研究机构的专家,强化对教师的学术指导,突出对教育教学活动的理性反思,注重教师的经验升华,加强对系统表达能力的培养和提升。

二、班级文化建设为教育家型班主任成长搭建平台

走进南山第二外国语学校每个班级的教室,你都会被教室富有特色的布置所吸引。每个班级的教室都分为五个区:展示区、评比区、奖励区、信息区、制度区。展示区主要展示学生的特色作业、个性作品,为每一个学生提供了一个展现自我的小舞台。评比区分个人评比区、小组评比区,显性的评比展示激励着学生你追我赶,促进

着班级良好的纪律、习惯、学风、品性形成。奖励区既展示班级集体荣誉，更展示学生个人获奖成果。信息区以月历表的形式记录每个月的重要节日，同学的生日以及学校、班级要开展的各项活动等，提示学生形成良好的时间观念。制度区则张贴着班规班法、老师、学生、家长的各项承诺，明确了每个群体的职责。

谈到班级文化建设的意义时，叶延武校长说，优美的教室环境能给学生增添生活和学习的乐趣，消除学习后的疲劳，更重要的是它有助于培养学生正确的审美观，陶冶学生的情操，无形之中增强班级的向心力与凝聚力。在教室环境的布置上我力求让教室的每一面墙壁、每一个角落都会“说话”。

按照叶延武的设想，学校学生处制定了班级环境文化建设评价标准，各个班主任则充分发挥家长委员会的作用，调动学生和家长参与到班级环境文化建设中来，所有的孩子们积极动手，群策群力，从而使班级的教室文化布置实现了各有其美。

班主任于涌敏老师这样说道：每个班级都是一个“家”，孩子们就是这个“大家庭”的一分子。调动孩子们参与班级环境文化建设，不但能让每个孩子关心“家”，而且能引导孩子学会帮助、学会宽容、学会公正。在此基础上，于老师把班级的大事小情按人数分成43份，由孩子们自主选择，按照他们的意愿，给每份工作都起了个动听的名字，如护花小卫士、空竹俱乐部部长、小管家，并做了标志。孩子们每天戴着标志上岗，工作起来也特卖力气。为了使孩子们的行为具有持久性，于老师又开展了每月工作总结表彰活动和换岗制，让孩子们始终有旺盛的兴致参与到班级环境文化的建设与管理活动中。久而久之，孩子们“家”的观念逐渐形成，并潜移默化，影响到班级文化的整体建设。

由于学校在班级文化建设中倡导独立、创新等元素，激活了老师们的积极性，使班级文化建设呈现出百花竞放的局面，也为教育家型班主任建设搭建了平台。牟桑老师在体育，尤其是足球方面有着强烈的兴趣爱好，他就以“运动成就阳光孩子”为主题，将自身运动特长融入班级教育管理中；陈谦老师对国学有着较深的研究，她就以儒雅的国学文化熏陶班级，用温馨的母爱浸润学生，让班级充满了诗意的美；周文和老师利用QQ群、微群与学生及家长实施互动，充分沟通，及时解决学生学习生活中的问题，凝聚了教师、学生及家长的心。

在以班级文化建设促进班主任成长的同时，学校进一步修订了班主任评价制度，加大了“服务、责任”的评价力度，开展了“加强服务与责任意识的班级管理探索”、“服务性社团的建立与活动开展”、“三段四梯成长记录手册梯段标准研讨”等班主任工作专题研讨培训，从制度建设、常态落实上、氛围营造上，狠抓班主任队伍建设。

三、家长也可以为教育家办学做贡献

下面是2011学年南山二外家长参加学校义工活动的一组数字：参加学校护校队工作280人，参加学校图书馆服务者58人，参加爱心绿地服务者46人，组织班级实践活动者692人，参与班级文化建设者375人，参与班级关爱活动者326人，参加班级家委会建设者387人，参加班级后勤服务者433人，参与家教讲座等服务者172人。“整合家长资源、社区资源、区域内外资源，强化教育服务学生成长、服务社区文化建设的意识，将学校的围墙延伸到社区、社会，建立开放包容的办学体系，是建设教育家型家长队伍的必经之途。”叶延武校长如是说。

学校家长委员会主席杨华随手递给记者一本南山第二外国语学校《家长义工服务手册》。她指着本本上的《家长文明礼仪规范细则》说：“50条细则，实际上不仅把如何做家长，而且把如何做人的理念全部融汇进去了。而在如何教育、如何学习方面，展示的更是全新的理念。拿着这本手册，感受到的不仅是作为家长、作为义工沉甸甸的责任，也感到自己进入了全新的领域，学到了许多新的知识，这是人生的享受。”

学校与家庭、社区是教育的伙伴，只有坚持“服务与反哺”的原则，才能形成遵循规律、目标一致、互相促进的最佳合力，让每一个学生得到关爱与成长，同时也实现学生、家庭、学校、各社区的共同发展。为此，学校把办学理念和要求渗透到各种日常教育活动中，在广泛参与学校教育活动的过程中，使家长对学校的办学理念产生高度认同。例如，学校开展同学节、邻居节、模拟法庭等家校共建活动，举行“红树林湿地知识宣讲队”、“环保低碳志愿者小组”等社区实践活动以及“六一童趣会”、“假日文化探游”等三方联动活动，它们都是由家长组织和参与的，形成了影响广泛的家校社区联动课程。

学生社团是学生成长的重要载体。为了使学生广泛参与社区服务，实现教育社会化，学校鼓励学生自由结社，建设社区服务性学习社团，要求每个社团每学期开展一至两项主题研究或其他社区服务活动，并在学校校园网上设立社区服务学习栏目。校外社团教师难以顾及，学生家长就派上了用场——家长社团校外辅导员应运而生。

学校成立了家长、社区、学校协同教育委员会，经民主选举推出了委员会成员，建立了协同德育组织，制定了协同德育的章程、制度，协同德育的目标、活动方案，学校、家庭、社区的教育优势得到有效整合。在推进家庭教育过程中，学校依托这个机构，制定了家长承诺公约，创建了“明天教育家家长学校”，开展了“学校、家长、学生及专家参与的民主四方会谈”，推出了代养家长、学科顾问、校园文化建设、特殊儿童教育辅导、担任午餐午休生活助理及组织学生社会实践活动等10项教育服务活动，实施“家长义工爱心入校”工程，构建了开放、平等、和谐的家校一体关系。为了让这些活动落到实处，家长们依民主程序推选出10位具有责任感与奉献精神的家长作为以上十大服务项目负责人，各自进行本项目内人员的组织管理协调，并为每位家长建立《家长义工教育服务卡》，让家长“自选服务项目，自定服务时间”。

2011年，学校邀请有关专家，研制了教育家型家长成长标准，从儿童观、家长观及教育观等三个维度，提出了合格家长、优秀家长及教育家型家长的11个标准，并通过明天教育家家长学校，对家长进行专门的培训。既有家庭教育专家介绍家庭教育规律的专题培训，又有家庭教育成功案例家长的现身说法。据不完全统计，有30%以上的家长登上学校、班级讲台，介绍家庭教育的成功经验。其中，有10余个家长形成了家庭会议、家庭作业良好习惯养成计划、社区文化渗透系列、家庭教育办法等经验，被学校认定为教育家型家长。

后　记

《办学新方略》编毕付梓，至此教育新观察丛书第一辑四本的编辑计划已顺利完成。

新理念、新探索、新经验、新发展，教育改革正方兴未艾；新问题、新政策、新信息、新趋势，教育观察更需要与时俱新。

在编辑丛书的过程中，我们得到了各地教育行政部门领导的关心和鼓励，得到了许多教育研究机构专家学者的帮助和指教，得到了各级各类学校教育工作者的支持和配合，在此一并再次表示感谢。

丛书紧张而繁琐的编辑过程，也是我们这个团队一次极好的学习和历练机会。但百密难免一疏，有些信息的取舍和文字的处理，肯定还有疏漏和失当之处，敬请作者和读者见谅。

真诚希望广大读者能给已经出版的这套丛书提出宝贵的意见，并热切期待你们提供新的出版建议和选题线索。（联系地址：上海市虹泉路 999 号丛书编辑部　邮编：201103）

编者

2012 年 8 月